世纪英才 高等职业教育课改系列规划教材 （经管类

小企业会计实务

刘红英 ◎ 主编

Xiaoqiye
Kuaiji Shiwu

人民邮电出版社

北 京

图书在版编目（CIP）数据

小企业会计实务 / 刘红英主编. -- 北京 ：人民邮
电出版社，2012.3
世纪英才高等职业教育课改系列规划教材. 经管类
ISBN 978-7-115-26720-7

Ⅰ．①小… Ⅱ．①刘… Ⅲ．①中小企业－会计－高等
职业教育－教材 Ⅳ．①F276.3

中国版本图书馆CIP数据核字(2011)第248034号

内 容 提 要

　　本书主要内容包括旅游会计、酒店会计、餐饮服务业会计、小型零售企业会计、商品会计、房地产企业会计以及小企业会计纳税筹划等，详细介绍了小企业会计制度和小企业会计人员应具备的条件，还介绍了小企业会计应掌握的资产、负债、应收票据等的核算和财务报表的作用及编写的要求等，并分别讲解了不同类型小企业的会计特点与内容，区分了不同类型小企业会计的对象与职能以及成本与费用、收入与利润税收等的核算。

　　本书主要作为高职经管类、会计类专业的教材，同时也可作为中职、高职会计专业教师的教学参考用书和在岗会计人员的日常会计业务学习之用。

世纪英才高等职业教育课改系列规划教材（经管类）

小企业会计实务

◆ 主　　编　刘红英
　　责任编辑　丁金炎
　　执行编辑　严世圣　郝彩红

◆ 人民邮电出版社出版发行　　北京市崇文区夕照寺街 14 号
　　邮编　100061　电子邮件　315@ptpress.com.cn
　　网址　http://www.ptpress.com.cn
　　北京天宇星印刷厂印刷

◆ 开本：787×1092　1/16
　　印张：13.75
　　字数：341 千字　　　　　　　　2012 年 3 月第 1 版
　　印数：1- 2 500 册　　　　　　2012 年 3 月北京第 1 次印刷

ISBN 978-7-115-26720-7

定价：28.00 元

读者服务热线：**(010)67132746**　印装质量热线：**(010)67129223**
反盗版热线：(010)67171154
广告经营许可证：京崇工商广字第 0021 号

世纪英才高等职业教育课改系列规划教材编委会（经管类）

丛书前言

随着我国社会经济的发展，近几年，我国高等职业教育规模快速增长，到 2008 年年底，全国独立设置的普通高职高专院校已经达到 1 000 多所。应当说，基本适应社会主义现代化建设需要的高等职业教育体系已经初步形成。

高等职业教育依托经济发展，为经济发展提供适应需要的人力资源。同时，高等职业教育要适应经济和社会发展的需要，就必须提高自身创新能力，不断深化课程和教学改革，依靠传统的课程已经不能满足现代职业教育对职业能力培养的要求。围绕高等职业教育专业课程体系建设及课程开发，做好人才培养模式、课程体系、专业师资队伍、实践教学条件等方面的建设，已经成为高职院校教学改革的首要任务，同时也成为我国高等职业教育发展的当务之急。

随着高等职业教育改革形势向纵深发展，我国高等职业教育在课程体系建设的指导思想上逐渐汇流，"基于工作过程"的课程开发理念逐渐为广大高职院校师生所接受。

"基于工作过程"的课程开发设计导向遵循现代职业教育指导思想，赋予了职业能力更加丰富的内涵，它不仅打破了传统学科过于系统化的理论束缚，而且提升了职业教育课程的设计水平。这与高等职业教育的办学方向比较吻合，因此，得到了教育部有关部门的大力倡导。为了响应教育部的号召，我们于 2008 年组织了"基于工作过程"课程改革和教材建设研讨会，认真分析了当前我国高等职业教育课改现状，充分讨论了高等职业教育课改形势以及课程改革思路，并初步构建了面向 21 世纪的"世纪英才高等职业教育课改系列规划教材"体系。

我国高等职业教育以培养高级应用型人才为目标，承担着为我国社会主义新型工业化社会建设输送人才的重任，大力发展高等职业教育是我国经济社会发展的客观需要。自国家大力倡导高职高专院校积极研究探索课程改革思路以来，我国的高等职业教育就步入了一个追求内涵发展的新阶段。"世纪英才高等职业教育课改系列规划教材"按照"基于工作过程"的课改思路，将科学发展观贯彻在高等职业教育的教材出版领域里，希望能为促进我国高等职业教育的发展贡献一份力量。

"世纪英才高等职业教育课改系列规划教材"汇聚了国内众多职业教育专家、高职高专院校一线教师的智慧和心血，以工作过程的发展展开教学过程，有区别地运用"结构模块化、技能系统化、内容弹性化、版面图表化"的呈现手段，内容结构层次从简从便，教材容量深度适当、厚度适合，并配以必要的辅助教学手段。相信本系列教材一定能成为广大高职高专院校师生的良师益友。

"世纪英才高等职业教育课改系列规划教材"建设是对高等职业教育课程改革的一次建设性的探索，期望得到广大读者的首肯和大力支持。如果您在阅读本系列教材的过程中有什么意见和建议，请发邮件至 wuhan@ptpress.com.cn 与我们进行交流，或进入本系列教材服务网站 www.ycbook.com.cn 留言。

世纪英才高等职业教育课改系列规划教材编委会

本书是一本面向需要学习和了解小企业会计的读者而编写的教材。本书以最新的《企业会计准则》以及《小企业会计制度》为依据，汲取、借鉴了大量优秀教材的精华及编写人员的实践经验，全面、详细地介绍了小企业会计的基本理论和操作方法。

本书主要有以下特点。

（1）内容广泛、全面。本书涉及了旅游、酒店、商品零售等小企业会计的业务，详细介绍了会计要素、会计科目、财务报表、外币业务、会计账簿等多项会计基础知识，并在此基础上，精选提炼了不同类型小企业的常规业务、重点、难点问题，如旅行社成本费用的核算、酒店客房部营业收入的核算、批发商品销售的核算等。

（2）由简到繁，易懂易学。本书针对不同的项目，通过各具特色的案例引入，由浅入深，使读者能最快地抓住该类型企业的特点以及其财务会计核算特点，并尽量做到了用贴切的实例辅助读者理解各概念及知识点，避免冗长繁复的叙述，有利于读者的实务操作。

（3）本书专设小企业会计纳税筹划项目，对小企业会计的纳税筹划进行详细的阐述，并以案例为依托进行与实际相结合的系统讲解。同时，还专设有纳税核算部分，分类对小企业会计日常涉及的纳税核算进行与实例相结合的说明，突出其应用性、实战性，使读者能在一本书中，了解到大量的财务会计知识。

（4）本书内容系统完整，在每个项目后都安排有思考与练习题，配套性较强，便于读者自测自验，满足读者自学的要求。

本书在写作过程中，参阅和引用了大量优秀文献和著作，在此对相关作者表示感谢。

编者

前 言

目录

Contents

开篇导读

导读一　小企业会计

1．会计人员的专业技术职务

会计专业职务，是区别会计人员业务技能的技术等级。根据 1986 年 4 月中央职称改革工作领导小组转发财政部制定的《会计专业职务试行条例》的规定，会计专业职务分为高级会计师、会计师、助理会计师和会计员；高级会计师为高级职务，会计师为中级职务，助理会计师和会计员为初级职务。各级会计人员所应具备的学历及资格证书各不相同。

2．会计机构负责人的任职资格和条件

《会计法》中第 38 条第 2 款对会计机构负责人的任职资格作了明确规定："担任单位会计机构负责人（会计主管人员）的，除取得会计从业人员资格证书外，还应当具备会计师以上专业技术职务资格或者从事会计工作 3 年以上经历。"由此可见，会计机构负责人任职条件较一般会计人员从业资格更加严格。这主要是由会计机构负责人的地位和职责所决定的。

关于会计机构负责人的任职条件，依据《会计基础工作规范》，会计机构负责人（会计主管人员）除应具有一定会计专业技术资格外，还应具备以下基本条件。

（1）政治素质。应能坚持原则，做到廉洁奉公。

（2）工作经历。主管一个单位或者单位内一个重要方面的财务会计工作时间不少于两年。

（3）政策业务水平。即应熟悉国家财经法律、法规、规章制度和方针、政策，掌握本行业业务管理的有关知识。

（4）组织能力。即应具有较强的组织能力。组织能力是一种基本的领导能力。会计机构负责人或者会计主管人员应当具备一定的组织能力，包括协调能力、综合分析能力等，它对整个会计工作的效率和质量是十分关键的。

（5）身体条件。即要求身体状况能够适应本职工作的要求。会计工作劳动强度大、技术难度高，作为会计机构负责人或者会计主管人员必须有较好的身体状况，以适应本职工作。

3．会计人员职业道德

（1）敬业爱岗。热爱本职工作，这是做好一切工作的出发点。会计人员只有为自己建立了这个出发点，才会勤奋、努力钻研业务技术，使自己的知识和技能适应具体从事的会计工作的要求。

（2）熟悉法规，依法办事。法制意识是维护市场经济秩序，是在法律范围内进行经营活动的前提。会计工作不只是单纯的记账、算账、报账工作，会计工作时时、事事、处处涉及执法守规方面的问题。会计工作必须依法办事，保证所提供的会计信息合法、真实、准确、及时、完整。会计信息的合法、真实、准确、及时和完整，不但要体现在会计凭证和会计账簿的记录上，还要体现在财务报告上，使单位外部的投资者、债权人、社会公众以及社会监督部门能依照法定程序得到可靠的会计信息资料。不可为了小团体、个人的利益，或者迫于领导压力，而做出一些不符合法规要求的事情，这样往往需要承担责任，付出沉重的代价。

（3）忠于职守，严谨行事。会计工作对企业极端的重要，一时马虎，往往会给企业造成重大损失。这就要求会计人员必须一切从服务单位的利益出发，忠于职守，事事小心，严防粗心大意给企业造成的损失。

（4）客观公正，搞好服务。会计人员在工作中，应当实事求是、客观公正。这是一种工作态度，也是会计人员追求的一种境界。光有专业知识和专门技能，并不足以保证会计工作的质量，具有实事求是的精神和客观公正的态度，也同样重要，否则，就会把知识和技能用错了地方，甚至参与弄虚作假或者作弊。会计工作的特点决定会计人员应当熟悉本单位的生产经营和业务管理情况，以便运用所掌握的会计信息和会计方法，为改善单位的内部管理、提高经济效益服务。会计工作是经济管理工作的一部分，把这部分工作做好对所在单位的经营管理至关重要。这也正是会计人员的责任所在。

（5）保守秘密。会计是企业经济业务的信息总枢纽，会计人员掌握的通常是企业最核心的资料。对企业说来，关键技术、工艺规程、配方、控制手段和成本资料等都是非常重要的机密，这些机密一旦泄露给明显的或潜在的竞争对手，会给本单位的经济利益造成重大的损害，对被泄密的单位是非常不公正的。所以，保守商业秘密是会计人员最基本的职业道德。

4．企业的年检

企业年度检验是指工商行政管理机关依法按年度对企业进行检查，确认企业继续经营资格的法定制度。凡领取《中华人民共和国企业法人营业执照》、《中华人民共和国营业执照》、《企业法人营业执照》、《营业执照》的有限责任公司、股份有限公司、非公司企业法人和其他经营单位，均须参加年检。当年设立登记的企业，自下一年起参加年检。

企业年检是工商行政部门对企业资质的复核行为，企业年检通过表明该企业可以进行次年的企业经营活动，企业年检不通过表明该企业不能进行次年的经营活动。年检的主要内容包括：企业登记事项执行和变动情况；股东或者出资人的出资或提供合作条件的情况；企业对外投资情况；企业设立分支机构情况；企业生产经营情况。

根据《企业年度检验办法》第 18 条规定，企业无正当理由在 3 月 15 日前未报送年检材料的，由登记主管机关处以 1 000 元以下的罚款。

在年检截止日期前未申报年检，属于公司的，依照《公司登记管理条例》第 68 条的规定，处以 1 万元以上 10 万元以下罚款；属于非公司企业法人或者属于非法人经营单位的，处以违法所得额 3 倍以下罚款，但最高不超过 3 万元，没有违法所得的，处以 1 万元的罚款。

根据《企业年度检验办法》第 19 条规定，企业未参加年检不得继续从事经营活动。登记主管机关对年检截止期限前未参加年检的企业法人进行公告。自公告发布之日起，30 日内仍未申报年检的，吊销营业执照。

5．会计人员设置和人员配备

（1）会计人员设置

我国在《会计法》中对大中小企业设置会计机构规定：大、中型企业均应设置会计机构；规模小的企业可以不单独设置会计机构，将会计业务并入其他职能部门，或者进行代理记账。

在集中设置模式下，大中型企业应设置：出纳、投资、资金、账务、成本、税务、预算和内部核算等相关会计岗位，前 3 个岗位为财务部，后 5 个为会计部；小型企业可设置出纳、总账会计和明细账会计岗位，由总账会计兼任会计主管。

（2）会计人员配备

会计人员的基本条件：各单位应当根据会计业务需要配备持有会计从业资格证书的会计

人员。会计人员应当具备必要的专业知识和专业技能，熟悉国际有关法律、法规、规章和国家统一的会计制度，遵守会计职业道德。

会计工作岗位一般可分为：会计机构负责人或者会计主管人员、出纳、财产物资核算、工资核算、成本费用核算、财务成果核算、资金核算、往来结算、总账报表、稽核、档案管理等。开展会计电算化和管理会计的单位，可以根据需要设置相应工作岗位，也可以与其他工作岗位相结合。会计工作岗位，可以一人一岗，一人多岗或者一岗多人。但出纳人员不得兼管稽核、会计档案保管和收入、费用、债权债务账目的登记工作。

会计人员回避制度：国家机关、国有企业、事业单位任用会计人员，应当实行回避制度。单位领导人直系亲属不得担任本单位的会计机构负责人、会计主管人员。会计机构负责人、会计主管人员的直系亲属不得在本单位会计机构中担任出纳工作。

需要回避的亲属关系为：夫妻关系、直系血亲关系、三代以内旁系血亲以及近姻亲关系。

导读二　小企业会计制度

1．小企业会计制度范围

根据《小企业会计制度》的规定，其适用于在中国境内设立的不对外筹集资金、经营规模较小的企业。这里的"不对外筹集资金"是指不公开发行股票和债券；"经营规模较小"则是《中小企业标准暂行规定》（国经贸中小企[2003]43 号文件）中界定的小企业，不包括以个人独资及合伙形式设立的小企业。

在以上规定中，职工人数以现行统计制度中的年末从业人员数代替。工业企业的销售额以现行统计制度中的年产品销售收入代替；建筑业企业的销售额以现行统计制度中的年工程结算收入代替；批发和零售业以现行统计制度中的年销售额代替；交通运输和邮政业、住宿和餐饮业企业的销售额以现行统计制度中的年营业收入代替；资产总额以现行统计制度中的资产合计代替。

应当指出，企业是不断发展的，企业大小是可变的，小企业可以茁壮成长为大企业，大企业也可能分化成为小企业。因此，在执行会计制度过程中也不应"从一而终"，可视变化情况，相互转换。此外，因为小企业不对外筹集资金，不发行股票或债券，与公众利益不直接相关，一般不对外提供其会计报表。主管税务机关、借贷商业银行、企业内部管理者应是会计报表主要使用者，因此，小企业应向他们提供真实、完整的会计信息。

2．小企业的划分标准

按照最新的《中小企业划分标准》的规定，农、林、牧、渔业营业收入 50 万元以下的为微型企业；工业从业人员 20 人以下或营业收入 300 万元以下的为微型企业；软件和信息技术服务业从业人员 10 人以下或营业收入 50 万元以下的为微型企业；房地产业营业收入 100 万元以下或资产总额 2 000 万元以下的为微型企业。

3．小企业会计制度主要内容

《小企业会计制度》由总说明、会计科目名称及编号、会计科目使用说明、会计报表格式、会计报表编制说明以及主要会计事项分录举例 6 部分内容组成。

第 1 部分为总说明，主要规定了小企业会计制度的制定依据、适用范围、应遵循的会计核算的基本原则，以及会计记账和报告的基本要求等。

第 2 部分为会计科目名称及编号。《小企业会计制度》规定了 61 个会计科目，以及相关的明细科目，同时规定，小企业可以根据实际需要，对规定的会计科目做必要的增减或合并。

增加设置会计科目：采用计划成本进行材料日常核算的小企业，可以增设"物资采购"和"材料成本差异"科目；预收款项和预付款项较多的小企业，可设置"预收账款"和"预付账款"科目；对外提供劳务较多的小企业，可以增设"劳务成本"科目核算所提供劳务的成本；小企业内部各部门周转使用的备用金，可以增设"备用金"科目；小企业接受其他单位委托代销商品，可以增设"受托代销商品"、"代销商品款"科目。

减少和合并会计科目：低值易耗品较少的小企业，可以将其并入"材料"科目；小企业根据自身的规模和管理等要求，可以将"生产成本"、"制造费用"科目合并为"生产费用"科目，并设置相关的明细科目。

第 3 部分为会计科目使用说明。这是小企业会计制度的核心部分，按照会计要素的确认、计量、记录和报告的要求，具体规定了 60 个科目的使用说明。

第 4 部分为会计报表格式。规定小企业编报的基本会计报表格式为资产负债表和利润表，现金流量表由企业根据需要自行选择。增值税一般纳税企业还要求编报"应交增值税明细表"。

第 5 部分为会计报表编制说明，分别就如何编制上述报表、报表各项目内容如何填列等，分项做出了具体的规定。

第 6 部分（附录）为主要会计事项分录举例。对小企业的主要经济业务事项如何进行账务处理，列举了分录举例，为小企业实施小企业会计制度提供了指南。

4．小企业会计制度主要特点

《小企业会计制度》在遵循一般会计核算原则的条件下，借鉴国际惯例，充分考虑了我国小企业自身及其会计信息使用者的需求，一切适合小企业的特征，简便易行，通俗易懂。

特点 1：规范了小企业会计核算内容，统一了小企业各行业企业的会计制度。《小企业会计制度》从会计科目名称及编号、核算内容、会计报表的种类、财务会计报告的列报方法等完全针对小企业实际情况进行规定，并对小企业可能出现的各种经济业务做出规范。

特点 2：强调资产的真实性，贯彻谨慎原则，考虑到长期资产减值准备的职业判断有一定难度，只要求对短期投资、存货和应收账款计提减值准备。

特点 3：简化了会计业务的处理。

如长期股权投资按权益法核算时，不进行股权投资差额的核算；长期债券投资溢价折价的摊销采用直线法摊销，不采用实际利率法摊销等。

特点 4：给予小企业一定的灵活性选择。

对会计制度的选择上有一定的灵活性。允许小企业根据具体情况自主的选择执行《小企业会计制度》或是执行《企业会计制度》。

在会计科目的设置上有一定的灵活性。既可以采用《小企业会计制度》统一规定的会计科目，也可以根据需要，增加或减少某些会计科目，还可以根据行业特点，使用更具有行业特点的科目名称，但在编报年度财务会计报告时，要将有关科目的金额归并到制度规定的会计项目当中。

特点 5：对外投资小企业较少，完全按《企业会计制度》操作有难度，要求采用成本法，或采用简化的权益法核算。

特点 6：强调"实质重于形式"这一国际上普遍遵循的原则。

特点 7：要求小企业提供资产负债表和利润表两种基本报表。

特点 8：实行国际通行的会计与税收相分离的做法；所得税的核算采用应付税款法。

特点 9：实行会计和税法相协调，以及适当分离原则。由于税务部门是小企业会计信息的主要使用者，出于成本、效益原则，对有关会计事项的会计处理，尽量做到与税法规定相协调，无法达到协调一致的，则实行税收与会计的适当分离。

特点 10：侧重于具有一定规模的小企业。有些经营规模极小的小企业，其日常生产、经营活动很多无法取得合法的凭证，内部核算极为简单，有的甚至没有设置会计人员，无法进行税款的查账征收，税务部门往往是根据过去的经验进行核定征收，银行等金融机构也很少对这类小企业进行贷款。因此，对于这类极小的企业，外部使用者基本上不以会计信息作为判断企业经营状况的依据。《小企业会计制度》则将重点放在具有一定规模的企业。

项目一 旅游会计

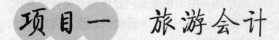

案例导读

企业 A 是一家旅游公司，2008 年 2 月 1 日资产、负债、所有者权益各项目金额见表 1-1。

表 1-1　　　　A 公司 2008 年 2 月 1 日资产、负债、所有者权益各项目的金额

资产项目	金　　额	负债和所有者权益项目	金　　额
库存现金	600	短期存款	30 000
银行存款	77 400	应付账款	55 000
应收账款	20 000	实收资本	235 000
原材料	23 000		
固定资产	199 000		
合计	320 000	合计	320 000

2 月上旬，该公司发生了 4 笔经济业务。① 2 月 2 日向 B 公司购入甲原材料 20 000 元，原材料已验收入库，款项尚未支付。这笔经济业务使资产方的原材料项目增加了 20 000 元，同时使负债和所有者权益方的应付账款也增加了 20 000 元。因此，双方均增加了 20 000 元，总额各为 340 000 元，保持着平衡关系。② 2 月 6 日以银行存款 15 000 元偿付前欠 C 客运公司的账款。这笔经济业务的发生，使资产方的银行存款减少了 15 000 元，同时也使负债和所有者权益方的应付账款项目减少了 15 000 元。因此，双方均减少了 15 000 元，总额为 325 000 元，仍保持着平衡关系。③ 2 月 7 日向银行提取现金 2 000 元备用。这笔经济业务的发生，使资产方的现金项目增加了 2 000 元，同时也使该方的银行存款项目减少了 2 000 元。因此，这笔经济业务的发生，只涉及资产方一个项目的金额增加，另一个项目等额的减少，双方总额仍各为 325 000 元，仍保持其原有的平衡关系。④ 2 月 10 日企业向银行贷款 80 000 元，偿付到期的前欠购买原材料的应付账款。这笔经济业务的发生，使负债和所有者权益方短期借款增加了 80 000 元，同时使该方的应付账款减少了 80 000 元。因此，这笔经济业务的发生，只涉及负债和所有者权益方一个项目的金额增加，另一个项目等额的减少，双方总额仍各为 325 000 元，保持着原有平衡关系。

通过这 4 笔经济业务，我们可以得知，资产方与负债和所有者权益方各有关项目同时等额增减，双方总额也等额增减。资产方或负债和所有者权益方有关项目之间发生等额增减，双方总额保持不变。

通过此案例，我们可以对旅游会计有一个初步的认识。这里面涉及旅游会计的一些基本的核算知识，如会计要素、会计等式等。下面我们就来了解一下旅游会计的基本知识和技能。

旅游业是以旅游资源和设施为条件，为人们游览提供综合服务的第三产业，是社会和经济发展的一个重要的组成部分，是具有综合功能的经营性产业，是独立核算的经济组织。旅游企业会计作为经济管理的重要组成部分，是利用会计方法，对旅游企业的经营过程及其结

果进行核算和监督的管理工作，并向有关各方客观真实地反映会计信息，以促进企业不断改善经营管理，提高经济效益的一种有效的管理活动。

1. 旅游会计的概念

旅游会计是以会计学的基本原理同旅游企业业务实践相结合所形成的一门新兴的部门会计学科。它是以货币为主要计量单位，运用记账、算账、报账的手段，对旅游企业的经济关系进行反映和监督的管理活动。

2. 旅游会计的对象、特点和职能

旅游会计是以旅游企业发生的各项经济业务，以及它们反映出的资金及其资金运动为研究对象。所以，旅游会计是研究旅游企业的会计活动及其发展规律的科学。

旅游会计的主要特点：① 旅游会计以货币为主要计量单位；② 旅游会计以记账、算账为手段；③ 对旅游企业的经营管理活动进行反映和监督是旅游会计工作的目的。

除以上几个行业会计的共性特征外，旅游企业会计还具有一些自身的特点。

（1）核算方法多样性。旅游企业除了以提供服务为中心外，还从事生产加工和产品销售业务，这样就同时具有生产、销售和服务 3 种职能。因此，旅游企业进行会计核算时就需要根据经营业务特点，采用不同的核算方法，使会计核算具有复杂性的特点。

（2）核算内容综合性。为了充分满足旅游消费者食、住、行、游、购、娱等多方面的要求，旅游企业一般为消费者提供全方位、综合性的服务项目。

（3）核算具有涉外性。我国旅游业务主要有 3 种类型，即国内游客在国内景点旅行、游览；国内游客出国进行游览、观光；国际游客来华观光、游览。后两种都属于涉外业务。根据国际旅游市场的需要和我国现有的国力，当前旅游业的重点是优先发展国际旅游业，积极吸引外汇，平衡国际收支。由于大量的涉外业务需要进行国际结算，因此，旅游企业必须进行外汇收支的核算，按照国家外汇管理条例正确核算有关外汇收支项目，办理外汇存入、转出和结算，加强外汇管理。这都是旅游企业涉外性特点的具体表现。

旅游会计的基本职能主要表现在以下两个方面。

（1）会计反映。会计反映是会计的首要职能，是指会计通过确认、计量、记录、报告，从价值数量上反映旅游企业已经发生或完成的经济活动，为经营管理提供经济信息的功能。

（2）会计监督。会计监督是会计的另一个职能，指会计要按照一定的目的和要求，利用会计反映所提供的经济信息，对旅游企业的经济活动进行控制，使之达到预期目标的功能。

这两项职能是辩证统一的关系。没有会计监督，会计反映就失去存在的意义；没有会计反映，会计监督就失去存在的基础。

第一部分　基础知识

一、会计要素及会计等式

1. 会计要素

会计要素是为实现会计目标，以会计基本前提为基础，对会计对象的基本分类，是会计对象基本的、主要的组成部分。

根据我国《企业会计准则》的要求，将会计要素划分为 6 项，即资产、负债、所有者权益、收入、费用和利润。

资产、负债、所有者权益是反映财务状况的会计要素,是组成资产负债表的主要内容。

收入、费用、利润反映经营活动及其成果的会计要素,是组成损益表(利润表)的主要内容。

(1)资产。资产是指由于过去的交易或事项形成并由企业拥有或者控制的资源,该资源预期会给企业带来经济利益流入。它包括各种财产、债权和其他权利。资产需满足的条件如图1-1所示。

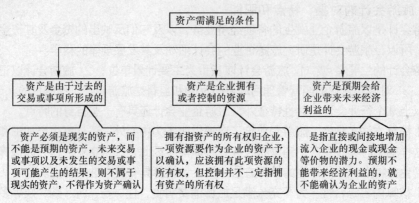

图1-1 资产需满足的条件

资产按其流动性可以分为流动资产、长期投资、固定资产、无形资产、长期待摊费用和其他资产。

流动资产是指企业在一年内或长于一年的一个营业周期内变现或者耗用的资产,包括现金及各种存款、短期投资、应收及预付款、存货等。流动资产的一个重要特点是它在参加生产经营活动时,其价值一次转移到产品成本或费用中去。

长期投资是指不准备在一年内变现的投资,包括股票投资、债券投资和其他投资。

固定资产是指使用年限为一年以上,单位价值在规定标准以上,并在使用过程中保持原来实物形态的资产,包括房屋及建筑物、机器设备、运输设备、工具器具等。

无形资产是指能够为企业长期使用而没有实物形态的资产,包括专利权、非专利技术、商标权、著作权、土地使用权、商誉等。

长期待摊费用是指企业发生的不能全部记入当年损益,应当在以后年度内分期摊销的各项费用,包括企业开办费、固定资产修理支出、租入固定资产的改良支出,以及摊销期限在一年以上的其他待摊费用等。

其他资产是指除以上各项之外的资产,企业不能自由支配使用的资产,包括特准储备物资、冻结存款、冻结物资、涉及诉讼中的财产等。

(2)负债。负债是指由于企业过去的交易或事项形成的,预期会导致经济利益流出企业的现时义务。负债分为流动负债和长期负债。负债需满足的几个条件如图1-2所示。

负债的分类:负债按其流动性,一般可分为流动负债和长期负债。

流动负债是指偿还期在一年或一个营业周期以内,预期需动用流动资产或以新的负债偿还的债务,包括短期借款、应付票据、应付账款、预收货款、应付工资、应交税金、应付利润、其他应付款和预提费用等。

流动负债类型一,短期借款,是指企业借入的还款期限在一年或超过一年的一个营业周期内的各种借款。例如,工业生产周转借款、临时借款等。

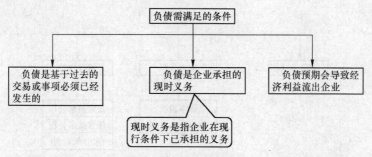

图 1-2 负债需满足的条件

类型二,应付票据,是指企业因购进货物所发生的、须于约定日期支付一定金额给持票人的书面证明,包括银行承兑汇票和商业承兑汇票。

类型三,应付账款,是指企业生产经营过程中因购买材料、商品和接受劳务供应等发生的一项流动负债。

类型四,预收货款,是指企业按照合同规定向购货单位预收的购货款和定金。

类型五,应付工资,是指企业应付给本企业员工的劳动报酬,包括在工资总额内的各种工资性奖金和津贴等。

类型六,应交税金,是指企业应交纳的各种税金,包括增值税、营业税、消费税和所得税等。

类型七,应付利润,是指企业应付给投资者的利润,包括应付给国家、其他单位以及个人的投资利润。

类型八,其他应付款,是指除应交税金、利润以外的其他一切应交款项,包括应交教育费附加、车辆购置附加费等。

类型九,预提费用,是指企业事先预提而尚未实际支付的费用,如预提的保险费、借款利息、租金等。

长期负债是指偿还期在一年或者超过一年的一个营业周期以上的各种债务,包括长期借款、应付债券、长期应付款等。长期负债是企业向债权人筹集的可供长期使用的一种资本来源。同流动负债相比,长期负债的特点是数额较大,偿还期限较长。

长期负债类型一,长期借款,是指企业向银行等金融机构或其他单位借入的,归还期限在一年以上的各种借款。

类型二,应付债券,是指企业为筹集长期使用的资金对外发行的、约定于某一特定日期还本付息的债务。

类型三,长期应付款,是指企业除长期借款、应付债券以外的其他一切长期负债。如用补偿贸易引进的国外设备,应付的引进设备款和融资租入固定资产的应付租赁款等。

(3)所有者权益。所有者权益是指企业资产扣除负债后,由所有者享有的剩余权益,企业的所有者权益又称股东权益。所有者权益按其构成,分为投入资本、资本公积和留存收益3类,如图 1-3 所示。

① 所有者权益具有以下特征。

特征一,所有者权益是企业投资人对企业净资产的所有权。它受总资产和总负债变动的影响而发生增减变动。

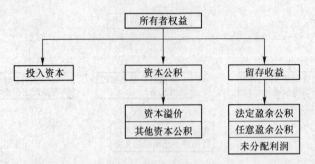

图1-3 所有者权益的分类

特征二，所有者权益包含所有者以其出资额的比例分享企业利润。与此同时，所有者也必须以其出资额承担企业的经营风险。

特征三，所有者权益还意味着所有者有法定的管理企业和委托他人管理企业的权利。

② 所有者权益包括的内容分为投入资本和留存收益。投入资本是指企业依法办理登记、实收并发行在外的资本，表现为由投资者作为资本投入到企业中的各种资产价值，如股本、资本公积等。留存收益是指企业生产经营所获得的，留存在企业尚未以股利形式分配给股东的利润。留存收益是企业历年实现而未分配给股东的税后利润的积累。

（4）收入。收入是指企业在销售商品、提供劳务及让渡资产使用权等日常经营活动中形成的经济利益的总流入。收入表现为一定期间现金的流入、其他资产的增加或负债的清偿。收入能导致企业所有者权益的增加。它包括销售商品收入、利息收入、使用费收入、租金收入、股利收入等，但不包括为第三方或客户代收的款项。

（5）费用。费用是和收入相对应而存在的。企业会计制度中将费用定义为："费用是指企业为销售产品、提供劳务等日常活动所发生的经济利益的流出。"它主要表现为企业资产的流出或被消耗，如旅行社或酒店设立商场在营业时，为了获取营业收入，首先须买进商品，再将其售出，其费用包括买进商品的成本以及其他各种费用开支，包括工资费用、场地折旧费用或租金、资金利息等。

餐饮旅游企业的费用主要如图1-4所示。

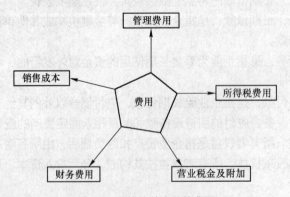

图1-4 餐饮旅游企业的费用

费用的特征表现为：费用产生于过去的交易或事项，它可表现为资产的减少或负债的增加。但与销售商品、提供劳务或他人使用本企业资产等日常经营活动无关的支出，如营业外支出等则不属于本要素的内容。

（6）利润。利润是指企业在一定会计期间的经营成果。利润反映的是收入减去费用、利润减去损失后的净额，包括营业利润、投资净收益和营业外收支净额等。营业利润是营业收入减去营业成本、期间费用和各种流转税及附加税费后的余额；投资净收益是企业对外投资收入减去投资损失后的余额；营业外收支净额是与企业日常经营活动没有直接关系的各种营业外收入减营业外支出后的余额。

2．会计等式

① 资产=负债+所有者权益

一个企业的资产和权益（负债和所有者权益），实际上是同一资金的两个不同方面，是从资金的占用形式和来源两个不同角度观察和分析的结果。企业的资产不外乎来自投资者的投资和向债权人的借款。因此，投资者和债权人对企业的资产拥有权益，这种权益代表资产的来源。有一定数额的资产，就有一定数额的权益，反之，有一定数额的权益，就有一定数额的资产。用公式可表示为：

$$资产=权益 \quad 或 \quad 资产=负债+所有者权益 \qquad (1-1)$$

上述会计等式，说明了资产、负债和所有者权益 3 项会计要素之间的基本关系，是设置账户、复式记账、试算平衡和编制资产负债表的理论依据，因此，又称之为资产负债表等式。有时资产负债表等式也表述为：

$$资产-负债=所有者权益（股东权益）$$

② 收入－费用=利润

收入、费用与利润的关系表示如下：

$$收入-费用=利润 \qquad (1-2)$$

上述会计等式说明了收入、费用和利润 3 大会计要素的内在关系，是编制利润表的理论依据，因此，又称之为利润表等式。

对于因收入、费用而发生的所有者权益的增减变化，应先在收入、费用两大会计要素中进行记载，然后在特定的结账日，将收入与费用比较的结果（即利润），最终转化为所有者权益。因此，收入、费用与资产、负债及所有者权益的关系，又可以用下列方程式来表示：

$$资产=负债+所有者权益+（收入-费用）\quad 或 \quad 资产=负债+所有者权益+利润 \qquad (1-3)$$

企业定期结算并计算出取得的利润，取得的利润在按规定分配给投资者（股东）之后，余下的部分归投资者共同享有，也是所有者权益的组成部分。因此，上述等式又回到：

$$资产=负债+所有者权益$$

由此可见，等式（1-1）是会计的基本等式，通常称之为基本会计等式或会计恒等式。等式（1-2）和等式（1-3）虽不是基本会计等式，但等式（1-2）是对基本会计等式的补充；等式（1-3）是基本会计等式的发展，它将财务状况要素（即资产、负债和所有者权益）和经营成果要素（即收入、费用和利润），进行有机结合，完整地反映了企业财务状况和经营成果的内在联系。

③ 经济业务类型及对会计等式的影响

经济业务类型主要有如下几种。

类型一，资金投入业务。

类型二，资金循环与周转业务。

当经济业务发生，影响会计等式等号两边会计要素发生增减变化。其规律是：同时等额增加或同时等额减少。

类型三，资金退出业务。

当经济业务发生，只影响会计等式等号一边会计要素发生增减变化。其规律是：等额的有增有减。

将上述各种类型业务具体化，可表现为以下9种情况，如图1-5所示。

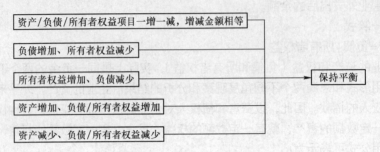

图1-5 各种业务具体化后的情况

二、会计科目与账户设置

1. 会计科目

（1）会计科目的定义

会计科目是指对会计要素的具体内容进行分类核算的项目，是对会计要素具体内容所做的进一步分类。

（2）会计科目的设置原则

原则一，应结合会计对象的特点，全面反映会计对象的内容。

所谓结合会计对象的特点，就是根据不同单位经济业务的特点，本着全面核算其经济业务的全过程及结果的目的来确定应该设置哪些会计科目。如工业企业是从事生产制造的企业，根据这一特点，工业企业必须设置反映生产过程的会计科目，如"生产成本"、"制造费用"，而旅游企业的主要经营活动是提供服务，因此无须设置这两个科目。

原则二，既要满足对外报告的要求又要符合内部经营管理的需要。

设置会计科目时，既要符合国家宏观经济管理的需求，又要兼顾对外报告信息和企业内部经营管理的需要，还要根据需要提供数据的详细程度，分设总分类科目和明细分类科目。比如固定资产总分类下，可以按照固定资产的类别，分设二级科目和明细科目，他们提供的明细资料主要为企业内部经营管理服务。

原则三，既要适应经济业务发展的需要，又要保持相对稳定。

随着商业信用的发展，为了反映和监督商品交易中的延期付款和延期交货而形成的债权债务的关系，核算中应该单独设置"预收账款"和"应付账款"科目。也就是把预收、预付账款的核算从"应收账款"和"应付账款"科目中分离出来。还比如随着技术市场的形成和《专利法》、《商标法》的实施，对企业拥有的专有技术、专利权、商标权等无形资产的价值及其变动情况，也有必要专设"无形资产"科目予以反映，但为了便于在不同时期分析比较会计核算指标和在一定范围内汇总核算指标，会计科目的设置又要保持相对稳定。

原则四，应做到统一性与灵活性相结合。

所谓统一性，就是对一些主要的会计科目的设置及其核算内容，要根据《企业会计制度》和《企业会计准则》进行统一的规定，以保证会计核算的指标在一个部门乃至全国范围内综合汇总，分析利用。所谓灵活性，是指在保证提供统一核算指标的前提下，可根据本企业自身的经营特点和规模、增减变化情况及投资者的要求，对统一规定的会计科目做必要的增补或减并，以保证会计信息的有用性，如制造业企业可增设"备用金"、"在途物资"等会计科目，可以不单设"预收账款"、"预付账款"科目。

此外，会计科目的名称要简单明确、便于记忆，对每一个会计科目应有固定编码，以便分类排列和引用电子计算机处理会计数据。《企业会计制度》中所列的《企业会计科目表》见表1-2。

表1-2　　　　　　　　　　　　企业会计科目表

序号	编号	会计科目名称	序号	编号	会计科目名称	序号	编号	会计科目名称
一、资产类			28	1403	原材料	56	1611	未担保余值
1	1001	库存现金	29	1404	材料成本差异	57	1621	生产性生物资产
2	1002	银行存款	30	1405	库存商品	58	1622	生产性生物资产累计折旧
3	1003	存放中央银行款项	31	1406	发出商品	59	1623	公益性生物资产
4	1011	存放同业	32	1407	商品进销差价	60	1631	油气资产
5	1012	其他货币资金	33	1408	委托加工物资	61	1632	累计折耗
6	1021	结算备付金	34	1411	周转材料	62	1701	无形资产
7	1031	存出保证金	35	1421	消耗性生物资产	63	1702	累计摊销
8	1101	交易性金融资产	36	1431	贵金属	64	1703	无形资产减值准备
9	1111	买入返售金融资产	37	1441	抵债资产	65	1711	商誉
10	1121	应收票据	38	1451	损余物资	66	1801	长期待摊费用
11	1122	应收账款	39	1461	融资租赁资产	67	1811	递延所得税资产
12	1123	预付账款	40	1471	存货跌价准备	68	1821	独立账户资产
13	1131	应收股利	41	1501	持有至到期投资	69	1901	待处理财产损益
14	1132	应收利息	42	1502	持有至到期投资减值准备	二、负债类		
15	1201	应收代位追偿款	43	1503	可供出售金融资产	70	2001	短期借款
16	1211	应收分保账款	44	1511	长期股权投资	71	2002	存入保证金
17	1212	应收分保合同准备金	45	1512	长期股权投资减值准备	72	2003	拆入资金
18	1221	其他应收款	46	1521	投资性房地产	73	2004	向中央银行借款
19	1231	坏账准备	47	1531	长期应收款	74	2011	吸收存款
20	1301	贴现资产	48	1532	未实现融资收益	75	2012	同业存放
21	1302	拆出资金	49	1541	存出资本保证金	76	2021	贴现负债
22	1303	贷款	50	1601	固定资产	77	2101	交易性金融负债
23	1304	贷款损失准备	51	1602	累计折旧	78	2111	卖出回购金融资产款
24	1311	代理兑付证券	52	1603	固定资产减值准备	79	2201	应付票据
25	1321	代理业务资产	53	1604	在建工程	80	2202	应付账款
26	1401	材料采购	54	1605	工程物资	81	2203	预收账款
27	1402	在途物资	55	1606	固定资产清理	82	2211	应付职工薪酬

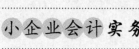
序号	编号	会计科目名称	序号	编号	会计科目名称	序号	编号	会计科目名称
83	2221	应交税费	120	5301	研发支出			
84	2231	应付利息	121	5401	工程施工			
85	2232	应付股利	122	5402	工程结算			
86	2241	其他应付款	123	5403	机械作业			
87	2251	应付保单红利		六、损益类				
88	2261	应付分保账款	124	6001	主营业务收入			
89	2311	代理买卖证券款	125	6011	利息收入			
90	2312	代理承销证券款	126	6021	手续费及佣金收入			
91	2313	代理兑付证券款	127	6031	保费收入			
92	2314	代理业务负债	128	6041	租赁收入			
93	2401	递延收益	129	6051	其他业务收入			
94	2501	长期借款	130	6061	汇兑损益			
95	2502	应付债券	131	6101	公允价值变动损益			
96	2601	未到期责任准备金	132	6111	投资收益			
97	2602	保险责任准备金	133	6201	摊回保险责任准备金			
98	2611	保户储金	134	6202	摊回赔付支出			
99	2621	独立账户负债	135	6203	摊回分保费用			
100	2701	长期应付款	136	6301	营业外收入			
101	2702	未确认融资费用	137	6401	主营业务成本			
102	2711	专项应付款	138	6402	其他业务成本			
103	2801	预计负债	139	6403	营业税金及附加			
104	2901	递延所得税负债	140	6411	利息支出			
	三、共同类		141	6421	手续费及佣金支出			
105	3001	清算资金往来	142	6501	提取未到期责任准备金			
106	3002	货币兑换	143	6502	提取保险责任准备金			
107	3101	衍生工具	144	6511	赔付支出			
108	3201	套期工具	145	6521	保单红利支出			
109	3202	被套期项目	146	6531	退保金			
	四、所有者权益类		147	6541	分出保费			
110	4001	实收资本	148	6542	分保费用			
111	4002	资本公积	149	6601	销售费用			
112	4101	盈余公积	150	6602	管理费用			
113	4102	一般风险准备	151	6603	财务费用			
114	4103	本年利润	152	6604	勘探费用			
115	4104	利润分配	153	6701	资产减值损失			
116	4201	库存股	154	6711	营业外支出			
	五、成本类		155	6801	所得税费用			
117	5001	生产成本	156	6901	以前年度损益调整			
118	5101	制造费用						
119	5201	劳务成本						

2．会计账户

（1）账户的定义

账户是根据会计科目设置的，具有一定格式和结构，用于分类反映会计要素增减变动情况及其结果的载体。设置账户是会计核算的重要方法之一。

（2）会计账户的设置原则

会计账户的设置应本着简明、适当、明确、统一的原则。

简明就是指账户的名称必须简单、易懂且便于记忆。适当是指账户的设置要适应企业自身特点，能正确代表各项业务的内容，并显示其特征。明确是指账户所要记载的事项必须是明确、清晰的，也就是说，某项经济业务的发生仅有一个账户可以应用，不可含糊重复。统一是指企业设置的账户，在会计的各期均要求统一，方便使用者利用会计信息。企业账户的设置，可根据国家颁布的"会计科目表"的基础和上述原则以及企业自身经营业务的特点进行增减。

（3）账户的基本结构和内容

账户分为左方（记账符号为"借"）、右方（记账符号为"贷"）两个方向，一方登记增加，另一方登记减少。资产、成本、费用类账户借方登记增加额，贷方登记减少额；负债、所有者权益、收入类账户借方登记减少额，贷方登记增加额。

账户中登记本期增加的金额，称为本期增加发生额；登记本期减少的金额，称为本期减少发生额；增减相抵后的差额，称为余额，余额按照时间不同，分为期初余额和期末余额。其基本关系如下：

期末余额=期初余额+本期增加发生额－本期减少发生额

上式中的4个部分也称为账户的4个金额要素。

对于资产、成本、费用类账户：期末余额=期初余额+本期借方发生额－本期贷方发生额。对于负债，所有者权益和收入类账户：期末余额=期初余额+本期贷方发生额－本期借方发生额。账户的内容具体包括账户名称、记录日期、所依据记账凭证的编号、经济业务摘要、增减金额和余额等。

三、复式记账与借贷记账法

1．复式记账法

（1）定义

复式记账，是指对发生的每一项经济业务，都以相等的金额，在相互联系的两个或两个以上账户中同时进行登记。

（2）作用

首先，复式记账能够全面、系统地在账户中记录经济业务，提供有用的会计信息。其次，复式记账能够明确地反映资金运动的过程，便于对业务内容的了解和监督。最后，复式记账能够运用平衡关系检验账户记录有无差错。

（3）复式记账法的理论基础

复式记账法的理论基础是会计等式。复式记账法是会计等式不断平衡的保证。

（4）复式记账法的种类

复式记账法在其发展过程中，曾有借贷记账法、收付记账法、增减记账法等几种复式记账方法。其中，借贷记账法是世界各国通用的一种复式记账方法。在我国，不同类型的企事业曾采用不同的记账方法。而随着我国市场经济的成熟与发展，为规范会计工作和及时准确的反映会计信息，对记账方法进行了统一。我国有关法规规定"会计记账采用借贷记账法"，从而使借贷记账法成为我国各行各业统一采用的复式记账方法。

2.借贷复式记账法

（1）定义

借贷复式记账法按照复式记账的原理，以资产与权益的平衡关系为基础，以"借"、"贷"二字作为记账符号，以"有借必有贷，借贷必相等"为记账规则的一种复式记账方法。

（2）借贷记账法的特点

特点一，借贷记账法以"借"、"贷"作为记账符号，用以指明应记入账户的方向。其含义是："借"、"贷"将每一个账户都固定的分为两个相互对立的部分，账户左方为借方，右方为贷方；"借"和"贷"作为纯粹的记账符号，并不单纯地代表增加或是减少，对于一个账户而言，借方和贷方究竟哪方记增加，哪方记减少，适当根据账户的性质及其核算内容来决定。以"借"表示资产和成本、费用的增加，负债、所有者权益和收入、利润的减少；以"贷"表示负债、所有者权益和收入、利润的增加，资产和成本、费用的减少。

特点二，以"有借必有贷，借贷必相等"作为记账规则。有借必有贷指账户登记方向，借贷必相等指账户登记金额。根据复式记账的原理，对任何一项经济业务都必须以相等的金额，在两个或两个以上相互联系的账户中进行登记。根据借贷记账法账户结构的原理，对每项经济业务都应当做借贷增减相反的记录。

特点三，对账户不要求固定分类。双重性质的账户，应根据它们的期末余额的方向来确定其性质。

特点四，以"借方金额等于贷方金额"作为试算平衡公式，即全部账户本期借方发生额合计等于全部账户本期贷方发生额合计；全部账户借方余额合计等于全部账户贷方余额合计。

3.账户的设置与结构

确立账户结构的理论依据是会计等式。账户结构的确立是以其在会计等式中的位置来决定的。根据会计等式"资产+费用=负债+所有者权益+收入"，账户可分为等式左边的账户和等式右边的账户，处于等式左边的资产和费用账户，用账户的"借方"记增加，"贷方"记减少，余额一般在借方；处于等式右边的负债、所有者权益、收入账户，用账户的"贷方"记增加，用"借方"记减少，余额一般在"贷方"。下面分别介绍不同类别的账户结构。

（1）资产类账户。资产类账户的结构是：借方登记资产的增加额，贷方登记资产的减少额。期末为借方余额，表示期末资产的实有数额。

（2）负债类账户。负债类账户的结构是：贷方登记负债的增加额，借方登记负债的减少额。期末为贷方余额，表示期末负债的实有数额。

（3）所有者权益类账户。所有者权益类账户的结构是：贷方登记所有者权益的增加额，借方登记所有者权益的减少额。期末为贷方余额，表示期末所有者权益的实有数额。

（4）成本类账户。成本类账户在基本结构上与资产类账户是一致的，所不同的是作为成本类账户，其成本的发生最终将转化为企业资产的增加，因而在期末时，对已形成企业资产的成本费用要从成本账户中转到有关资产账户，以表示资产的增加，所以其账户结构与核算内容与资产账户相比有一定的区别。

成本类账户的结构是：借方登记成本的增加额，贷方登记成本的转出额。在每一个会计期末，用借方发生额与贷方发生额相比较，如果已发生的所有的成本均转为资产，则成本类账户期末没有余额；如果尚有一部分成本没有转为资产，则会有借方差额，称为期末借方余额，表示期末尚未转为资产的成本数额。

（5）损益类账户。反映各项损益的账户称为损益类账户。损益类账户按反映的具体内容不同，又可分为反映各项收入的账户和反映各项费用支出的账户。企业在生产经营过程中要不断地取得各种收入，而为了取得收入，就要发生各种费用支出。将一定期间的收入与费用相配比，就可以计算出企业实现的利润。利润是企业资产的一个来源，在未分配前可以看作是企业所有者权益的增加。因为收入的增加意味着利润的增加，其结构应同所有者权益类账户基本相同；而费用的增加则意味着利润的减少，所以其结构应与所有者权益类账户相反，与资产类账户结构相同。

应明确的是，收入和费用作为反映企业损益的账户，从其设置目的上而言，是一个分类核算企业经营过程中各项损益的过渡性账户。为了在期末对收入和费用进行配比以计算当期利润，在期末时，要将所有本期实现的收入从收入账户转出，转入反映利润的有关账户表示所有者权益的增加；而所有本期发生的费用，也要从费用账户转出，转入反映利润的账户，表示所有者权益的减少。因而损益类账户的特征是：期末结转利润后，损益类账户没有余额。收入类账户的结构是：贷方登记收入的增加额，借方登记收入的减少额和转出额。在每一个会计期末，将收入的发生额从借方转出，期末结转后收入类账户无余额。费用类账户的结构是：借方登记费用支出的增加额，贷方登记费用的减少额和转出额。在每一个会计期末，将费用支出的发生额从贷方转出，期末结转后费用类账户无余额。

由上述各类账户的具体结构可以得出以下两点结论。

① 根据以上对各类账户结构的说明，借贷记账法账户的结构可以归纳为：各账户的期末余额一般应与该账户记录增加额的方向一致，资产类、成本类账户的余额一般在借方，负债类、所有者权益类账户的余额一般在贷方，损益类账户期末无余额。

② 由于账户余额方向与记录增加额方向一致，账户余额的方向就代表了账户的性质，即借方余额说明该账户属于资产性质，而贷方余额说明该账户属于负债或所有者权益性质。因此，在借贷记账法下，可以通过账户余额的方向来判断账户性质，这也是借贷记账法的一个特点。

第二部分 基本技能

1. 资产负债表

资产负债表能从整体上反映一个企业的实力及其财务状况，因而被誉为企业的"第一会计报表"。会计报表使用者通过阅读和分析资产负债表，可以获得以下财务信息。

（1）通过资产负债表，可以提供某一日期资产的总额，反映企业拥有或控制的经济资源及其分布情况，分析企业资产的构成及其情况。

（2）通过资产负债表，可以反映某一日期的负债总额及其结构，分析企业目前与未来需要用多少资产或劳务清偿债务。

（3）通过资产负债表，可以反映所有者权益的情况，表明投资者在企业资产中所占的份额，了解所有者权益的结构情况。

（4）资产负债表还能够提供进行财务分析的基本资料，反映企业的财务弹性。如通过资产负债表可以计算流动比率、速动比率，借助利润表能够评价企业的财务弹性。

资产负债表的格式见表1-3。

表1-3 资产负债表

编制单位： 年 月 日 单位：元

资产	行次	年初数	期末数	负债及所有者权益	行次	年初数	期末数
流动资产：				流动负债：			
货币资金	1			短期借款	30		
短期投资	2			应付票据	31		
应收票据	3			应付账款	32		
应收账款	4			预收账款	33		
减：坏账准备	5			其他应付款	34		
应收账款净额	6			应付工资	35		
预付账款	7			应付福利费	36		
应收补贴款	8			未交税金	37		
其他应收款	9			未付利润	38		
存货	10			其他未交款	39		
待摊费用	11			预提费用	40		
待处理流动资产净损失	12			一年内到期的长期负债	41		
一年内到期的长期债券投资	13			其他流动负债	42		
其他流动资产	14						
				流动负债合计	43		
流动资产合计	15			长期负债：			
长期投资：				长期借款	44		
长期投资	16			应付债券	45		
固定资产：				长期应付款	46		
固定资产原价	17			其他长期负债	47		
减：累计折旧	18			其中：住房周转金	48		
固定资产净值	19						
固定资产清理	20			长期负债合计	49		
在建工程	21			递延税项：			
待处理固定资产净损失	22			递延税款贷项	50		
固定资产合计	23						
无形资产及递延资产：				负债合计	51		
无形资产	24			所有者权益：			
递延资产	25			实收资本	52		
				资本公积	53		
无形资产及递延资产合计	26			盈余公积	54		
其他长期资产：				其中：公益金	55		
其他长期资产	27			未分配利润	56		
递延税项：				所有者权益合计	57		
递延税款借项	28						
资产总计	29			负债及所有者权益总计	58		

补充资料：

1）已贴现的商业承兑汇票_____元；
2）已包括在固定资产原价内的融资租入固定资产原价_____元；
3）国家资本_____元；
4）法人资本_____元；
5）个人资本_____元；
6）外商资本_____元。

单位负责人： 　　财会负责人： 　　复核： 　　制表：

2．利润表

利润表是指反映企业在一定会计期间的经营成果的报表，又称损益表或收益表。通过提供利润表，可以反映企业在一定会计期间收入、费用、利润（或亏损）的数额以及构成情况，其反映的是收入与费用相配比的净收益。目的是帮助财务报表使用者全面了解企业的经营效果，分析企业的获利能力及赢利增长趋势，从而为其作出经济决策提供依据。利润表的格式见表1-4。

表1-4 利润表

编制单位： 　　年 月 日 　　单位：元

项　　目	行次	本月数	本年累计数
一、主营业务收入	1		
减：主营业务成本	4		
主营业务税金及附加	5		
二、主营业务利润（亏损以"－"号填列）	10		
加：其他业务利润（亏损以"－"号填列）	11		
减：营业费用	14		
管理费用	15		
财务费用	16		
三、营业利润（亏损以"－"号填列）	18		
加：投资收益（损失以"－"号填列）	19		
营业外收入	23		
减：营业外支出	25		
四、利润总额（亏损总额以"－"号填列）	27		
减：所得税	28		
五、净利润（净亏损以"－"号填列）	30		

3．现金流量表

现金流量表是反映企业在一定会计期间现金和现金等价物流入和流出的报表。通过现金流量表，可以反映企业一定会计期间内现金和现金等价物流入和流出的信息，是一张动态的会计报表。目的是便于使用者了解和评价企业获取现金和现金等价物的能力，据以预测企业未来现金流量。

现金流量表通常将企业一定期间内产生的现金流量归为经营活动产生的现金流量、投资活动产生的现金流量和筹资活动产生的现金流量3类。现金流量表格式见表1-5。

表1-5

现金流量表

会企03表

编制单位：　　　　　　　　　　　年　月　　　　　　　　　　单位：元

项　目	本期金额	上期金额
一、经营活动产生的现金流量：		
销售商品、提供劳务收到的现金		
收到的税费返还		
收到其他与经营活动有关的现金		
经营活动现金流入小计		
购买商品、接受劳务支付的现金		
支付给职工以及为职工支付的现金		
支付的各项税费		
支付其他与经营活动有关的现金		
经营活动现金流出小计		
经营活动产生的现金流量净额		
二、投资活动产生的现金流量：		
收回投资收到的现金		
取得投资收益收到的现金		
处置固定资产、无形资产和其他长期资产收回的现金净额		
处置子公司及其他营业单位收到的现金净额		
收到其他与投资活动有关的现金		
投资活动现金流入小计		
购建固定资产、无形资产和其他长期资产支付的现金		
投资支付的现金		
取得子公司及其他营业单位支付的现金净额		
支付其他与投资活动有关的现金		
投资活动现金流出小计		
投资活动产生的现金流量净额		
三、筹资活动产生的现金流量：		
吸收投资收到的现金		
取得借款收到的现金		
收到其他与筹资活动有关的现金		
筹资活动现金流入小计		
偿还债务支付的现金		
分配股利、利润或偿付利息支付的现金		
支付其他与筹资活动有关的现金		
筹资活动现金流出小计		
筹资活动产生的现金流量净额		
四、汇率变动对现金及现金等价物的影响		
五、现金及现金等价物净增加额		
加：期初现金及现金等价物余额		
六、期末现金及现金等价物余额		

现金流量表附注

现金流量表补充资料披露格式：企业应当采用间接法在现金流量表附注中披露将净利润调节为经营活动现金流量的信息。

补 充 资 料	本期金额	上期金额
1．将净利润调节为经营活动现金流量：		
净利润		
加：资产减值准备		
固定资产折旧、油气资产折耗、生产性生物资产折旧		
无形资产摊销		
长期待摊费用摊销		
处置固定资产、无形资产和其他长期资产的损失（收益以"－"号填列）		
固定资产报废损失（收益以"－"号填列）		
公允价值变动损失（收益以"－"号填列）		
财务费用（收益以"－"号填列）		
投资损失（收益以"－"号填列）		
递延所得税资产减少（增加以"－"号填列）		
递延所得税负债增加（减少以"－"号填列）		
存货的减少（增加以"－"号填列）		
经营性应收项目的减少（增加以"－"号填列）		
经营性应付项目的增加（减少以"－"号填列）		
其他		
经营活动产生的现金流量净额		
2．不涉及现金收支的重大投资和筹资活动：		
债务转为资本		
一年内到期的可转换公司债券		
融资租入固定资产		
3．现金及现金等价物净变动情况：		
现金的期末余额		
减：现金的期初余额		
加：现金等价物的期末余额		
减：现金等价物的期初余额		
现金及现金等价物净增加额		

第三部分 旅游会计实务

一、旅行社成本费用的核算

1．旅行社营业成本的特点

（1）旅游经营业务成本是指旅行社在经营过程中发生的，直接用于接待旅游团队或旅游者，为其提供各项服务所支付的费用。其核算对象是纯服务成本，即为旅游者提供旅游服务所支付的各项直接费用。

（2）旅游经营业务的特点，决定了旅游经营企业各项成本费用的结算期多数不能与其相关的营业收入同时登记入账。因此，根据权责发生制和配比原则，旅游经营业务的营业成本多采用按预计数结转待付，待结算出实际成本后，进行事后调整。

2．旅行社营业成本的内容

（1）综合服务成本，是指接团社接待包价旅游团体或个人按规定开支的住房费、餐费、旅游交通费、陪同费、文杂费和其他费用。

（2）组团外联成本，是指由组团社自主外联接待包价旅游团体或个人按规定开支的房费、餐费、旅游交通费、陪同费、文杂费和其他费用。

（3）零星服务成本，是指接待零星旅游者和受托代办事项而支付的费用。

（4）劳务成本，是指旅行社派出翻译、导游人员或聘请兼职导游人员参加全程陪同而支付的费用。

（5）票务成本，是指旅行社办理代售国际联运客票和国内客票而发生的订票手续费、包车费用和退票损失等。

（6）地游及加项成本，是指接待旅游者计划外增加游览项目和风味餐等时发生的费用。

（7）其他服务成本，是指不属于以上各项的其他服务成本。

3．旅行社营业成本的核算

核算旅行社的营业成本，无论是以组团形式还是以接团形式实现的都必须通过"主营业务成本"账户核算。

（1）组团营业成本的账务处理。

当组团社和接团社能即时结算费用拨款时：（依据付款通知、结算单等）

借：主营业务成本——×××

　　贷：银行存款

如不能及时拨款造成拖欠时：（依据费用结算单）

借：主营业务成本——×××

　　贷：应付账款——×××

（2）接团社营业成本的账务处理。

按实际发生数支付时：（费用相关凭证、付款凭证）

借：主营业务成本——×××

　　贷：银行存款（或现金）

如未能及时支付可通过"应付账款"账户。

月末结账按预计数结转时：（依据费用预算表）

借：主营业务成本——×××

　　贷：应付账款——×××

实际结算上项费用时：（依据费用结算单、付款凭证）

借：应付账款——×××

　　贷：银行存款

借或贷：主营业务成本（结算的差额）

无论组团旅行还是接团旅行，其在本企业内部发生的物料消耗及其他支出，可以参照存货和费用的核算内容理解掌握。

4. 旅行社费用的核算

（1）游行社费用的范围

旅行社期间费用包括销售费用、管理费用和财务费用。营业部门在经营中发生的费用，记入销售费用，包括企业营业、服务、管理人员的工资、福利费、运杂费、折旧费等。管理费用是企业管理部门组织、管理企业发生的费用，包括咨询费、董事会费、劳动保险费等。发生的利息支出、汇兑损益、支付金融机构手续费等记入财务费用，包括土地使用税、车船使用税、印花税等。

企业中凡是不属于经营业务范围的实际耗费，同经营业务没有直接关系，或者在经营业务中非正常的耗费，都不能作为费用开支。

（2）游行社费用的核算

旅行社所发生的费用支出，也必须通过"销售费用"、"管理费用"、"财务费用"3个账户进行核算。

销售费用的核算方法是，旅游企业每月应按营业费用的内容，归集各营业部门的费用，通过"销售费用"账户进行核算。发生营业费用时，借记"销售费用"账户，贷记有关账户，月末应将"销售费用"账户余额转入"本年利润"账户，结转后该账户应无余额。销售费用应按营业部门和费用项目进行明细分类核算。

管理费用的核算方法是，旅游企业每月应按企业管理费用的内容归集管理费用，通过"管理费用"账户进行核算。发生管理费用时，借记"管理费用"账户，贷记有关账户；月末应将"管理费用"账户余额转入"本年利润"账户，结转后该账户应无余额。管理费用应按费用项目设置明细账，进行明细分类核算。

财务费用的核算方法是，旅游企业的财务费用应按月归集，通过"财务费用"账户核算。发生财务费用时，借记"财务费用"账户，贷记"银行存款"、"长期借款"等账户，贷记"财务费用"账户。期末，应将"财务费用"账户余额全部转入"本年利润"账户，结转后"财务费用"账户应无余额。

旅行社成本费用的核算也可以根据旅行社的经营规模和范围分3种类型核算。

第一种是单团核算，是指旅行社以接待的每一个旅游团（者）为核算对象进行经营盈亏的核算，一般适用于业务量较小的旅行社。

第二种是部门批量核算，是指旅行社的业务部门在规定期限内，以接待的旅游团（者）的批量为核算对象进行的核算。这种核算方法适用于业务量较大的旅行社。

第三种是等级核算，按照接待的旅游团（者）的不同等级为核算对象进行经营盈亏的核算，如豪华、标准、经济等。等级核算可以提供不同等级的旅游团的盈亏状况。

二、旅行社营业税金及附加的核算

1. 营业税

营业税是旅行社在我国境内提供服务时按其营业收入计算征收的税款。旅行社按国家统一规定执行5%的税率。纳税人只要取得营业收入，不论有无赢利都必须照章纳税。营业税是一种价内税，一般不会导致纳税人亏损，营业税的计算公式为：

$$应缴纳的营业税=营业收入额 \times 适用税率$$

其中，旅行社组织旅游团在中国境内旅游的，以收取的旅游费减去替旅游者支付给其他单位的住宿、餐饮、交通、门票和其他代付费用后的余额为营业额；组织旅游团到中国境外旅游，在境外改由其他旅游企业接团的，以全程旅费减去给境外接团企业的旅游费后的余额为营业额，计算缴纳营业税。

2．城市维护建设税

城市维护建设税指地方政府为当地城市建设开征的税种，是对从事工商经营，缴纳增值税、营业税、消费税的单位和个人征收的一种税，是以旅行社应交纳的营业税、增值税和消费税为计税依据征收的税款。该种税的税率根据旅行社的所在地确定，市、县、镇的税率分别为7%、5%、1%。

应缴纳城市维护建设税=（营业税+增值税+消费税）总额×适用税率

3．教育费附加

教育费附加是国家为了加快发展地方教育事业，扩大地方教育经费的资金来源而征收的附加费，是以旅行社应交纳的营业税、增值税和消费税为计税依据征收的费用，征收率为3%。

应缴纳教育费附加=（营业税+增值税+消费税）总额×适用税率

由于旅行社一般不交增值税和消费税，因此应缴纳的城建税或教育费附加一般直接根据营业税总额乘以适用税率计算得出旅行社应该缴纳的营业税，在计算营业税的同时计算城市建设维护税和教育费附加。会计上通过设置"营业税金及附加"账户核算。该账户为损益类账户，借方记营业税的增加，贷方记营业税的减少，借方余额为当期应从企业营业利润中扣除的营业税金及附加。

三、外币业务核算

1．外币业务的含义及内容

外币业务包括外币交易业务和外币报表折算业务。外币交易业务是指以记账本位币以外的货币进行款项收付、往来结算以及计价等的业务。企业的外币交易业务主要包括3类：外币兑换业务、外币购销业务和外币借款业务。

我国的外币报表折算业务是指以非人民币作为记账本位币的企业，按会计准则规定将报表的外币数折算为人民币数的一种外币业务。

2．外币的有关概念和规定

（1）外币。一般意义上的外币是指本国货币以外的各种货币。会计学上的外币概念和以上一般意义上的外币概念并不相同，有其独特的使用方法。它指记账本位币以外的货币，如企业以人民币为记账本位币，那么各种外国货币均为外币。企业的记账本位币可以是人民币，也可以是人民币以外的某种货币。

（2）外汇。通常是指以外国货币表示的用于国际结算的支付手段。外汇具体包括：外国货币、外币贷款、外币有价证券、外币支付凭证。外币有价证券，包括外国政府公债、外国国库券、外国公司债券、外币股票、外币息票等。外币支付凭证，包括外币票据（支票、汇票和期票）、外币银行存款凭证、外币邮政储蓄凭证等。其他外汇资金，如旅游者携带的美元、日元等各种外币，支票、旅游信用证、各种贸易项目收支的款项等。

3．汇率

汇率全称是外汇汇率，又称为汇价。它是指一个国家的货币兑换为另一个国家货币的比率或比价。汇率有直接标价法和间接标价法两种。

（1）直接标价法。直接标价法又称直接汇率，是指以一定数量的外国货币来表示可兑换多少本国货币的金额作为计价标准的汇率，如1美元可兑换6.40元人民币。

（2）间接标价法。间接标价法又称间接汇率，是以一定数量的本国货币来表示可兑换多少外国货币的金额作为计价标准的汇率，如1元人民币可兑换0.160美元。

世界各国的外汇汇率标价方法均不一致，目前大多数国家包括我国在内，均采用直接标价法。

4. 记账本位币的含义

记账本位币指用于日常登记账簿和编制财务会计报告时用以表示计量的货币。一个会计主体在发生涉及多种货币计价核算时，它必然要选取一个统一的作为会计计量基本尺度的记账货币，并以该货币来表示和处理各项经济业务。

《企业会计准则》规定："会计核算以人民币作为记账本位币。业务收支以外币为主的企业，也可以选定某种外币作为记账本位币。但编制会计报表应当折算为人民币反映，境外企业向国内有关部门编报会计报表，应当折算为人民币反映。"

5. 汇兑损益

（1）汇兑损益的内容

汇兑损益是指在各种外币业务的会计处理过程中，因采用不同的汇率而产生的会计记账本位币金额的差异，又称"汇兑差额"。汇兑损益根据其产生的业务来源一般可划分为以下3种经常性的汇兑损益。

第一种，兑换外币汇兑损益。在发生外币与记账本位币，或一种外币与另一种外币进行兑换时产生的汇兑损益，称为"兑换外币汇兑损益"。

第二种，调整外币汇兑损益。指在现行汇率制度下，会计期末将所有外币性债权、债务和外币性货币资金账户，按期末社会公认的汇率进行调整而产生的汇兑损益。

第三种，折算外币汇兑损益。它是指已经发生的外币债权、债务在偿付时因记账汇率与账面汇率不同所发生的折合记账本位币的差额。

（2）汇兑损益的确认

目前，我国外币业务会计主要采用将基本已实现和未实现的汇兑损益全部记入当期损益，即只要汇率实际发生变动，不论其是否实现，都应确认为汇兑损益，并记入当期损益这种处理方法。

6. 外币业务的记账方法

外币业务的记账法方有外币统账制和外币分账制两种。外币统账制是指企业在外币业务发生时，就将外币折算为记账本位币入账。采用外币统账制记录外币业务的企业，平时除外币兑换外，不确认兑换损益；期末再将外币账户的账面记账本位币金额调为按期末市场汇率折合的记账本文本金额时，所产生的差额，确认为本期发生的汇兑损益。

外币分账制是指企业进行日常核算时按照外币原价记账，编制会计报表时一次性地将外币会计报表折算为记账本位币表示的会计报表。

目前，我国绝大多数企业采用外币统账制方法核算其外币业务，只有银行等少数金融企业采用外币分账制。

在核算外币业务时，企业应当设置相应的外币账户。通常为外币现金、外币银行存款以及以外币结算的债权和债务账户。采用外币复币的记账方式。外币结算的债权账户包括应收账款、应收票据等；外币结算的债务账户包括短期借款、长期借款、应付账款、应付票据、应付职工薪酬等。

7. 外币业务的日常核算

（1）外币兑换业务

外币兑换业务包括企业从金融机构购入外汇业务和企业卖出外汇业务。旅游企业承办外汇兑换业务的外币形式有外币、旅行支票、信用卡等，这里只介绍外币。

企业从银行购入外币一般是按照银行外币卖出价购买的，企业在会计核算中对付出的记账本位币的数额是按照银行外币卖出价折算的。企业向银行卖出外币一般是按照银行外币买入价计算的，企业在会计核算中对收入的记账本位币的数额则是按照银行外币买入价折算的。

企业卖出外汇时，一方面将实际收取的记账本位币登记入账，另一方面按当日汇率将卖出的外汇登记相应的外币账户。实际收入的记账本位币金额与付出的外币按当日汇率折算为记账本位币金额差额，作为汇兑损益。

【例1-1】2009年12月15日，东方旅游企业将10 000美元到银行兑换为人民币，银行当日的美元买入价为1美元=6.67元人民币，当日的市场汇率为1美元=6.83元人民币。

借：银行存款——人民币户（按实际收到的人民币）　　　67 600
　　财务费用　　　　　　　　　　　　　　　　　　　　 700
　　贷：银行存款——美元户（10 000美元）　　　　　　　68 300

（2）企业买入外汇业务的核算

企业买入外汇时，要按外汇14卖出价折算应向银行支付的记账本位币，并记录所支付的金额；另一方面按照当日的市场汇率将买入的外汇折算为记账本位币，并登记入账；同时按照买入的外币金额登记相应的外币账户。实际付出的记账本位币金额与收取的外币按照当日市场汇率折算为本位币金额之间的差额，作为当期汇兑损益。

【例1-2】2009年12月15日，东方旅游企业从银行购入20 000美元，银行当日的美元卖出价为1美元=6.84人民币元，当日的市场汇率为1美元=6.83人民币元。

借：银行存款——美元户（20 000美元）　　　　　　　136 600
　　财务费用　　　　　　　　　　　　　　　　　　　　 200
　　贷：银行存款——人民币户（按实际支付的人民币）　136 800

自我练习

一、填空题

1. 会计科目按其反映的经济内容可分为资产类、负债类、（　　　　）、损益类和（　　　　）。

2. 借贷记账法的记账规则是（　　　　）。

3. 资产负债表左方列示（　　　　）各项目，右方列示（　　　　）各项目。

4. 在借贷记账法下，期末结账后，一般有余额的账户有（　　　　）、（　　　　）、（　　　　）。

5. 在借贷记账法下，账户的基本结构是：左方为借方，右方为（　　　　），但账户的哪一方增加，哪一方减少，则要根据账户反映的（　　　　）决定。

6. 借贷记账法"借"、"贷"的含义是（　　　　）。

7. 旅游业务，以全部收费减去为旅游者付给其他单位的食、宿、交通、门票和其他代付费用后的余额为（　　　　）。

8. "预收账款"属于（　　　　）科目。

9. 会计科目按其所归属的会计要素不同，分为资产类、（　　　　）、共同类、（　　　　）、（　　　　）、（　　　　）。

10. 销售商品属于（　　　　）产生的现金流量。

二、实训题

1. 目的：练习借贷记账法。

资料：假定某饭店某日发生下经济业务。

（1）从银行提取现金 2 000 元备用。

（2）以银行存款购入原材料 10 000 元入库。

（3）以库存现金支付客房部洗涤费 500 元。

（4）购入原材料 20 000 元入库，货款尚未支付。

（5）取得营业收入款 15 000 元存入银行。

（6）厨房领用库存原材料 5 000 元。

（7）以银行存款支付原欠购货款 15 000 元。

（8）营业部门领用办公用品 300 元，管理部门领用办公用品 200 元。

（9）餐饮部报来客户记账消费结算单，金额 4 000 元。

（10）某客户付来原记账消费款 3 000 元存入银行。

要求：根据上述资料编制会计分录。

2. 目的：练习费用的核算。

资料：天天旅行社 3 月份发生下列经济业务。

（1）2 日，签发转账支票支付大客车汽油费 300 元。

（2）4 日，以现金支付电话费 200 元。

（3）10 日，从银行提取 12 000 元现金。

（4）10 日，发放员工工资 12 000 元。

（5）30 日，预提应向银行支付本月短期借款利息 400 元。

（6）30 日，摊销应由本月份负担的员工劳动保险费 210 元。

要求：根据所发生的经济业务编制会计分录。

3. 某旅行社 2006 年 9 月 30 日银行存款日记账余额为 28 000 元，而银行对账单上的存款余额为 30 800 元。经逐笔核对后，发现有以下未达账项。

（1）企业 9 月 30 日存入转账支票 5 620 元，银行尚未入账。

（2）企业 9 月 30 日开出一张 6 520 元的转账支票，由于持票人尚未到银行办理转账手续，故银行尚未入账。

（3）委托银行代收的旅游款 3 500 元，9 月 30 日银行已经收到登记入账，由于收账通知未送达对方，故对方尚未入账。

（4）电信局委托银行代收旅行社电话费 1 600 元，9 月 30 日银行已从旅行社存款中代付，由于付款通知单尚未送达旅行社，故旅行社尚未入账。

要求：编制旅行社 9 月份的"银行存款余额调节表"。

4. 某旅行社发生业务如下，请写出会计处理的分录。

（1）5 月 1 日组成 30 人的旅行团（A）赴云南 6 日游，已收旅行团费用 70 000 元。5 月 7 日该旅行团返回。

（2）旅行社的组团社支付全陪费用 2 000 元。

（3）组团社支付与本团相关各接团社联系的长途电话、传真费等 1 000 元。

（4）旅行社 6 月份的营业收入（客房、餐饮收入）为 42 000 元，营业税税率为 5%，提取本月份应交营业税为 2 100 元。

5．某旅行社 2006 年度会计利润 500 000 元，本年度会计核算的收支中含企业违法经营的罚款 5 000 元，国库券的利息收入 20 000 元，超支的业务招待费 30 000 元，固定资产折旧费 50 000 元（税法规定的折旧额为 35 000 元），企业所得税税率 33%。

要求：计算本年度该企业的应纳税所得额、应付税款法下的所得税费用。

6．资料：某公司 20××年 1 月份发生的部分经济业务如下。

（1）采购员赵松出差，预借差旅费 500 元。

（2）收到东方公司还来以前的欠款 35 000 元，其中 25 000 元直接归还短期借款，其余存入银行。

（3）经营领用库存材料 1 500 元。

（4）从银行提取现金 21 000 元，备发工资。

（5）自制某产品生产完毕验收入库，结转完工产品成本 26 000 元。

（6）从银行借入短期借款 18 000 元，存入银行。

（7）从海尔公司购入材料 8 000 元，以银行存款支付货款 5 600 元，其余货款暂欠。

（8）以银行存款归还前欠海尔公司货款 2 400 元。

（9）收到国家作为追加投资投入的资本 12 000 元，存入银行。

（10）采购员赵松出差回来，报销差旅费 580 元，不足部分以现金支付。

要求：根据上述经济业务编制会计分录。

7．某旅游企业本月发生如下经济业务。

（1）从银行取得短期借款 100 000 元，存入存款账户。

（2）甲产品 1 000 件完工入库，单位成本 5 元。

（3）以银行存款 1 000 元支付罚款。

（4）以银行存款支付银行贷款手续费 200 元。

（5）用银行存款支付本季度短期借款利息 6 500 元（其中前两个月已预提 5 000 元）。

（6）计算分配本月工资，其中生产工人工资 50 000 元，车间管理人员工资 4 000 元，厂部管理人员工资 30 000 元，专设销售机构人员工资 2 000 元。

（7）从银行提取现金 88 000 元，其中 86 000 元用于发放职工工资。

（8）在财产清查中发现账外旧设备一台，估计原值 20 000 元，现值 12 000 元。

（9）将本年亏损 30 000 元转入利润分配账户（要求写出利润分配账户的明细账户）。

（10）本月计提固定资产折旧 5 000 元，其中车间生产设备折旧费 4000 元，管理部门办公设备折旧费 1 000 元。

（11）以银行存款缴纳企业所得税 15 000 元。

（12）本月摊销书报杂志费 200 元。

（13）以现金支付业务招待费 500 元。

（14）企业购入新设备一台，价款 80 000 元，以银行存款支付。另以现金 200 元支付装卸搬运费。

（15）收目销货款 50 000 元存入银行，记账凭证及账簿中均误记为 5 000 元，请予更正。

（16）销售产品一批，货款 25 000 元，收到转账支票一张已送存银行。

（17）购入材料一批，货款 18 000 元，另支付运费 700 元，均已通过银行付清，材料已验收入库。

（18）职工张华出差借款 2 000 元，以现金付讫。

（19）以转账支票支付所属技工学校经费 50 000 元。

（20）张华报销差旅费 1 500 元，余款退回现金。

要求：根据上述经济业务编制会计分录。

三、思考题

1. 什么是旅游会计？
2. 旅游会计的特点是什么？
3. 什么是会计要素？各个会计要素的内容怎样？
4. 什么是会计等式？其有几种表示方法？
5. 什么是账户？账户与会计科目是什么关系？
6. 什么是借贷复式记账法？
7. 试述借贷记账法的要点。
8. 旅行社期间费用的组成内容有哪些？
9. 什么叫成本？旅游企业的成本包括哪些内容？
10. 何为记账本位币？

项目二 酒店会计

案例导读

启明星温泉酒店是一家三星级度假型酒店，位于罗浮山风景旅游名胜区，周边的其他温泉酒店近十家。在这种高投资低收入的行业地中，面对同行之间日益加剧的竞争，怎么才能使酒店的利润最大化呢？利润是什么？简单地讲就是收入－成本＝利润，成本越高，利润越少；成本越低，利润越高。成本费用的控制，将起到一个决定性的作用。

酒店（hotel）一词源于法语，其最初的含义是贵族招待宾客的乡间别墅，后来欧美酒店业沿用这一名称来指所有商业性的住宿设施。在中文里表示住宿设施的称谓有很多，如"酒店"、"饭店"、"宾馆"、"旅馆"、"度假村"、"大厦"、"会所"等。这些不同的称谓反映了各自的特色，但其基本功能总是服务于旅居者的住、食及其他综合服务，这是酒店的共性。现代酒店，应该具备下列基本条件：

（1）它是一座设备完善的众所周知且经政府核准的建筑；

（2）它必须提供旅客的住宿与餐饮；

（3）它要有为旅客以及顾客提供娱乐的设施；

（4）还要提供住宿、餐饮、娱乐上的理想服务；

（5）它是赢利的，要求取得合理的利润。

第一部分 基础知识

一、酒店企业会计核算的内容、特点

1. 酒店行业的基本特征

酒店行业是一个古老的行业，已有数千年的历史。现代的酒店行业，其业务范围已较为广泛，既有传统性的住宿和饮食业务，也有扩展性的商品零售、交通票务服务；有些较为大型的酒店，还兼娱乐和旅游等业务。酒店在其经营业务上与工业、商业及其他行业有所不同，有其自身的特征，主要表现在以下几个方面。

（1）提供多种服务，经营多种项目。

（2）既有商品的销售，也有劳务的服务。

（3）以人力操作、服务为主。

（4）经营过程与消费过程相统一。

2. 酒店会计核算的特点

酒店会计是指酒店企业的一种经营管理活动。简单来说，会计是适应社会生产的发展和管理要求而产生的，它是以货币为主要形式对经济活动进行反映和监督，通过收集、处理、传递和利用会计资料，对经济活动进行控制、调节和决策，再提高经济效益的一种管理活动，是企业经济管理的重要组成部分。酒店会计，就是负责酒店企业各项业务的日常经营核算记录和监督的活动。会计的基本职能，就是进行会计核算和会计监督。酒店会计的主要特点有如下几个方面。

（1）根据经营业务的内容，分别考核经营成果。酒店企业均有系统配套的多项业务，为了弄清各项业务经营成果就要求分别核算和监督各项营业业务的收入、成本和费用。

（2）根据经营业务的特点，采用不同的会计核算方法。酒店企业除了以服务为中心外，还有商品的加工和销售。这样，酒店企业就具有生产、销售和服务3种职能。因此，会计核算时，就需要根据经营业务的特点，采用不同的核算方法。

（3）有一定规模的酒店企业，既经营自制商品，又经营外购商品。为了分别考核自制商品与外购商品的经营成果，加强对自制商品的管理和核算，需要对自制商品和外购商品分别进行核算。

（4）现金结算方式多，需要采用相应的核算方法和管理制度。酒店收入的结算以货币资金为主要的结算方式。在会计职能上，既有核算上的职能，更要加强货币资金各种结算方式的管理职能。现金结算是酒店企业最古老的一种结算方式，随着现代科技的不断更新与进步，银行卡、信用卡、餐卡等先进结算方式纷纷登场，给酒店业会计的现金计算带来了前所未有的生机和活力。现金结算有多种多样的方式，但有的也有潜在的风险。酒店企业的财务会计部门应采取相应的核算管理方法和制度。

（5）酒店会计核算具有涉外性。随着我国改革开放政策的实施，相当多的酒店企业有外汇货币收入。在企业会计核算时，应按照国家外汇管理条例和外汇兑换的管理办法，办理外汇存入、转出和结算的业务，核算汇兑损益。

3. 酒店会计核算的内容

酒店会计同其他企业会计一样，核算的内容包括资产、负债、所有者权益、收入、费用和利润，但酒店会计核算又有其独特的内容。由于酒店大致分为客房部、餐饮部、康乐部和商场4个部门，因此，每个部门的核算内容和侧重点不一样。

（1）客房部的主要核算内容：客房部是酒店收入的主要部分，它主要核算房金、加床、电话、洗衣以及物料用品和一次性的物品消耗。

（2）餐饮部的主要核算内容：餐饮部主要核算餐饮收入与成本（如房客的早餐、午餐和晚餐以及宴会包场等）、原材料成本（如原材料采购、入库、保管、领用和出售等）等。

（3）康乐部的主要核算内容：康乐部核算的内容比较复杂，主要包括舞厅、蒸气浴、电子游戏室和酒吧的核算等。

（4）商场的主要核算内容：有的酒店会下设商场，由酒店自行经营或租赁给其他人员经营。商场主要核算商品的购进、销售，或进行委托代销商品的核算。

酒店会计的基本核算内容及框架如图2-1所示。

二、酒店财务操作流程与机构设置

1. 酒店财务操作流程

酒店的经营活动是一个周而复始的过程。酒店应按照业务流程设置相应的操作流程，在各个操作环节中设立相互制约的职能岗位，并从各项管理职能出发，在各个部门之间进行合理的分工，以达到提高工作效率的目的。而作为综合反映酒店经营活动重要工具的会计工作，必须在反映酒店经营活动全貌、符合酒店经营特点的基础上，建立相应的财务操作流程，并以此融入酒店的业务系统和管理系统。图 2-2 所示为某酒店的财务操作流程。

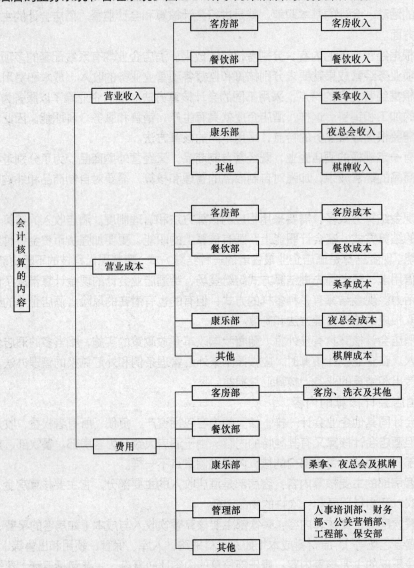

图 2-1　酒店会计的基本核算内容及框架

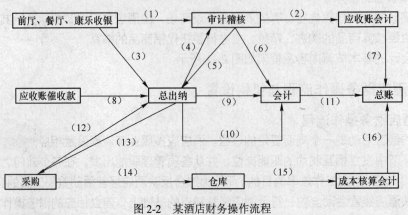

图 2-2　某酒店财务操作流程

说明：（1）有关账单、缴款凭证送审计审核；（2）审核无误后的相关收入报表；（3）营业收到的款项上交出纳；（4）收款业务有关单据送审计审核；（5）审计审核后有关单据退回出纳；（6）审计审核后有关报表资料送会计进行账务处理；（7）编制出会计报表相关分析资料；（8）应收款上缴；（9）收入款项解缴银行汇总后总会计进行账务处理；（10）付款业务有关凭证送成本核算会计进行账务处理；（11）编制出会计报表及相关分析资料；（12）采购员购物借款；（13）审批手续完毕出纳办理报销；（14）采购物资办理进仓手续；（15）进出仓业务有关凭证送成本核算会计处理；（16）编制出会计报表及相关分析资料。

2．酒店财务机构设置

酒店财务机构的设置从组织形式上来说一般采用财会一体式。某酒店的财务部组织机构设置如图 2-3 所示。

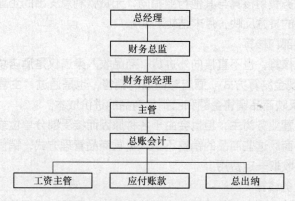

图 2-3　某酒店财务部组织机构设置

从图 2-3 中可以看出，财务部组织机构基本上是直线式的，从上至下大体可分为总经理、财务总监、财务部经理、主管、财会员工等几个层次。他们的职责分工都在酒店组织设计中有明确规定，其中，总经理对酒店财务成果负总责，在贯彻和执行财经法规、财务制度和会计制度下，对财务活动进行统一指挥。财务总监要在总经理的领导下，负责计算和审查财务成果及各项财务会计事项。财务部经理要在总会计师或财务总监领导下，具体负责组织财务会计工作。各主管则在财务部经理领导下，具体负责财务会计某方面的管理工作。各财会员工则在各主管领导下，具体完成某项财务会计工作。

三、酒店费用、税款、薪资和利润的核算

1．酒店费用核算

酒店费用分营业费用、管理费用、财务费用。营业费用要分经营部门设立明细分类账核算，管理费用月末按一定的分配率分配各部门。

（1）酒店几项主要费用核算

第 1 项，营业部门从经理到服务员的工资及费用都列入该部门的营业费用；行政后勤部门从总经理至工作员工的工资及相关费用都列入相关部门的管理费用中。

第 2 项，酒店的能源费用如电费、燃气费、燃油费，可以根据本酒店分摊方法月底分配。

第 3 项，酒店固定资产的折旧费，可按各部门实际占用量分配，如果无法分配的，则列入管理费用核算。

第 4 项，酒店大额的装修费不但数额巨大，而且翻新间隔期较短，一般在 3 年左右的，装修费用可以预提，如没有预提，大额装修费用发生时，列入"长期待摊费用"账户分期摊销。

第 5 项，客房布草（即床上用品等布件）如果一次购买数额很大，3 年左右便要大量更新，大批量购进时列入"长期待摊费用"账户分期核算。

第 6 项，餐饮的小餐具、酒店制服和客房布草的处理是一样的。

第 7 项，客房一次性用品，即向宾客提供的牙具、梳子、拖鞋等一次性用品，根据客房部统计使用情况记入客房宾客用品费用账户核算。

第 8 项，绿化费是酒店必不可少的支出，规模大的酒店拥有大面积的树木花草场地，应配有专门人员养护，费用较大；较小酒店也会购买或者租用一定数量的花卉盆景，开支略小。绿化费按实际支出列入管理费用核算。

第 9 项，酒店财务费用核算与其他行业相同，无贷款利息支出的企业，发生的存款利息收入在财务费用账户的贷方反映，月末结转利润账户。

（2）其他经营性部门核算

酒店商场部独立核算，也不直接向外进货，商品收入渠道仅是酒店总仓库，商品销售时"一手钱一手货"的现金结算方式。酒店对商品的销售，也是通过"主营业务收入"和"主营业务成本"，分别反映商品销售金额和已销售商品的进价成本。

酒店商场是以自营业务为主，但也会由于各种原因而接受部分单位或者个人代销价值昂贵的工艺品等商品，商场这些商品的销售不纳入自营商品管理方式，销售后由委托方提供销货发票，商场按协议收取一定费用。

（3）其他经济业务核算

其他经济业务核算主要有：行政管理方面的核算、工程维修费用的核算、车队的核算。

行政管理方面核算主要包括：工资、办公费、差旅费、折旧费、服装费、印花税等。工程维修费用的核算：酒店会设置工程仓，财务根据工程向总仓库领用器材的领料单登记入账，按工程部交来的维修施工单耗料登记付出账，并分配给接受维修的部门，列作修理费处理。

酒店自用车应与车队的车辆分开管理，自用车的一切费用在管理费用账户核算，与车队核算无关。车队有营运收入，就必须计算相应的营运成本并独立核算。

2．酒店税款的核算

酒店主营业务是交营业税，但涉及的税种和税率较多，如客房、餐饮、娱乐、蒸气浴等交营业税，商场要按小规模纳税人增值税的征收率纳税，娱乐税率在 5%～20% 范围内核定。

酒店出租的营业场地的房租收入，除缴纳营业税外，尚要缴纳 12% 房产税。

酒店的所得税，有的经批准查账征收，分月预缴，年终按查账核实的税额多退少补，有的则不论盈亏按核定的所得税额逐月缴纳。

除上述两种税费，酒店还需要缴纳城市维护建设费以及教育附加费。

3．酒店薪资的核算

薪资是指酒店为获得职工提供的服务而给予的各种形式的报酬以及其他相关支出。

（1）职工薪酬内容。职工薪酬内容主要包括表 2-1 所示的几个方面。

（2）工资的计算方式。工资总额的组成有：计时工资；计件工资；津贴和补贴；加班、加点工资；特殊情况下支付的工资等。

酒店实行以计时工资为主、计件工资为辅、计时加奖金的工资制度。

（3）职工薪酬的账务处理。在职工为酒店提供服务的时候，应根据职工提供服务的受益对象，将应确认的职工薪酬记入相关资产成本或当期损益，同时确认为应付职工薪酬。酒店职工薪酬是通过"应付职工薪酬"科目来核算的，该科目的借方登记酒店实际支付给职工的薪酬，贷方登记应该支付但尚未支付给职工的薪酬，期末余额一般在贷方，反映酒店尚未支付给职工的薪酬金额。酒店计提职工薪酬时，应根据受益对象借记"管理费用"、"营业费用"等相关科目，贷记"应付职工薪酬"科目；发放职工薪酬时，借记"应付职工薪酬"科目，贷记"库存现金"、"银行存款"等相应科目。

表2-1 职工薪酬内容

序号	职工薪酬的内容
1	职工工资、奖金、津贴和补贴；职工福利
2	医疗保险费、养老保险费、失业保险费、工伤保险费和生育保险费等社会保险费；住房公积金
3	非货币性福利，以自产产品发给职工作为福利、将企业拥有的资产无偿提供给职工使用、为职工无偿提供医疗保健服务等；提供给职工配偶、子女或其他被赡养人的福利
4	为职工在职期间和离职后提供的全部货币性薪酬和非货币性福利；工会经费和职工教育经费
5	因解除与职工的劳动关系给予的补偿；其他与获得职工提供的服务相关的支出

4. 酒店利润的核算

（1）利润及其构成

利润是指企业在一定会计期间的经营成果。利润包括收入减去费用后的净额、直接记入当期利润的利得和损失等。

在利润表中，利润分为营业利润、利润总额和净利润3个层次。

营业利润是指企业一定期间经营活动取得的利润，用公式表示如下：

营业利润=营业收入－营业成本－营业税金及附加－期间费用－资产减值损失+公允价值变动收益（或－公允价值变动损失）+投资收益（或－投资损失）

营业收入是指企业经营业务所确认的收入总额，包括主营业务收入和其他业务收入。

营业成本是指企业经营业务所发生的实际成本总额，包括主营业务成本和其他业务成本。

期间费用是指企业在经营活动过程中发生的销售费用、管理费用和财务费用。资产减值损失是指企业计提各项资产减值准备所形成的损失。公允价值变动收益（或损失）是指企业交易性金融资产等公允价值变动形成的应记入当期损益的利得（或损失）。投资收益（或损失）是指企业以各种方式对外投资所取得的收益（或发生的损失）。

利润总额是指企业一定期间的营业利润与营业外收支净额的合计总额，即税前会计利润，用公式表示如下：

利润总额=营业利润+营业外收入－营业外支出

营业外收入是指企业发生的与其日常活动无直接关系的各项利得，主要包括处置非流动资产利得、非货币性资产交换利得、债务重组利得、罚没利得、政府补助利得、确实无法支付而按规定程序经批准后转作营业外收入的应付款项、捐赠利得、盘盈利得等。营业外支出是指企业发生的与其日常活动无直接关系的各项损失，主要包括处置非流动资产损失、非货币性资产交换损失、债务重组损失、罚款支出、捐赠支出、非常损失、盘亏损失等。

净利润是指企业一定期间的利润总额减去所得税费用后的净额，即

净利润=利润总额－所得税费用

所得税费用是指企业确认的应从当期利润总额中扣除的所得税费用，包括当期所得税费用和递延所得税费用。

（2）利润的核算

为了反映净利润的实现情况，旅游企业应设置"本年利润"账户。该账户属所有者权益类账户，用于核算企业当年实现的净利润或发生的净亏损。会计期末，将损益类账户中收入类账户贷方余额转入本科目贷方，将损益类账户中的支持类账户借方余额转入本科目借方。年度终了，应将净利润转入"利润分配——未分配利润"账户的贷方，如为净损失，做相反的会计分录。结转后本账户应无余额。

【例2-1】某酒店12月末经账项核对、账目调整后，有关损益类账户的余额见表2-2。

表2-2　　　　　　　　　　　某酒店12月末损益类账户余额

账户名称	贷方金额	账户名称	借方金额
主营业务收入	600 000	主营业务成本	400 000
其他业务收入	70 000	其他业务成本	40 000
公允价值变动损益	15 000	营业税金及附加	8 000
投资收益	60 000	销售费用	50 000
营业外收入	5 000	管理费用	77 000
		财务费用	20 000
		资产减值损失	10 000
		营业外支出	25 000
		所得税费用	30 000

酒店年末结转本年利润的会计分录如下。

① 结转各项收入、利得类账户

借：主营业务收入	600 000
其他业务收入	70 000
公允价值变动损益	15 000
投资收益	60 000
营业外收入	5 000
贷：本年利润	750 000

② 结转各项费用、损失类账户

借：本年利润	660 000
贷：主营业务成本	400 000
其他业务成本	40 000
营业税金及附加	8 000
销售费用	50 000
管理费用	77 000
财务费用	20 000
资产减值损失	10 000
营业外支出	25 000
所得税费用	30 000

通过上述结转后，"本年利润"账户的贷方发生额合计750 000元减去借方发生额合计660 000元即为税后净利润90 000元。

③ 年末，结转本年净利润90 000元。

借：本年利润   90 000

    贷：利润分配——未分配利润   90 000

第二部分　基本技能

一、客房部营业收入的核算

酒店客房主要是向宾客提供设备齐全、服务优良、舒适安全的住宿环境，以便增加酒店的收入。客房收入较高、成本较低，能为酒店带来客观的经济效益，因此，客房一般都是酒店的主要、重点经营项目，客房营业收入往往占酒店总收入的一半以上。

1．酒店客房收入的特点

客房属特殊商品，该项业务只出售客房的使用权，而不出售其所有权。若客房在规定时间内不出售，其价值就无法收回；同时客房的使用价值又具有时限性，过了限定的时间，旅客还需重复消费，则需要重新交纳房租。客房的所有权是相对稳定的，其价值补偿是通过重复出租其使用权，在较长时间内逐步来完成的，而每次出租只能获得其价值补偿的一部分。客房业务的特点决定了在客房业务经营中，必须充分提高客房的利用效率，尽可能地减少闲置客房的数量，增加业务收入。

2．客房收入的核算

（1）客房收入的确认。客房收入的确认内容包括以下两个方面，如图2-4所示。

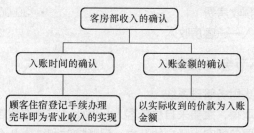

图2-4　客房收入确认内容

（2）客房部收入的核算。酒店客房营业收入的核算是根据总台结账处每个营业日结束后的"营业日报表"来进行的。具体做法是：总台结账处的所有客账经过夜间审核员审核后，做出"营业日报表"，然后把结过账的原始凭证、营业收入日报表等经营收入在审核后，送交财会部门做收入账。酒店客房收入的核算方法根据房费收款方式不同而有所区别。酒店客房营业收入核算主要有应收和预收两种方式。

应收制是指客人入住酒店后，先不支付房费，在酒店为客人提供服务后，定期或离店时一次性向客人结清账款。采用这种收款方式，每天应根据总台结账处编制的"客房营业日报表"按实际应收客房租金记入"主营业务收入"账户，即借记"应收账款——客房欠款"账户，贷记"主营业务收入——客房收入"账户。待实际结算房费时，核销应收账款，即借记"银行存款"、"现金"账户，贷记"应收账款——客房欠款"账户。

【例2-2】某酒店财务部6月10日收到总台结账处转来的"客房营业日报表"，当日应收房费30 000元，当日已收款：现金20 000元，支票10 000元。财会部门根据有关凭证编制会计分录如下。

借：应收账款——客房欠款 30 000
  贷：主营业务收入——客房收入 30 000
借：现金 20 000
  银行存款 10 000
  贷：应收账款——客房欠款 30 000

预收制是指为客人提供服务前，根据客人预期的住店天数，预收部分或全部房费。当财务部门根据总台结账处报来的"营业收入日报表"及有关凭证，并按预收金额和银行进账单回单做账时，借记"现金"或"银行存款"账户，贷记"预收账款"或"应收账款"账户；将日报表中属于客人每天应付房费部分列作当日营业收入，并核销预收款时，借记"预收账款"或"应收账款"账户，贷记"主营业务收入"账户。如果客人已住满预订天数尚不离酒店时，应由其续付房费。

【例 2-3】某大酒店财务部 7 月 7 日预收房费 30 000 元，其中现金 15 800 元，支票 14 200 元。7 月 8 日的营业收入日报表中显示，当日的应收房费为 30 000 元。根据有关凭证编制如下会计分录。

预收房费时
借：现金 15 800
  银行存款 14 200
  贷：预收账款——预收房费 30 000
根据当日（8 日）应收房费作营业收入处理时
借：预收账款——预收房费 30 000
  贷：主营业务收入——客房收入 30 000

二、营业收入环节会计控制

（1）建立完善的客人财务管理系统

客房部营业收入的取得，主要来自住店客人，对此，应建立住店客人财务管理系统。住店客人财务管理系统主要包括客人账户的开立、记账核对和结账 3 个方面。

（2）保证客人账务管理系统的正常运作

完善的客人信息传递系统是做好客房部账务管理工作的基础。客人住店时间一般不会很长，因此，客人在酒店内的消费信息必须及时传递到前台，酒店要做到记账准确、走账迅速、结账清楚。为此，酒店应结合本店的实际情况选择合适的信息传递方式。从传递方式来看，目前主要由人工传递、电话传递以及计算机联网传递等方式。

（3）建立和健全内部牵制制度

在建立畅通有效的信息传递渠道的同时，酒店还必须建立和健全内部牵制制度。内部牵制制度包括的内容很多，其中比较重要的一部分是建立收入稽核制度。其工作主要是在每天营业结束时检查核对所有营业部门的销售记录是否正确，同时编制出客账汇总表。

三、客房销售费用的核算

从理论上讲，酒店的客房营业成本应该是在为宾客提供服务过程中所耗费的人力、物力、财力的货币表现，也应该像其他行业一样将其耗费通过一定核算方法和程序记入成本，并将客房营业收入与其成本费用相互配比，求得经营成果。

然而，由于酒店的客房具有一次性投资较大、日常经营中耗费物资较小、营业周期较短、各类经营业务间相互交叉、直接费用和间接费用不易划分等特点，造成了计算客房营业成本的困难，而且计算求得的成本也不会准确。

因此，会计制度规定，为简化酒店的会计核算，除出售商品和耗用原材料、燃料的商品部、餐饮部按其销售的商品和耗用的原材料、燃料计算营业成本以外，其他各种服务性的经营活动，均不核算营业成本，而将其因提供服务而发生的各种支出，分别记入"销售费用"、"管理费用"和"财务费用"账户中。因此，在进行客房部的会计核算时，可以只设立"销售费用"账户核算其费用消耗，而不设立"主营业务成本"账户核算其成本。

应该指出，不核算客房营业成本，并不等于客房部没有营业成本，只不过是将其支出都作为费用而已。客房部的费用主要有工资费用、维修费用、低值易耗品摊销、物料用品消耗、洗涤费用等。客房的费用就是将以上的各项费用进行计算合计后得出的。

（1）固定资产折旧的核算

酒店的固定资产主要包括建筑物、电梯、空调等设备设施。折旧方法一般采用平均年限法。酒店车队的车辆采用工作量法计算折旧。

平均年限法是指将原值乘以相应使用年限的月折旧率计算得出的。可以事先将各种年限的折旧率计算出来，列出一张对照表，方便使用。

计算公式为：

$$年折旧率=（1-预计净残值率）÷预计使用年限（年）×100\%$$
$$年折旧额=固定资产原值×年折旧率$$

工作量法是根据实际工作量计算每期应提折旧额的一种方法。一是按工作小时计算折旧，二是按台班计算折旧，三是按行驶里程计算折旧。

计算公式为：

$$单位工作量折旧额=固定资产原值×（1-预计净残值率）÷预计总工作量$$
$$某项固定资产年折旧额=该项固定资产当年工作量×单位工作量折旧额$$

（2）客房用的燃料费的核算

客房用的燃料费主要是指客房耗用的电力和燃油费，如空调、洗衣坊耗用的电费、锅炉耗用的燃油费等。发生燃料费用时，借记"营业费用——燃料费"科目，贷记"银行存款"、"库存现金"科目。

【例2-4】某酒店客房部7月份使用燃油3 200元，主要是客房锅炉耗用，款项通过银行转付。

借：营业费用——客房——燃料费   3 200
  贷：银行存款   3 200

（3）工作人员工资的核算

客房部行政人员工资一般记入"管理费用"科目，其他工作人员工资记入"营业费用"核算。

【例2-5】某酒店2011年7月份客房部工资结算表见表2-3。

（1）7月末计提营业部工资时

借：管理费用——工资   2 062
  营业费用——客户部——工资   6 966
  贷：应付职工薪酬   9 082

（2）从银行提取现金预备发放工资时

借：库存现金 8 627

　　贷：银行存款 8 627

（3）实际发放工资时

借：应付职工薪酬 9 082

　　贷：其他应付款——房租费 240

　　　　其他应付款——水电费 215

　　　　库存现金 8 627

表2-3　　　　　　　　客房部2011年7月份客房部工资结算表

序号	姓名	工资组成					扣款明细			实发工资
		基本工资	加班工资	津贴	扣缺勤工资	应付工资合计	扣房租费	扣水电费	扣款合计	
1	李梅	1 600	400	62		2 062	60	45	105	1 957
2	王跃	1 450	350	50		1 850	45	45	90	1 760
3	陆涛	1 450	320	50		1 820	45	40	85	1 735
4	童明	1 450	200	50	100	1 600	45	45	90	1 510
5	霍玲	1 450	300	50	50	1 750	45	40	85	1 665
合计		7 400	1 570	262	150	9 082	240	215	455	8 627

第三部分　酒店会计实务

一、酒店餐饮的会计核算

1. 餐饮部收入的核算

餐饮部收入的会计处理：餐厅实现的各种营业收入应按实际价格入账，借记"现金"、"银行贷款"、"应收账款"和"应收票据"等账户，贷记"主营业务收入"账户；期末将当期营业收入转入"本年利润"账户计算利润时，借记"主营业务收入"账户，贷记"本年利润"账户。

【例2-6】某商厦预订宴席两桌，每桌2 800元，预收定金1 000元。根据有关凭证做会计分录如下。

借：现金 1 000

　　贷：应收账款——某商厦 1 000

宴会结束后，两桌宴席价款为5 600元，外加烟、酒、饮料500元，共计6 100元，扣除定金后，收到现金5 100元，根据有关凭证做会计分录如下。

借：现金 5 100

　　应收账款——某商厦 1 000

　　贷：主营业务收入——餐饮收入 6 100

2. 餐饮产品毛利率及价格的制定

为客人提供住宿、餐饮是酒店最基本的职能。就两者而言，餐饮收入在现代酒店经营中占有越来越重要的位置。与客房收入相比，酒店获取餐饮收入的潜力更大。

餐饮产品是一种特殊的商品，其价格合理与否直接影响酒店及其消费者的切身利益。所以，制定其价格时要兼顾两者的利益。餐饮产品的价格是以该产品所消耗的原材料成本为基础确定的，实务中一般是通过毛利率来控制和体现的。

餐饮产品毛利率的计算方法有两种：成本毛利率和销售毛利率。

（1）利用成本毛利率法确定销售价格

成本毛利率法，是根据餐饮产品的成本和成本毛利率来计算产品销售价格的定价方法。这种方法在餐饮行业中也称为"外加法"。其计算公式如下：

$$成本毛利率=毛利额÷产品成本$$

$$产品销售价格=产品成本×（1+成本毛利率）$$

$$毛利额=销售收入-产品成本$$

（2）利用销售毛利率法确定销售价格

销售毛利率法，是根据餐饮产品的成本和销售毛利率来计算产品销售价格的定价方法。这种方法在餐饮行业中也成为"内扣法"。其计算公式如下：

$$销售毛利率=毛利额÷销售收入$$

$$产品销售价格=产品成本÷（1-销售毛利率）$$

（3）毛利率的换算

从财务分析的角度，销售毛利率法优于成本毛利率法，因为财务会计中许多指标都是以营业额为基数计算的，如销售利润率、资金周转率等，这和销售毛利率的计算口径一致，但从计算角度看，成本毛利率法简便，因为成本毛利率是用外加法，而销售毛利率是用内扣法。在实际工作中，两者经常换算。换算公式如下：

$$成本毛利率=销售毛利率÷（1-销售毛利率）$$

$$销售毛利率=成本毛利率÷（1+成本毛利率）$$

3．餐饮部成本的核算

（1）餐饮部成本核算的特点。

餐饮部的产品成本只核算耗用的原材料成本，其他成本项目，如工资、折旧费、物料消耗和其他费用等均列入有关费用中核算；餐饮业的产品成本是以全部产品为核算对象，核算综合成本。

（2）餐饮部成本的核算如图2-5所示。

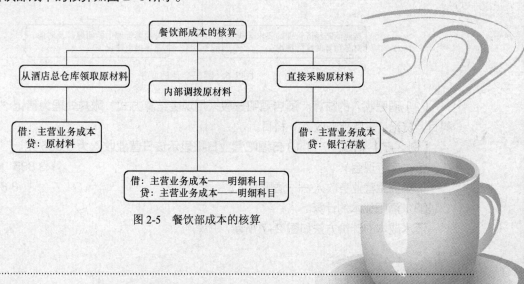

图2-5 餐饮部成本的核算

（3）餐饮部费用的核算。

餐饮部的费用主要包括餐饮部工作人员的薪金、水电费、固定资产折旧费等，一般应记入"营业费用"科目核算，其核算方法与客房费用的核算方法相同。

二、酒店康乐部的会计核算

按照中华人民共和国国家旅游局《旅游涉外饭店星级评定标准》中规定，涉外星级酒店必须具备一定的康乐设施。康乐部是现代酒店为住店客人提供娱乐、体育、健身、声像、文艺、美容等活动场所的部门。按照旅游酒店星级评定标准来看，康乐部是涉外酒店不可缺少的一个部门。有些酒店的康乐部可以每年为酒店带来上千万元的收入，其利润率甚至可高达60%。康乐部主要包括电子游戏室、保龄球、台球、健身中心（健身房、游泳馆等）、桑拿房、KTV、美容美发等。

康乐部的基本任务主要有以下几个方面：

① 满足客人体育锻炼的需求；

② 满足客人健美运动的需求；

③ 满足客人的娱乐需要；

④ 为客人提供高雅、洁净、卫生、安全的康乐场所；

⑤ 做好娱乐设施、运动器械及其场所的安全保养；

⑥ 为客人提供康乐、运动技能和技巧指导性服务。

1. 酒店酒吧业务的核算

（1）酒吧会计的职责如图2-6所示。

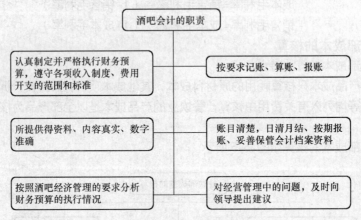

图2-6　酒吧会计的职责

（2）酒吧收入的核算。酒店酒吧一般采用现金结算方式。账户处理为借记"库存现金"科目，贷记"主营业务收入"科目。

【例2-7】某酒店7月13日酒吧营业日报显示该日营业收入为3 885元。

借：库存现金　　　　　　　　　　　　　　　　　　　　　3 885

　　贷：主营业务收入——酒吧收入　　　　　　　　　　　　　　3 885

（3）酒吧成本的计算。

酒水成本的计价方法如图2-7所示。

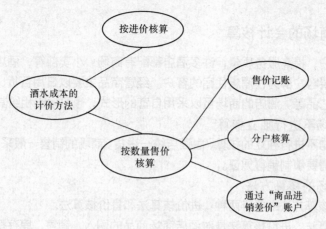

图 2-7　酒水成本的计价方法

对于分杯核算的酒品，要按酒杯的不同大小分别计算售价。计算公式为：

每杯售价=每瓶售价÷每瓶分得杯数

对每日的消耗量用"实际领用法"计算，而且要与每日编制的盘存表核对，盘存表的计算采用"倒挤耗用法"。

每日消耗数量=昨日盘存数量+本日领用数量－本日盘存数量

酒吧成本的账务处理一般如下。

借：主营业务成本

　　贷：库存商品

2．电子游戏机的会计核算

酒店电子游戏机一般采用自助投币的方式。顾客可向收银员购买游戏币，游戏币由财务部门出纳保管。

酒店应在"其他应收款"和"其他应付款"两个账户下设置"库存游戏币"和"发行游戏币"两个明细账户，核算酒店电子游戏厅业务。

【例 2-8】某酒店发行电子游戏机游戏币 2 000 枚，每枚定价 1 元，由财务部门出纳保管。电子游戏机的收银员领取 1 000 枚作为周转用，当天营业结束时清点游戏机存币为 840 枚，交还财务部。收银员用所收到的营业收入的现金 500 元向财务部兑换等值游戏币 500 枚。会计分录如下。

① 发行游戏币时

借：其他应收款——库存游戏币　　　　　　　　　　　　　　　　2 000

　　贷：其他应付款——发行游戏币　　　　　　　　　　　　　　　　2 000

② 电子游戏厅收银员领取游戏币时

借：其他应收款——游戏币周转金——（收银员姓名）　　　　　　1 000

　　贷：其他应收款——库存游戏币　　　　　　　　　　　　　　　　1 000

③ 收到电子游戏厅交回的游戏币时

借：其他应收款——库存游戏币　　　　　　　　　　　　　　　　　840

　　贷：主营业务收入——电子游戏　　　　　　　　　　　　　　　　840

④ 收银员用现金兑换游戏币时

借：库存现金　　　　　　　　　　　　　　　　　　　　　　　　　500

　　贷：其他应收款——库存游戏币　　　　　　　　　　　　　　　　500

三、酒店商场的会计核算

为了方便客户，提高服务质量，许多酒店都配有商场、小卖部等，酒店内设的商场一般规模不大，其主要客户群为在酒店住宿的客户。经营商品主要以日用百货、食品、饮料、烟酒、纪念品或工艺品等。酒店的商场可以采用自营的形式，也可以出租给其他商户经营。

1. 酒店商场不进行独立核算

酒店商场通常不进行独立的核算，由酒店统一进货。商场的销售一般采用现金结算方式，比较贵重的物品需要填制销售凭证。

2. 酒店商场的核算方法

酒店商场的核算方法主要有两种：进价核算法和售价核算法。

（1）进价核算法。进价核算法是对酒店商场商品的购入、销售、库存都采用购进价格核算的一种方法。进价核算法可分为两类，如图2-8所示。

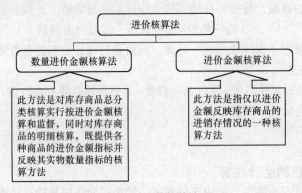

图2-8 进价核算法

（2）售价核算法。商场一般采用售价核算法进行核算。财务部门对商品的购入、加工收回、销售均按售价记账。售价与进价的差额通过"商品进销差价"科目核算，库存商品要按总分类账和明细分类账分别核算。总分类账记载和反映全部商品的销售金额，明细分类账按照实物负责人设置账户。

售价金额法的基本内容主要有4点，如表2-4所示。

表2-4　　　　　　　　　　　售价金额法的基本内容

建立实物负责制	按商品的类别或地点划分为若干实物负责小组，分设负责人，将商品拨给实物负责人经营，实行实物负责制度。由各实物负责人对经营的商品按售价承担全部经济责任
售价记账、金额控制	库存商品的进、销、存变化，都按零售价格记账。库存商品明细账按实物负责人或小组分户，只记售价金额不记实物数量。通过库存商品售价金额来控制库存商品数量和实物负责人的经济责任，这是售价金额核算法的核心内容，是区别于其他核算方法的主要标志
设置"商品进销差价"账户	由于库存商品是按售价记账，对于库存商品售价与进价之间的差额应设置"商品进销差价"账户来核算，并在期末计算和分摊已售商品的进销差价
加强商品盘点、物价管理	由于库存商品按售价记账，商品增减变化不记数量，因此，应加强商品盘点及物价管理，每月必须全面盘点一次，以确定存货数量，核实商品库存金额，分清实物负责人的责任

3. 商场购入商品的核算

酒店商场的商品一般是由酒店统一购进的，销售时不单独核算，而由酒店统一进行核算。

商品购入后放入酒店总仓库中，因此，商场新增商品时，借记"库存商品——商场仓库"科目，贷记"库存商品——酒店总库"、"商品进销差价"科目。

【例2-9】某酒店商场从仓库领购下列商品，如表2-5所示。

表2-5　　　　　　　　　　　　　　酒店商品调出明细表

调入部门：商场

品名	单位	进价明细			售价明细			进销差价（元）
		数量	单价（元）	金额（元）	数量	单价（元）	金额（元）	
清风纸巾	件	20	5	100	20	10	200	100
大哥香烟	件	5	80	400	5	100	500	100
好运啤酒	件	50	3	150	50	10	500	350
合计				650			1200	550

借：库存商品——商场　　　　　　　　　　　　　　　　　1 200
　　贷：库存商品——酒店总库　　　　　　　　　　　　　　　　650
　　　　商品进销差价　　　　　　　　　　　　　　　　　　　550

4. 商场商品销售的核算

商品销售的一般核算方法：商场商品销售收入是通过"主营业务收入"科目核算的，即借记"库存现金"科目，贷记"主营业务收入"科目；销售商品成本的结转是"主营业务成本"科目核算的，即借记"主营业务成本"科目，贷记"库存商品"科目。

【例2-10】某酒店商场2011年8月5日营业日报如表2-6所示。

表2-6　　　　　　　　　　　　　　某酒店商场营业日报表

2011年8月5日　　　　　　　　　金额单位：元

商品类别	销售金额
食品类	4 500
烟酒类	6 200
百货类	1 200
工艺品	3 400
合计	15 300

根据上表进行如下账务处理。

借：库存现金　　　　　　　　　　　　　　　　　　　　15 300
　　贷：主营业务收入——商场——食品类　　　　　　　　　　4 500
　　　　主营业务收入——商场——烟酒类　　　　　　　　　　6 200
　　　　主营业务收入——商场——百货类　　　　　　　　　　1 200
　　　　主营业务收入——商场——工艺品　　　　　　　　　　3 400

同时结转商品销售成本如下。

借：主营业务收入——商场——食品类　　　　　　　　　　4 500
　　主营业务收入——商场——烟酒类　　　　　　　　　　6 200
　　主营业务收入——商场——百货类　　　　　　　　　　1 200
　　主营业务收入——商场——工艺品　　　　　　　　　　3 400
　　贷：库存商品——商场——食品类　　　　　　　　　　　4 500

库存商品——商场——烟酒类	6 200
库存商品——商场——百货类	1 200
库存商品——商场——工艺品	3 400

自我练习

一、填空题

1. 酒店财务机构的设置从组织形式上来说一般有（　　　）和（　　　）两种。
2. 酒店费用包括（　　）、（　　）、（　　）。
3. 绿化费按实际支出应列入（　　）核算。
4. 餐饮利润公式是（　　　）。
5. 娱乐税率的范围是（　　　）。
6. 酒店出租的营业场地的房租收入，除缴纳营业税外，尚要缴纳（　　　）。
7. 在利润表中，利润分为（　　）、（　　）、（　　）。
8. 营业利润的公式为（　　　）。
9. 营业收入包括（　　）、（　　）。
10. 营业成本包括（　　）、（　　）。
11. 利润总额的公式为（　　　）。
12. 净利润公式为（　　　）。
13. 客房收入的确认内容包括（　　）、（　　）。
14. 住店客人财物管理系统主要包括（　　）、（　　）、（　　）3个方面。
15. 餐饮产品毛利率的计算方法有（　　）、（　　）两种。

二、实训题

1. 某酒店于9月6日收到某旅行社预订客房定金28 000元，客人于9月7日入住，并于9月17日离店，结算时补交8 000元房费。

要求：编制会计分录。

2. 某酒店客房部5月领用物料用品汇总表如表2-7所示。

表2-7　　　　　　　　　　客房部5月领用物料用品汇总表

物料用品名称	单位	数量	单价	金额（元）
清洁用品	瓶	25	3	75
玻璃器皿	个	30	5	150
餐具	套	60	30	1 800
桶	个	56	4	224
坛	个	22	6	132
打印纸	包	3	25	75
合计				2456

要求：编制会计分录。

3. 某酒店餐饮部6月冷菜中卤菜成本构成情况如表2-8所示。

表 2-8　　　　　　　　　　　　　　　6月卤菜成本明细表

品名：卤菜　　　　　　　　　产量：1 500 份

大类	明细类	数量（克）	单价（元/克）	金额（元）
调料类	酱油	150 000	0.01	1 500
	黄酒	100 000	0.02	2 000
	冰糖	50 000	0.3	15 000
	盐	30 000	0.08	2 400
	大葱	20 000	0.1	2 000
	生姜	10 000	0.03	300
	花椒	5 000	0.08	400
调料类小计		365 000		23 600
干货类	甘草	4 000	0.2	800
	丁香	5 000	0.1	500
	桂皮	4 000	0.1	400
	大茴	3 000	0.12	360
	小茴	3 000	0.12	360
	香叶	2 000	0.09	180
干货类小计		21 000		2 600
鲜活类	香果	3 000	0.04	120
	肉寇	2 000	0.5	1 000
鲜活类小计		5 000		1 120
粮食类	大米	20 000	0.05	1 000
粮食类小计		20 000		1 000
合计		411 000		28 320

要求：根据表格编制卤菜成本会计分录。

4. 某酒店餐饮营业收入为 57 400 元，营业成本为 37 210 元。一份宫保鸡丁的原材料价格为 6.7 元，按成本毛利率计算一份宫保鸡丁的销售价格。

5. 某酒店客房部上月新购进 100 台空调，每台 5 328 元，预计使用年限为 5 年。

要求：计算本月应计折旧额，并编制会计分录。

6. 某大酒店新购置小货车一辆，原值为 120 000 元，净残值为 5%，预计行驶里程为 600 000 千米。本月实际行驶里程为 5 000 千米。

要求：计算本月计提的折旧额。

7. 根据表 2-9 所示某酒店客房部 2011 年 9 月份工资结算表编制会计分录。

表 2-9　　　　　　　　　某酒店客房部 2011 年 9 月份工资结算表

序号	姓名	工资组成					扣款明细			实发工资
		基本工资	加班工资	津贴	扣缺勤工资	应付工资合计	扣房租费	扣水电费	扣款合计	
1	肖强	2 000	450	100		2 550	100	45	145	2 405
2	林西	1 800	300	80		2 180	60	40	100	2 080
3	蔡晨	1 800	350	80	50	2 180	60	40	100	2 080
4	戴雪	1 800	300	80		2 180	60	45	105	2 075
5	刘宇	1 800	350	80	100	2 130	60	40	100	2 030
合计		9 200	1 750	420	150	11 220	340	210	550	10 670

三、思考题

1. 酒店行业的基本特征有哪些?
2. 酒店会计核算的特点有哪些?
3. 利润及其构成有哪些?
4. 酒店客房收入的特点有哪些?
5. 夜间稽核的主要工作内容有哪些?
6. 餐饮成本核算的特点有哪些?
7. 康乐部的基本任务主要有哪些?

项目三　餐饮服务业会计

案例导读

"小肥羊"作为一家上市公司,对管理规范的要求极高。有一个近乎极端的例子,就是消费者用餐后索要发票。在餐饮业有个习以为常的现象:用餐者很少索要发票;或者给用餐者一些优惠,以换取其不开发票。但是,上市后的"小肥羊"无法再"容忍"这样的现象在自己的"地盘"上发生。不仅如此,"我们买蔬菜没有票那都是不行的,我们必须要到税务局代开票,比如说从菜农手里买的菜没有发票,我们还要花钱交百分之几的税把这个票开过来"。因为如果没有票据,其收入就无法得到上市监管者和财务审计机构的认可。国内餐饮企业以个体店面貌出现,因此是定额税。上市之后,各个增值环节都要征税。尽管如此,卢文兵还是认为:"如果老板要计较,怕损失钱,企业就做不了这么大了。想做大一定要管理规范。任何管理不规范的企业肯定做不大。"

为此,"小肥羊"构建了标准化的基础数据管控平台,真正做到了集团财务集中核算的"三统一",即统一会计科目体系、统一基础数据、统一核算制度。通过整个集团基础设置和标准的统一规范,可精细地反映业务信息,实现会计信息的可比性,强化集团财务管控力度,提高会计信息质量。

每天早晨,"小肥羊"上至总裁,下到财务、运营等各业务部门的负责人,大家上班的第一件事就是打开电脑,看公司前一天的财务报表和日经营统计结果。"小肥羊"的门店已经可以做到日盘点,系统自动对配送中心的每一笔出货和门店每一笔进货与门店销售信息作比对,哪些材料用了多少,应该剩多少,清晰可查。如此及时地看到财务报表,在国内大多数餐饮企业是难以想象的,因为很多企业如今仍然是每周乃至每月才盘点一次。

不仅如此,在信息系统的支撑下,"小肥羊"的成本核算甚至可以做到单个菜品,每月可统计每种菜品的毛利率,对那些点击率高、毛利率高的产品进行特别宣传,并且淘汰低利润又不受欢迎的菜品。这使得小肥羊可以把现代化管理和中餐创新相结合,为中国餐饮文化注入新的活力。

但是"小肥羊"并未停止脚步,卢文兵在接受媒体采访时说,"小肥羊再往大做,要做成一个很卓越的企业,确实需要更高的能力来驾驭和管理。"比起肯德基,"小肥羊"的规范化程度尚有改进的空间。"企业成为百年老店,发展得更大更强,进世界 500 强,世界 100强,这是目标。"卢文兵说,"我们的经验就 6 个字:抓管理,练内功。"

餐饮业是利用一定的设施,通过职工的烹饪技术,将主、副原材料加工为菜肴或食品,同时提供消费设施、场所和服务,满足消费者的需要,直接为消费者服务。而餐饮服务企业会计是企业会计的一个分支,是企业管理的重要组成部分。它以货币为计量单位,采用专门方法,收集处理经济信息,对经济活动进行组织、控制、调节和指导,是谋求优化经济效益的一种管理活动。

餐饮服务业的经营特征决定其会计核算的特点。由于餐饮服务企业属于第三产业,总的来讲，其经营特点表现为以服务为中心，辅之以生产和商品流通，直接为消费者服务。与工业企业和商品流通企业相比，在会计核算有核算方法不同、收入和费用分布结构不同、自制商品与外购商品分别核算、涉外性的特点。

第一部分　基础知识

一、会计核算的原则

（1）真实性原则。真实性原则是指会计核算应当以实际发生的经济业务为依据，如实地反映经济业务、财务状况和经营成果，做到内容真实、数字准确、资料可靠。

（2）实质重于形式原则。企业应当按照交易或事项的经济实质进行会计核算，而不应当仅仅按照它们的法律形式作为会计核算的依据。

（3）可比性原则。可比性原则是指会计核算必须符合国家的统一规定，会计指标应当口径一致，提供相互可比的会计核算资料。遵循可比性原则可以使企业了解自己在本行业中的地位，从而制订出正确的发展战略。可比性原则是以真实性原则为基础的。

（4）有用性原则。有用性原则是指会计信息应当符合国家宏观管理的要求，满足有关各方了解企业财务状况和经营成果的需要，满足企业加强内部经营管理的需要。

（5）一贯性原则。一贯性原则是指会计处理方法前后各期应当一致，不得随意变更。要求同一会计主体在不同时期尽可能采用相同的会计程序和会计处理方法，便于不同会计期间会计信息的纵向比较。一致性和可比性实际上是同一问题的两个方面。可比性原则强调的是横向比较，一贯性原则强调的是纵向比较。

（6）相关性原则。相关性原则是指会计核算信息必须符合宏观经济管理的需要，满足各有关方面了解企业财务状况和经营成果的需要，满足企业加强内部经营管理的需要。

（7）及时性原则。及时性原则是指会计核算工作要讲求时效，要求会计处理及时进行，以便会计信息及时利用。凡会计期内发生的经济事项，应当在该期内及时登记入账，不得拖至后期，并要做到按时结账，按期编报会计报表。

（8）明晰性原则。明晰性原则是指会计记录和会计信息必须清晰、简明，便于理解和使用，能清楚地反映企业经济活动的来龙去脉及其财务状况和经营成果。

（9）权责发生制原则。权责发生制原则是指收入费用的确认应当以收入和费用的实际发生作为确认计量的标准，即收入或费用是否记入某会计期间，不是以是否在该期间内收到或付出现金为标志，而是依据收入是否归属该期间的成果、费用是否由该期间负担来确定。

（10）配比原则。配比原则是指收入与费用配比，即收入与其相关的成本费用应当配比。这一原则是以会计分期为前提的。配比原则包括收入和费用在因果联系上的配比，也包含收入和费用在时间意义上的配比。

（11）实际成本原则（历史成本原则）。实际成本原则是指企业的各项财产物资应当按取得时的实际成本计价，是取得或制造某项财产物资时所实际支付的现金及其他等价物。实际成本不仅是一切资产据以入账的基础，而且是其以后分摊转为费用的基础。

（12）划分收益性支出与资本性支出的原则。划分收益性支出与资本性支出的原则是指在会计核算中合理划分收益性支出与资本性支出。收益性支出是指该项支出的发生是为了取得本期收益，即仅仅与本期收入有关。

（13）谨慎性原则。谨慎性原则要求会计人员对某些经济业务或会计事项存在不同会计处理方法和程序可供选择时，保持必要的谨慎，在不影响合理选择的前提下，不抬高资产或收益，也不压低负债或费用。对于可能发生的损失和费用，应当加以合理估计。

（14）重要性原则。重要性原则是指在会计核算过程中对经济业务或会计事项应区别其重要程度，根据特定经济业务对经济决策影响的大小，来选择合适的会计方法和程序。

二、会计凭证

1．会计凭证的概述

会计凭证，简称凭证，是记录经济业务、明确经济责任并作为登记账簿依据的书面证明。会计凭证有许多种，除了购货发票单外，像发出商品的发货单、材料入库的入库单等也均称为会计凭证。会计凭证首先要由执行该项经纪业务的有关人员进行填制或取得，然后交给有关部门进行审核，经过审核确认没有任何差错，再由审核人员签章后，才可以作为记账的依据。

2．会计凭证的作用

会计凭证的作用如表 3-1 所示。

表 3-1　　　　　　　　　　　　　　　　会计凭证的作用

作　　用	具体内容
通过填制和审核凭证，可以正确、及时地提供经济活动的信息	会计人员可以根据整理、分类、汇总日常经济活动所产生的会计凭证，对日常大量、分散的各种经济业务进行会计处理，为经济管理提供会计信息
通过会计凭证的填制与审核，可以有效地监督、控制经济活动	由于会计凭证是经济业务的真实记录，因此，通过会计凭证的审核，可以检查经济业务的发生是否符合国家的法律、法规、制度，是否符合业务经营、财务收支的计划与预算，从而及时发现和纠正经济管理中存在的问题，确保经济业务的合理、合法和有效性
通过会计凭证的填制与审核，有利于明确和加强经济责任制	每一项经济业务的发生都必须取得或填制适当的会计凭证，在会计凭证中，反映了有关的经济业务的单位名称，并由有关经办人在凭证上签字、盖章，明确业务责任。通过填制和审核会计凭证，使有关责任人在自己的职能范围内照章办事、尽职尽责，以确保进一步完善和加强经济责任制
通过会计凭证的填制与审核，可以为记账提供依据	审核无误的会计凭证是记账的依据，只有通过会计凭证的填制、审核，按一定方法对会计凭证进行整理、分类、汇总，才能为会计记账提供真实、可靠的依据

3．会计凭证的种类

会计凭证的种类繁多，按其填制程序和用途进行分类，可分为原始凭证和记账凭证。

原始凭证是在经济业务最初发生之时填制的原始书面证明，用以明确经济责任，是进行会计核算的原始资料和重要依据。记账凭证是以原始凭证为依据，按记账的要求归类整理而编制的会计凭证，是登记账簿的直接依据。

（1）原始凭证。原始凭证的概念如图 3-1 所示。

原始凭证的种类繁多，可按不同的标志对其进行分类，原始凭证按其取得的来源可以分为自制原始凭证和外来原始凭证。具体内容如表 3-2 所示。

原始凭证填制的基本要求如图 3-2 所示。

原始凭证填制的依据和方法也有所差别，大体上可有两种情况：第一种是根据经济业务的执行完成情况直接填制的；第二种是在经济业务完成之后，根据账簿记录对某项经济业务加以归类、整理而重新编制的。

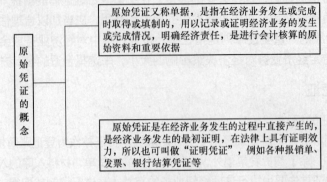

图3-1 原始凭证的概念

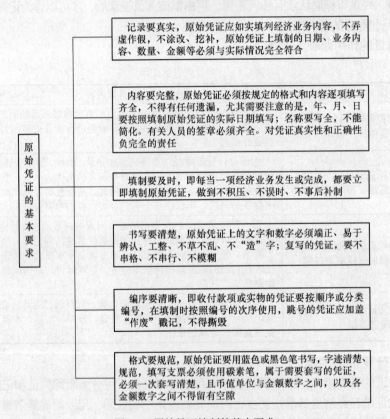

图3-2 原始凭证填制的基本要求

表3-2 原始凭证的分类

分 类	具 体
自制原始凭证	自制原始凭证是由本企业经办业务人员在执行或完成某项经济业务时所填制的原始凭证,如:仓库保管员填制的入库单、领料部门填制的领料单,企业发放工资编写的"工资单"等
外来原始凭证	外来原始凭证是与外单位发生经济业务时,从外单位取得的凭证。如向外单位购货时由供货单位开出的。同样是发票,对方于销售方来讲,是他自己开出的,因此是自制凭证;对于购货方来说,是从他人手中获取的,所以是外来凭证

（2）记账凭证。记账凭证，又称记账凭单或分录凭证，是会计人员根据审核无误的原始凭证按照经济业务的内容加以归类，并据以确定分录后所填制的会计凭证，它是登记会计账簿的直接依据。账簿需要按照一定的会计科目和记账规则进行登记，而原始凭证中未写明会计科目和记账方向，像各种收款凭证、付款凭证、转账凭证等都属于记账凭证。记账凭证的分类如表3-3所示。记账凭证的基本内容如图3-3所示。

表3-3　　　　　　　　　　　　　　　　记账凭证的分类

分 类 标 准		具 体 内 容
按所反映经济业务内容的不同	收款凭证	收款凭证是指用以记录现金或银行存款增加业务的记账凭证，是根据有关现金和银行存款收入业务的元素凭证填制的
	付款凭证	付款凭证是用来记录现金和银行存款等货币资金付款业务的记账凭证。注意：对于涉及"现金"的"银行存款"之间的经济业务，为了避免重复记账，一般只编制付款凭证，不编制收款凭证
	转账凭证	转账凭证是指用以记录现金和银行存款以外业务的会计凭证。它是根据有关转账业务的原始凭证填制的
按照填制方法不同	复式记账凭证	复式记账凭证是指一项经济业务所涉及的会计科目都集中填列在一张记账凭证上的记账凭证。记账凭证能够反映账户之间的对应关系，便于了解有关经济业务的全貌，但不便于会计分工记账
	单式记账凭证	单式记账凭证是指把一项经济业务所涉及的每个会计科目，分别填制记账凭证，每张记账凭证只填列一个会计科目的记账凭证。记账凭证便于会计分工记账以及按会计科目汇总，但填制工作量大，且不便于反映经济业务全貌以及账户的对应关系

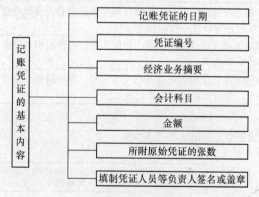

图3-3　记账凭证的基本内容

记账凭证的填制要求有以下几项。

第1项，填制记账凭证的依据，必须是经审核无误的原始凭证或汇总原始凭证。对于调整、结账、会计记录以及更正错账，一般没有原始凭证，但填制记账凭证时要做较为具体的说明或附有自制的计算单。

第2项，正确填写摘要。摘要一栏，是填写该记账凭证反映的经济业务内容的。一级科目、二级科目或明细科目，账户的对应关系、金额都应正确无误，简明扼要。

第3项，填写记账凭证的日期。填写日期一般是会计人员填制记账凭证的当天日期。转账凭证以收到原始凭证的日期为准，但在摘要栏要注明经济业务发生的实际日期。

第4项，填写记账凭证的编号。记账凭证编号必须连续，不得跳号、重号。要根据不同的情况采用不同的编号方法。通用凭证较适用顺序编号法，即将全部凭证作为一类统一编号。专用凭证较适合分类编号，分类编号有两种方式，一是按照现金收付、银行存款收付和转账业务3类，分别起头，连续编号；二是不区分凭证类别，进行统一编号。

第5项，记账凭证上应注明所附原始凭证张数，以便查核。记账凭证的金额必须与所附原始凭证的金额相符。更正错账和结账的记账凭证可以不附原始凭证。

第6项，准确填写账户名称，按照会计制度统一规定的会计科目，根据经济业务的性质，编制会计分录，以保证核算口径一致，便于汇总。用借贷记账法编制分录时要正确反映借贷方向。

第7项，在采用复式凭证的情况下，凡涉及现金和银行存款的收款业务，填制收款凭证；凡涉及现金和银行存款的付款业务，填制付款凭证；涉及转账业务，填制转账凭证。

第8项，记账凭证填写完毕，应进行复核与检查，并按所使用的记账方法进行试算平衡，由有关人员签名或盖章，以示负责。记账凭证的审核如表3-4所示。

表3-4   记账凭证的审核

审核项目	具体内容
日期是否正确	收款凭证和付款凭证的填制日期是否是货币资金的实际收入日期、实际付出日期；转账凭证的填制日期是否是收到原始凭证的日期或者是编制记账凭证的日期
凭证是否正确	凭证是否编号，编号是否正确。原始凭证中的数量、单价、金额计算是否正确，所附原始凭证的张数与记账凭证上填写的所附原始凭证的张数是否相等
摘要是否正确	经济业务摘要是否正确的反映了经济业务的基本内容
科目是否正确	审核记账凭证的应借、应贷科目是否正确，是否有明确的账户对应关系，所使用的会计科目是否符合有关会计制度的规定等
金额是否正确	审核记账凭证所记录的金额与原始凭证的有关金额是否一致，记账凭证汇总与记账凭证的金额合计是否相符等
人员签章是否齐全	填制凭证人员、稽核人员、记账人员、会计机构负责人、会计主管人员的签名或盖章是否齐全
书写是否正确	审核记账凭证中的记录是否文字工整、数字清晰；是否按规定使用蓝黑墨水或碳素墨水，是否按规定进行更正等

记账凭证与原始凭证的区别如图3-4所示。

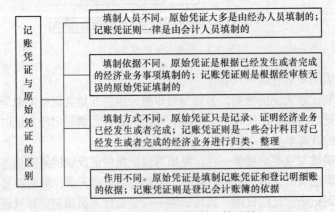

图3-4 记账凭证与原始凭证的区别

三、会计账簿

1. 会计账簿的概念及作用

会计账簿的概念及作用如表 3-5 所示。

表 3-5　　　　　　　　　　　　　　　　会计账簿的概念及作用

项　目		具 体 内 容
定义		会计账簿是指由一定格式账页组成的，以经过审核的会计凭证为依据，全面、系统、连续地记录各项经济业务的簿籍
基本要素	封面	封面主要标明账簿名称，如总分类账、材料物资明细账、债权债务明细账等
	扉页	扉页主要列明科目索引及账簿使用登记表，一般将科目索引列于账簿最前面，将账簿使用登记表列于账簿最后面。活页账、卡片账装订成册后，填列账簿使用登记表
	账页	账页是账簿的主要内容，各种账页格式一般包括：账户名称；登账日期栏；凭证种类和号数栏；摘要栏；借、贷方金额及余额栏；总页次和分账户页次
作用		通过账簿的设置和登记，可以记载、储存会计信息，分类、汇总会计信息，检查、校正会计信息，编报、输出会计信息

2. 会计账簿的分类

会计账簿的分类如表 3-6 所示。

表 3-6　　　　　　　　　　　　　　　　会计账簿的分类

分类标准		具 体 内 容
按用途分	序时账簿	序时账簿又称日记账，是按照经济业务发生或完成时间的先后顺序逐日逐笔进行登记的账簿。实践中应用最多的是现金日记账和银行存款日记账
	分类账簿	分类账簿是对全部经济业务事项按照会计要素的具体类别而设置的分类账户进行登记的账簿。分类账簿按照反映的经济业务详细程度不同可分为总分类账簿和明细分类账簿。总分类账提供总括的会计信息，明细分类账提供详细的会计信息。分类账簿提供的核算信息是编制会计报表的主要依据
	备查账簿	备查账簿简称备查簿，是对某些在序时账簿和分类账簿等主要账簿中都不予登记或登记不够详细的经济业务事项进行补充登记时使用的账簿
按格式分	两栏式账簿	两栏式账簿是指只有借方和贷方两个基本金额栏目的账簿
	三栏式账簿	三栏式账簿是设有借方、贷方和余额 3 个基本栏目的账簿。总分类账、日记账等一般采用这种格式。三栏式账簿又分为设对方科目和不设对方科目两种，区别是在摘要栏和借方科目栏之间是否有一栏"对方科目"。有"对方科目"栏的，称为设对方科目的三栏式账簿；不设"对方科目"栏的，称为不设对方科目的三栏式账簿
	多栏式账簿	多栏式账簿是指采用一个借方栏目、多个贷方栏目或一个贷方栏目、多个借方栏目的账簿。收入账、成本账、费用账一般采用这种形式
	数量金额式账簿	数量金额式账簿的借方、贷方和余额 3 个栏目内，都分设数量、单价和金额 3 小栏，借以反映财产物资的实物数量和价值量。材料明细账一般采用这种格式
按外形分	订本账	订本账是启用之前就已将账页装订在一起，并对账页进行了连续编号的账簿
	活页账	活页账是在账簿登记完毕之前并不固定装订在一起，而是装在活页账夹中
	卡片账	卡片账是将账户所需格式印刷在硬卡上

会计账簿的登记规则如表3-7所示。

表3-7 会计账簿的登记规则

名称	具体内容
会计账簿的登记规则	为了使记账簿记录整洁清晰，长期保存，防止窜改，记账人员在登记账簿时必须使用蓝黑色墨水书写，不许用铅笔或圆珠笔记账。除了结账、改错和销账簿记录外，不得使用红色墨水。记账文字和数字都要端正、清楚、严禁刮擦、挖补、涂改或用药水消除字迹
	账簿中书写的文字和数字上应当适当留有空距，不应满格书写，一般应占格宽的1/2
	为了保证登记账簿的正确性，记账时必须根据审核无误的记账凭证，按账户、账页项目要求，依据页次、行次顺序连续登记。账页中的日期、凭证号、摘要等栏目应填列齐全，摘要文字应简明扼要，数字要正确、工整，不得隔页跳行。如果发生隔页、跳行现象，应在空行、空页处用红色墨水划对角线注销，注明"此页空白"或"此行空白"字样，并由记账人员签章
	记账时，每一笔账都要记明日期、凭证号数、业务内容摘要、金额和其他有关资料。登记后，记账人员要在记账凭证上签名或盖章，在记账凭证上注明所记账簿的页数，并画勾表示已经登记入账，避免重复记账或漏记账
	凡需结出余额的账户，结出余额后，应在"借或贷"等栏内写明"借"或"贷"字样。没有余额的账户，应在"借或贷"等栏内写"平"字，并在余额栏内用"0"表示。银行存款日记账和现金日记账必须逐日结出余额
	各账户在一张账页登记完毕结转下页时，应当结出本页合计数和余额，写在本页最后一行和下页第一行有关栏内，并在本页最后一行的"摘要"栏内注明"转次页"字样，在下一页第一行的"摘要"栏内注明"承前页"字样。月末结账时，应在账页上结出上月的发生额和月末余额

3. 会计账簿的对账

（1）账证核对。核对会计账簿记录与原始凭证、记账凭证的时间、凭证字号、内容、金额是否一致，记账方向是否相符。账证核对主要是在日常编制凭证和记录过程中逐笔进行的。

（2）账账核对。账账核对指对各账簿间的有关数字进行核对，包括核对总分类账户中全部账户的借方余额合计数与贷方余额合计数是否相符；核对总分类账中各账户余额与所属各明细分类账户余额之和是否相符；核对总分类账户中现金、银行存款等账户的余额与相对应的日记账余额是否相等；核对会计部门的财产物资明细账与财产物资保管和使用部门的有关明细账等。

（3）账实核对。账实核对是指各项财产物资、债权、债务等账面余额与实有数额之间的核对。

4. 会计账簿的结账

会计账簿的结账具体要求如表3-8所示。

表3-8 会计账簿的结账具体要求

项目	具体内容
结账的步骤	结账前查明本期发生的经济业务是否已经全部登记入账
	按照权责发生制原则编制调整收入、费用分录并查账
	编制结账分录，结转各种收入、费用类账户的余额
	结算出资产、负债和所有者权益科目的本期发生额和余额，并结转下期
结账方法	对不需要按月结计本期发生额的账户，每次结账后，都要随时结出余额，每月最后一笔余额即为月末余额，如各项应收、应付款明细账和各种财产物资明细账等。月末结账时，只需在最后一笔经济业务记录之下通栏画单红线
	对需要按月结计发生额和期末余额的账户月末结账时，要加计本月发生额并计算出余额，每月结账时，要在最后一笔经济业务记录下面通栏画单红线，结出本月发生额和余额，在摘要栏内注明"本月合计"字样

续表

项目	具 体 内 容
结账方法	需要本年累计发生额的某明细账户，每月结账时应在"本月合计"行下结出自年初起至本月末止的累计发生额，登记在月份发生额下面，在摘要栏内注明"本年累计"字样，并在下面通栏画单红线。12月末的"本年累计"就是全年累计发生额，全年累计发生额下面通栏画双红线
	总账账户平时只需结出月末余额，年终结账时，将所有总账账户结出全年发生额和年末余额，在摘要栏内注明"本年合计"字样，并在合计数通栏画双红线
	如果没有余额，在余额栏内写上"平"或"0"符号

第二部分 基本技能

一、原材料的分类和账户设置

1. 原材料的分类

餐饮服务业小企业的原材料及主要材料品种多，收发频繁，价格多变，性能各不相同。原材料可以分为食品材料、燃料和物料用品。

（1）食品材料。食品材料是指餐饮业小企业专用的食品材料、调料和配料。其中，食品原材料又分为主食类和副食类。主食类，如大米、面粉、芝麻、小豆、绿豆和其他杂粮等生产诸食品的主要材料；副食类，包括肉类、鱼类、蛋禽类、山珍海味类、干鲜类、罐头制品类等生产各类菜肴的主要材料。调料，包括油、盐、酱、醋、糖和其他用于生产菜肴和主食品的各种调料。

（2）燃料。它是指生产加工过程中用来燃烧发热以产生热能的各种物资，如煤炭、焦炭、汽油、柴油、天然气和煤气等。

（3）物料用品。它是指企业用于经营业务、日常维修、劳动保护方面的材料物资、零配件及日常用品、办公用品、包装物品等。

2. 账户设置

（1）库存材料的账户设置。餐饮服务业应设置"原材料"账户核算库存的各种材料的实际成本。该账户借方登记企业从各种来源渠道取得并已验收入库的材料的实际成本；贷方登记企业领用、盘亏、毁损等材料的实际成本；期末余额在借方，反映餐饮服务小企业库存材料及包装物的实际成本。

（2）在途材料的账户设置。餐饮服务业应设置"在途物资"账户核算已支付货款但尚未运抵验收入库的材料或商品的实际成本。该账户借方登记在途物资实际成本的增加额；贷方登记验收入库的在途物资实际成本；期末余额在借方，反映餐饮服务小企业尚未运抵的材料或商品的实际成本。其明细账应按供应单位设置。

二、原材料的取得与发出核算

1. 取得材料的核算

（1）取得材料价值的确定。取得材料价值的确定如表3-9所示。

（2）取得材料核算原理。取得材料核算原理如表3-10所示。

表 3-9 取得材料价值的确定

价值确定		具 体 内 容
购入材料的入账价值	买价	买价指的是供货方发票所开列的货款金额,其中一般不包括增值税,即购买材料实际支付的价款为不含税价款
	采购费用	采购费用具体包括运杂费、运输途中的合理损耗和入库前挑选整理费用等
		运杂费是指材料购买后运达企业过程中发生的各项费用,有运输费、包装费、装卸费、途中保险费、仓储费等。根据现行财务制度的有关规定,对于取得合法运输费发票的,可以按运输费的7%抵扣增值税的进项税额
		运输途中的合理损耗是指材料在运输过程中由客观原因而发生的坏、挥发、霉烂、变质等损失。对于这类运输中因客观原因带来的损失,由最终验收入库的材料来负担
		入库前的挑选整理费用是指材料运达企业入库前,根据工艺加工的需要进行相应的挑选整理过程中发生的费用,包括挑选整理中发生的工费支出和必要的损耗,并扣除回收的下脚料废料价值,如酿酒业购入农产品,发生的烘干、分级、筛选等工费支出等
	税金	企业购入材料时,除了支付物资的买价和采购费用外,还要按规定缴纳流转税、关税等,流程税主要包括增值税、消费税、资源税等
自制材料的入账价值		小工业企业自制材料主要包括产成品、自制半成品和在产品,有的还包括自制原材料、包装物和低值易耗品。企业自制材料按照其制造过程中发生的各项实际支出计价,包括在制造过程中发生的直接材料、直接人工和制造费用
委托加工材料的入账价值		以实际耗用的原材料或者半成品的成本和支付的加工费、运输费、装卸费、保险费及按规定应记入成本的税金,作为其实际成本
投资者投入材料的入账价值		按投资方各方确认的价值,作为实际成本
接受捐赠材料的入账价值		按以下方法确定其实际成本:若捐赠方提供了有关凭据,如发票、报关单、有关协议等的,按凭据上标明的金额加应支付的相关税费,作为实际成本;若捐赠方没有提供有关凭据的,应参照同类或类似材料的市场价格估计的金额,加上应支付的相关税费,作为实际成本
盘盈材料的入账价值		企业盘盈的材料按照同类或类似材料的市场价格作为实际成本

表 3-10 取得材料核算原理

业 务 内 容	会 计 处 理
结算凭证和材料同时到达	借:原材料 　　应缴税费——应交增值税(进项税额) 　贷:有关科目
已付款,材料尚未到达	借:在途物资 　　应缴税费——应交增值税(进项税额) 　贷:有关科目
结算凭证未到,材料已入库	月末 借:原材料 　贷:应付账款——暂估应付账款
结算凭证未到,材料已入库	下月初红字冲回 借:原材料 　贷:应付账款——暂估应付账款 收到结算的凭证 借:原材料 　　应缴税费——应交增值税(进项税额) 　贷:有关科目

续表

业 务 内 容	会 计 处 理
预付货款方式购入	预付材料价款时 借：预付账款 　　贷：银行存款
	材料入库时 借：原材料 　　应交税费——应交增值税（进项税额） 　　贷：预付账款
	预付账款不足时 借：预付账款 　　贷：银行存款
	退回多付的账款 借：银行存款 　　贷：预付账款
自制并已验收入库	借：原材料 　　贷：生产成本
投资者投入	借：原材料 　　应交税费——应交增值税（进项税额） 　　贷：实收资本（股本）
委托加工材料入库	借：原材料 　　贷：委托加工物资
接受捐赠	借：原材料 　　应交税费——应交增值税（进项税额） 　　贷：营业外收入
债务重组方式取得原材料（不涉及补价的情况）	借：原材料 　　应交税费——应交增值税（进项税额） 　　坏账准备 　　贷：应收账款
非货币性交易换入的原材料（不涉及补价的情况）	借：原材料 　　应交税费——应交增值税（进项税额） 　　贷：交易性金融投资（产成品、固定资产等）

2. 发出材料的核算

（1）发出材料的计价方法。发出材料的计价方法如表 3-11 所示。

表 3-11　　　　　　　　　　　　　发出材料的计价方法

方法		具 体 内 容
按实际成本计价	个别计价法	个别计价法又可叫做个别认定法、具体辨认法等，其是指对库存和发出的每一特定货物或每一批特定货物的个别成本加以认定的一种方法，是基于对材料的成本流转与实物流转相一致的这一个假设的方法
		采用个别计价法需具备两个条件：一是该材料项目必须是具有可辨别认定的特性；二是必须进行了详细的记录，包括每一材料的品种规格、入账时间、单位成本、存放地点等情况
	加权平均法	加权平均法也可以叫做全月一次加权平均法，其是指以本月期初结存材料数量和本月全部收入材料数量作为权数，去除本月期初结存材料成本和本月全部收入材料成本，计算出材料的加权平均单价，从而确定材料发出成本和材料成本的一种方法

方法		具 体 内 容	
按实际成本计价	加权平均法	加权平均单价=（期初结存材料实际成本+本期收入材料实际成本）÷（期初结存材料数量+本期收入材料数量）	
		本期发出材料成本=本期发出材料数量×加权平均单价	
		期末结存材料成本=期末结存材料数量×加权平均单价	
		本期发出材料成本=期初结存材料成本+本期收入材料成本－期末结存材料成本	
	移动加权平均法	移动加权平均法指的是每次收到材料以后，立即根据库存材料的数量和总成本，计算出新的平均单位成本，并对发出材料进行计价的一种方法	
		移动加权平均单价=（以前结存材料实际成本+本批收入材料实际成本）÷（以前结存材料数量+本批收入材料数量）	
		发出材料成本=本次发出材料数量×移动加权平均单价	
		期末材料成本=期末结存材料数量×移动加权平均单价	
	先进先出法	先进先出法是以"先入库的材料先发出"的假设出发，并根据这种假设的成本流转程序对发出材料和期末结存材料进行计价的一种方法	
		优点是能随时结转成本，期末材料成本较接近现行的市场价值，企业不会出现随意挑选材料成本以调整当期利润的情况	
		缺点是在材料收发业务频繁和单价经常变动的情况下，企业计价的工作量会非常大。尤其是当物价上涨时，以早期较低的成本与现行收入相配比，会出现高估企业当期利润的情况；反之会出现低估当期利润	
按计划成本计价		对于材料的取得采用计划成本计价的情况下，材料的发出也应采用计划成本计价	
		在计划成本计价核算方法下，材料发出的计价是按照预先确定的计划单位成本计价核算，到月末，采用对全部材料取得时形成的成本差异在发出材料和期末结存材料之间进行分配的方法，进而将发出材料的计划成本加上或减去发出材料应负担的成本差异，调整为实际成本，这样保证了生产经营过程中材料耗费价值的真实性	

（2）发出材料核算原理。发出材料核算原理如表3-12所示。

表3-12   发出材料核算原理

业 务 内 容	会 计 处 理
生产产品领用	借：生产成本 　贷：材料
生产过程中发生的耗损	借：制造费用 　贷：材料
销售部门领用	借：销售费用 　贷：材料
管理部门领用	借：管理费用 　贷：材料
委托加工物资领用	借：委托加工物资 　贷：材料
在建工程领用	借：在建工程 　贷：材料 　　应交税费——应交增值税（进项税额转出）
福利部门领用	借：应付职工薪酬 　贷：材料 　　应交税费——应交增值税（进项税额转出）

续表

业务内容	会计处理
出售	借：银行存款 　　应收账款 　贷：其他业务收入 　　　　应交税费——应交增值税（销项税额） 月末 借：其他业务成本 　贷：材料

三、食品材料的清选整理的财务处理

餐饮企业购进的食品材料，尤其是鲜活材料，容易腐烂变质，新鲜程度变化快，毛料、净料差异较大，一些干货，也需经过泡发加工处理后才能使用。因此，需进行清选、分等、择洗、宰杀、拆卸等初加工，以减少损失浪费，降低饮食制品的成本。

餐饮企业可在"材料——食品材料"二级明细账下设"清选户"，核算需要清选整理的材料。

（1）拨付材料进行清选整理或购进后直接交付清选整理时：

借：材料——食品材料（清选户）

　贷：材料——食品材料（××毛料）/银行存款

【例3-1】某餐饮服务公司2011年7月16日购进螃蟹50千克，单价为38元/千克，共计1 900元，购进后直接交付清选整理。财会部门根据有关凭证编制会计分录如下。

借：材料——食品材料（清选户）　　　　　　　　　　　1 900

　贷：银行存款　　　　　　　　　　　　　　　　　　　　1 900

（2）材料清选整理完毕，应调整其数量和单价。其中净料单价的计算应区别不同情况进行。

情况一，材料清选整理后，只有一种净料，无可作价的下脚料。公式为：

该净料单价=清选整理前材料总成本÷清选整理后净料重量

情况二，材料清选整理后，有一种净料，还有可作价的下脚料。公式为：

该净料单价=（清选整理前材料总成本－下脚料金额）÷清选整理后净料重量

情况三，材料清选整理为若干种净料。在此情况下，如果其中只有一种净料的单价没有可供参考的成本资料。公式为：

该净料单价=（清选整理前材料总成本－其他净成本之和）÷该种净料重量

在实际工作中，通常采用"成本系数法"和"净料率法"计算净料的单位成本。

（1）成本系数法

成本系数是指某种材料净料的单位成本与其毛料单位成本的比率。其计算公式为：

成本系数=某种材料净料单位成本÷某种材料毛料单位成本

成本系数确定后，购进鲜活材料清选整理后净料的单位成本可直接根据成本系数计算。其计算公式为：

某种材料净料单位成本=某种材料毛料单位成本×成本系数

【例3-2】甲餐饮服务公司购进黄瓜50千克，单价3元/千克，清选整理后净料49.3千

克。则该蔬菜净料单位成本=50×3÷49.3=3.04（元/千克）

$$成本系数=3.04÷3=1.01$$

假定某日又购进黄瓜60千克，单价3.5元/千克，则其净料单位成本为：

$$3.5×1.01=3.535（元/千克）$$

（2）净料率法

净料率亦称成货率，是指净料重量与毛料重量的比率。其计算公式为：

$$净料率=净料重量÷毛料重量×100\%$$

确定出净料率后，购进材料加工整理后的净料重量可按以下公式计算：

$$净料重量=毛料重量×净料率$$

净料单位成本则用毛料购进总成本除以净料重量求得。其计算公式为：

$$净料单位成本=毛料购进总成本÷净料重量$$

对于泡发料，因经过泡发过程，数量必然发生变化，故也需重新计算其单位成本。计算公式为：

$$泡发料单位成本=干货总成本÷泡发后材料总量$$

如果泡发过程中加用其他材料。其计算公式为：

$$泡发料单位成本=（干货总成本+所用其他材料成本）÷泡发后材料总量$$

第三部分　餐饮服务业会计实务

一、财务报告概述

1．财务会计报告的概念

财务会计报告是指企业对外提供的，反映企业某一特定日期财务状况和某一会计期间经营成果、现金流量的文件。企业编制财务会计报告的主要目的，就是为投资者、债权人、政府及相关机构、单位管理人员、社会公众等财务会计报告的使用者进行决策提供会计信息。

2．企业财务会计报告的内容

财务会计报告的内容，由会计报表、会计报表附注和财务情况说明书3个部分组成。

（1）会计报表，包括资产负债表、利润表、现金流量表及相关附表，是财务会计报告的主体。

（2）会计报表附注，是为了便于财务报告使用者理解会计报表的内容，对于会计报表中不能包括的内部或披露不详尽的内容做必要的解释说明，应包括两方面内容。一方面是主要会计政策和会计估计及其变更的说明，包括会计政策变更的内容和理由、会计估计变更的内容和理由。另一方面是其他重要事项，包括应收票据贴现，用于贴现的应收票据的票面金额、利率、贴现率等；本期购买或处置的长期股权投资的情况；本期内与主要投资者往来事项等。

（3）财务情况说明书是指对企业一定会计期间的生产经营、资金周转和利润分配等情况的文字说明，是财务报告的重要组成部分。财务情况说明书至少应包括企业生产经营的基本情况、利润实现和分配情况、资金增减和周转情况和对企业财务状况、经营成果和现金流量有重大影响的其他事项。

3．财务会计报告的作用

财务会计报告的作用主要有以下3个方面。

（1）财务会计报告能提供企业经济活动、经营成果和现金流量等一系列经济指标，使企业领导、各职能部门和职工可以了解企业的财务状况、经营情况和现金流量，便于进行分析对比，总结经验，找出差距和提出改进的措施，为企业制定下一期的预算和决策提供重要的信息和依据。

（2）企业的投资者、债权人通过财务会计报告可以分析企业的财务状况和经营情况，从而判断企业的偿债能力和赢利能力，有助于投资者进行投资决策以及债权人进行信贷决策。

（3）国家财政、税务机关和审计部门可以根据企业财务会计报告检查企业资金的运用情况，经营成果的形成情况，现金流量状况和营业税、所得税等各种税款以及教育费附加的缴纳情况，检查企业是否严格遵守财税纪律、信贷制度和结算纪律，以更好地发挥财政、税务、银行和审计的监督作用，促使企业合理地使用资金，并为制订信贷计划提供依据。

4. 企业会计报表的体系

企业会计报表的体系如表 3-13 所示。

表 3-13　　　　　　　　　　　企业会计报表的体系

编号	会计报表名称	编报期
会企 01 表	资产负债表	月度报告、年度报告
会企 02 表	利润表	月度报告、年度报告
会企 03 表	现金流量表	年度报告（按需要选择编制）
会企 01 表附表 1	应交增值税明细表	月度报告、年度报告适用于增值税一般纳税企业

二、财务会计报告编制前的准备工作

1. 对账与结账

对账与结账是编制会计报告前的重要准备工作，具体操作方法见"第一部分第三点"。

2. 会计错账查找与更正

（1）错账原因。错账主要原因如图 3-5 所示。

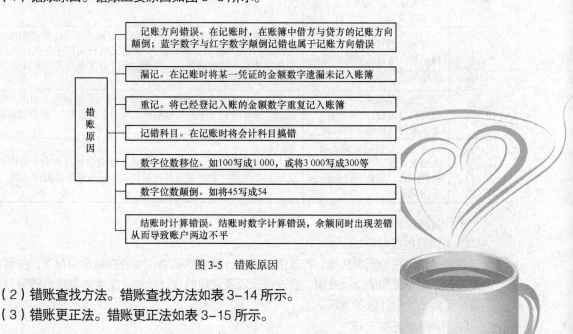

图 3-5　错账原因

（2）错账查找方法。错账查找方法如表 3-14 所示。

（3）错账更正法。错账更正法如表 3-15 所示。

表3-14 错账查找方法

方法	定　义	具　体　说　明
顺查法	按照原来账务处理的顺序从头到尾进行普遍查找的方法	首先检查记账凭证是否正确，然后将记账凭证、原始凭证同有关账簿记录一笔一笔地进行核对，最后检查有关账户的发生额和余额。这种方法的优点是查的范围大，不易遗漏；缺点是工作量大，需要的时间比较长
逆查法	又称反查法，是按照原来账务处理程序相反的顺序，从尾到头地进行普遍检查的方法	这种方法与顺查法相反，是按照账务处理的顺序，从会计报表、账簿、原始凭证的过程进行查找的一种方法。这种方法的优缺点与顺查法相同
抽查法	抽查法是对整个账簿记账记录抽取其中某部分进行局部检查的一种方法	当发现账簿记录有差错时，会计人员可以根据差错的具体情况从账簿中抽查部分内容，而不必核对全部内容
偶合法	用除以2来检查数字错误的方法	这种方法主要适用于漏记、重记、错记的查找。用误差数除以2，得到的商数可能就是账簿记错方向的数字，然后再到账簿中去查找差错
	通过除以9来检查错账的方法	数字错位。如将40元误记为400元，错位的差异数为360，使其原数扩大了9倍，将差数除以9为40就是移位数
		数字颠倒。如将12 345误记为12 354，差额为9，或误记为12 435，差额为90。数字错误的特征是：① 差数是9的倍数；② 差额数码相加之和是9；③ 被颠倒的两个数码之差，是差额除以9的商

表3-15 错账更正法

方法	适　用　范　围	更　正　步　骤
划线更正法	结账前的检查中，发现记账凭证无误，而账簿记录由于会计人员不慎出现笔误或计算失误，造成账上文字或数字错误	将错误的文字或数字划一条红色的横线代表注销，但原有字迹必须可辨认（文字画个别，数字画全部）；然后，在划线的上方用蓝字或黑字填写正确文字和数字；最后由更正人员在更正处盖章，以明确责任
红字更正法	记账或结账后，发现记账凭证科目用错或记错而造成账簿记录有误	用红字填写一张与错误内容相同的记账凭证，在摘要栏内注明"冲销某月某日某凭证的错误"，并据此凭证用红字登账；然后，用蓝字填写一张正确凭证，摘要注明"订正某月某日某凭证"并据此用蓝字登账
	记账或结账后，发现记账凭证科目正确，金额记多了，造成账簿记录中金额有误	用红字按多计金额填制一张会计科目与原错误凭证相同的记账凭证，摘要注明"冲销某月某日某凭证多记金额"，并据此用红字登账
补充登记法	记账后发现记账凭证和账簿记录中应借、应贷会计科目无误，只是所记金额小于应记金额	按少记金额用蓝字填写一张与原记账凭证科目方向相同的记账凭证，要注明"补充某月某日某凭证少记金额"并据此入账

3. 调账

（1）调账的概念

调账是指因按照国家法律、行政法规和会计制度的要求，或者在特定情况下，按照会计制度规定，对原采用的会计政策、会计估计以及发现的会计差错、发生的资产负债表日后事项等需要做出的会计账务调账。

（2）调账的基本方法

调账的基本方法如表3-16所示。

表3-16　　　　　　　　　　　　　　　　　调账的基本方法

方　法	具　体　内　容
追溯调整法	追溯调整法是指某项交易或事项变更会计政策时，如同该项交易或事项初次发生时就开始采用新的会计政策，并以此对相关项目进行账务调整的方法。在追溯调整法下，应计算会计政策变更的累积影响数，期初留存收益、会计报表及其他相关的项目，也要进行相应的调整
未来适用法	未来适用法是指对某项交易或事项变更会计政策时，新的会计政策适用于变更当期及未来期间发生的交易或事项的方法。在未来适用法下，不需要计算会计政策变更产生的累积影响数，也无需重编以前年度的会计报表。企业会计账簿记录及会计报表上反映的金额，变更之日仍保留原有的金额，不因会计政策变更而改变以前年度的既定结果，并在现有的金额的基础上再按新的会计政策进行核算

4. 前期差错及其更正

前期差错又称会计误差，是指当期发现的、发生在以前会计期间的会计差错，是企业在会计核算时，在计量、确定、记录等方面出现的错误。

（1）前期差错的类型。前期差错，是指由于没有运用或错误运用下列两种信息，而对前期财务报表造成省略或错报：一种是编报前期财务报表时预期能够取得并加以考虑的可靠信息；另一种是前期财务报告批准报出时能够取得的可靠信息。

前期差错的类型主要有账户分类以及计算错误，违反法规、制度的差错，会计估计错误，提前确认尚未实现的收入或不确认已实现的收入和资本性支出与收益性支出划分差错等。

（2）前期差错的重要性划分。前期差错的重要性划分如图3-6所示。

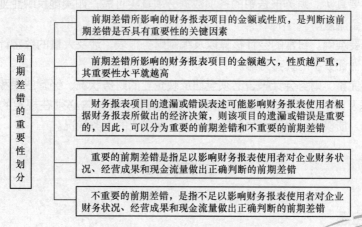

图3-6　前期差错的重要性划分

（3）更正前期差错的调账方法。更正前期差错的调账方法如表3-17所示。

（4）前期差错的披露事项。前期差错的披露事项包括前期差错的性质、各个列报前期财务报表中受影响的项目名称和更正金额以及无法进行追溯重述的，说明该事实和原因以及对前期差错开始进行更正的时点、具体更正情况。

表3-17　　　　　　　　　　　　　　　　更正前期差错的调账方法

名称	具　体　内　容
不重要的前期差错的调整	对于不重要的前期差错，企业不需调整财务报表相关项目的期初数，但应调整发现当期与前期相同的相关项目
	属于影响损益的，应直接记入本期与上期相同的净损益项目
	属于不影响损益的，应调整本期与前期相同的相关项目

续表

名称	具 体 内 容
重要的前期差错的调整	追溯重述差错发生期间列报的前期比较金额
	如果前期差错发生在列报的最早前期之前，则追溯重述列报的最早前期的资产、负债和所有者权益相关项目的期初余额
	对于发生的重要的前期差错，如影响损益，应将其对损益的影响数调整发现当期的期初留存收益，财务报表其他相关项目的期初数也应一并调整；如不影响损益，应调整财务报表相关项目的期初数
	确定前期差错影响数不切实可行的，可以从可追溯重述的最早期间开始调整留存收益的期初余额，财务报表其他相关项目的期初余额也应当一并调整
	在日常会计核算中也可能由于各种原因造成会计差错，如抄写差错可能对事实的疏忽和误解以及对会计政策的误用。企业发现会计差错时，应当根据差错的性质及时纠正。对于当期发现的、属于当期的会计差错，应调整本期相关项目

三、财务会计报告的编制要求

编制财务会计报告的目的，一方面是为企业自身的企业管理服务，更重要的是为外部信息使用者提供有关本企业财务状况、经营成果以及现金流量等方面的会计信息。所以为了保证会计信息的内在质量，让广大的会计信息使用者充分利用会计信息，最大限度地满足企业内部对企业的管理和投资者对投资做出正确的决策，在编制财务会计报告时应做到以下几点。

（1）数字要真实。财务报告中的各项数据必须真实可靠，如实地反映企业的财务状况、经营成果和现金流量。

（2）计算要准确。日常的会计核算以及编制财务报表，涉及大量的数字计算，只有准确的计算，才能保证数字的真实可靠。

（3）内容完整。财务会计报告必须全面反映企业的财务状况、经营成果和现金流量。

（4）报送及时。及时性是信息的重要特征，财务会计报告必须在规定的期限内及时报送，使投资者、债权人、财政和税务部门及时了解企业的财务状况。

自我练习

一、填空题

1. 账户按外表形式分类可分为（   ）、（   ）和（   ）。
2. 更正错账的方法一般有（   ）、（   ）和（   ）等。
3. 账户按用途分类可分为（   ）、（   ）和（   ）。
4. 明细分类账的格式通常有（   ）、（   ）和（   ）。
5. 分类账簿又分为（   ）和（   ）两类。
6. （   ）、（   ）等的明细分类账的格式一般采用卡片式。
7. 对账的内容包括（   ）、（   ）和（   ）。
8. 原材料可以分为（   ）、（   ）和（   ）。
9. 账户设置可以分为（   ）和（   ）。
10. 发出材料的计价方法有（   ）、（   ）、（   ）和（   ）。

二、实训题

1. 公司以现金 600 元支付下半年报刊费，编制如下会计凭证并登记入账。

借：预提费用　　　　　　　　　　　　　　　　　　　　　600

　贷：现金　　　　　　　　　　　　　　　　　　　　　　　　600

2. 以银行存款支付办公费 9 600 元，编制如下会计凭证并登记入账。

借：管理费用　　　　　　　　　　　　　　　　　　　　9 600

　贷：银行存款　　　　　　　　　　　　　　　　　　　　　9 600

3. 公司接到银行通知，收回甲企业所欠的货款 500 000 元，已做会计凭证并入账。

借：银行存款　　　　　　　　　　　　　　　　　　　　50 000

　贷：应收账款　　　　　　　　　　　　　　　　　　　　50 000

要求：判断各种错误性质，说明应采取什么样的更正方法，并予以更正。

4. 银行存款日记账上登记支付电话费 924 元，但分类账营业费用误记为 429 元。

5. 购进机器设备一台，计 20 000 元（已用银行存款支付），分类账上误记为原材料 20 000 元。

6. 用银行存款支付前欠货款 26 520 元，误记为 25 620 元。

7. 甲餐饮服务公司 2004 年 7 月 16 日购进大龙虾 50 千克，单价为 22 元/千克，共计 1 100 元，购进后直接交付清选整理。编制会计分录。

三、思考题

1. 会计核算原则有几点？分别是哪些？

2. 会计凭证的作用有哪些？

3. 会计凭证的种类有哪些？

4. 原始凭证的分类有哪些？

5. 复式记账凭证的概念是什么？

6. 记账凭证与原始凭证的区别是什么？

7. 三栏式账簿内容是什么？

8. 财务会计报告对企业内外各有关方面来说，具有怎样的重要作用？

9. 结账的步骤是什么？

10. 加权平均法的计算公式是什么？

项目四 小型零售企业会计

案例导读

兴达超市是一家小型零售企业，2011 年 4 月 15 日各营业柜组商品销售及货款收入情况如表 4-1 所示。兴达超市为信用卡特约单位，信用卡结算手续费率为 2‰。

表 4-1 各营业柜组商品销售及货款收入情况

柜组	销售金额	现金收入	银行卡签购单	转账支票	现金溢缺	合计
首饰专柜	20 500	6 200	12 600	1 700		20 500
女装专柜	56 000	32 000	21 000	3 000		56 000
体育用品专柜	19 000	13 000	1 700	4 300		19 000
副食品专柜	34 100	14 600	15 600	3 900		34 100
合计	129 600	65 800	50 900	12 900		129 700

（1）财会部门根据各营业柜组交来的商品销售收入缴款单及现金、签购单和转账支票，根据签购单编制计汇单，并与转账支票一并存入银行，做会计分录如下。

借：现金   65 800
    银行存款   63 698.20
    财务费用   101.80
    贷：主营业务收入——首饰专柜   20 500
        主营业务收入——女装专柜   56 000
        主营业务收入——体育用品专柜   19 000
        主营业务收入——副食品专柜   34 100

（2）将现金集中解存银行，取得解款单回单，做会计分录如下。

借：银行存款   65 800
    贷：现金   65 800

（3）同时转销本日销售的相应成本，做会计分录如下。

借：主营业务成本——首饰专柜   20 500
    主营业务成本——女装专柜   56 000
    主营业务成本——体育用品专柜   19 000
    主营业务成本——副食品专柜   34 100
    贷：库存商品——首饰专柜   20 500
        库存商品——女装专柜   56 000
        库存商品——体育用品专柜   19 000
        库存商品——副食品专柜   34 100

（4）同时，对本月销售的商品相对应的商品进销差价进行结转，假定各柜台的商品进销差价依次是：首饰专柜 5 125.00 元，女装专柜 14 000.00 元，体育用品专柜 4 750.00 元，副食品专柜 8 525.00 元。

借：商品进销差价——首饰专柜		5 125
商品进销差价——女装专柜		14 000
商品进销差价——体育用品专柜		4 750
商品进销差价——副食品专柜		8 525
贷：主营业务成本——首饰专柜		5 125
主营业务成本——女装专柜		14 000
主营业务成本——体育用品专柜		4 750
主营业务成本——副食品专柜		8 525

通过上述案例我们可以看到小型零售企业经营品种多，规格复杂，直接为消费者服务，交易次数频繁，数量零星。交易方式主要是一手交钱、一手交货的现金交易，具有成交时间短的业务特征。

小型零售企业会计起到了反映经济活动、控制经济活动、评价企业经营业绩、参与经济决策和预测经济前景的作用。

第一部分　基础知识

一、零售企业的特点

1．零售企业的概念

零售流通处于商品流通的终点。所谓零售是指小型零售企业从批发企业或生产企业购进商品，销售给个人消费，或销售给企事业单位等用于生产和非生产消费，是将商品直接传递到最终消费者手中的商品流通环节，包括直接从事综合商品销售的百货商场、超级市场、零售商店等。

2．小型零售企业的特点

（1）小型零售企业的销售对象是直接消费者，而不是进行转卖或生产加工的使用者。

（2）小型零售企业的交易次数频繁，平均每次交易额较小。

（3）小型零售企业是商品流通的最终环节。小型零售企业的交易活动一旦成功，便意味着商品脱离了流通领域而进入消费领域，从而实现了商品价值和使用价值。

3．零售企业的基本经营方式

商品零售企业的基本经营方式一般分为商品销售和柜台（场地）出租，如表 4-2 所示。

表 4-2　　　　　　　　　　　　　　　零售企业的基本经营方式

经营方式		具体内容
商品销售	自营商品销售	商品由企业自行采购并作为企业的存货进行管理，除出现质量问题外一般不退回给供应商
	代销商品销售	对商品的采购与销售通过合同来约束。零售企业与供应商签订商品代销合同，在合同中约定销售商品的品种、月底销售额、保证金、毛利率等条款，月末由零售企业向供应商提供商品代销清单，代销商品由零售企业视同自有商品进行管理，但出现报废、毁损、滞销的情况时，可随时退回给供应商

续表

经营方式		具体内容
商品销售	联营商品销售	即对商品的采购与销售通过合同来约束。零售企业与供应商签订商品联销合同，在合同中约定销售商品的品种、月保底销售额、保证金、毛利率等条款，联营商品不作为企业的存货而由供应商自行管理
	其他销售	商业经营方式灵活多样，部分零售企业可能发挥地理优势，在商场经营健身中心、餐饮及娱乐等项目，对这部分经营一般采用承包的方式
柜台（场地）出租		商品零售企业的柜台（场地）出租分为柜台（铺面）出租和场地出租。其中，柜台（铺面）出租较为固定，场地出租一般为临时性的

4．小型零售企业的会计核算特点

虽然同样适用新《企业会计准则》，相对于其他行业，零售业业务的数量巨大、种类繁多的特点，决定了其会计核算与其他行业相比有一定的特别之处。

（1）以资金运动为中心进行核算和管理

小型零售企业通过商品、货币关系形成"货币—商品—货币"的资金循环运动形式，在购销过程中，通过商品购买，支付货款及费用，使货币资金转化为商品资金；通过销售商品取得收入和盈余，使商品资金又转化为货币资金，并获得增值。小型零售企业会计以商品流通活动为中心，对商品资金的筹集、投放、运用和资金的循环进行核算和管理，其核算方法和管理方法与其他企业不尽相同。

（2）存货的会计核算是日常最繁重的工作

存货，主要是库存商品，是小型零售企业最主要的资产，同时也是影响小型零售企业赢利水平和资产使用效率的重要因素。这些资产不仅数量大、种类多，而且处于频繁的流动之中，如商品的采购、存储、销售、退换货等。由于管理的需要，财务人员对这些商品价值和数量都要有及时、系统、准确的反映，这些都使得存货的会计核算成为小型零售企业中最繁重的一项工作。

（3）对进货费用处理的特殊性

零售企业在采购商品过程中发生的运输费、装卸费、保险费以及其他可归属于存货采购成本的费用等进货费用，可以记入存货采购成本，也可以先进行归集，期末根据所购商品的存销情况进行分摊。对于已售商品的进货费用，记入当期损益；对于未售商品的进货费用，记入期末存货成本。小型零售企业采购商品的进货费用金额较小的，可以在发生时直接记入当期损益。

（4）存货日常合算的特殊性

为了便于销售，小型零售企业的商品存货一般在购进时就要确定销售价格，所以商品存货的日常核算可以采用"售价金额核算法"，即在"库存商品"账户核算商品的售价，商品售价与进价之间的差额通过"进销差价"账户核算，期末再将进销差价在已销商品与期末结存商品之间进行分配，以确定本期销售商品成本与期末结存商品的成本。

二、小型零售企业的确认标准

改革开放以来，小企业为我国的经济发展做出了巨大的贡献。据统计，截至 2008 年，全国共有 800 多万家小型企业，这些小型企业为全国提供了 2/3 以上的就业机会，为社会创造了 50％以上的 GDP。可以说没有小企业的发展，就没有我国经济改革的成功。

根据有关规定"不对外筹集资金、经营规模较小的企业"为"小企业"。所以，小型零售企业是指经营规模较小、不公开发行股票和债券，以向消费者直接销售各类商品来获取价差收入为其主要业务的企业。

三、进货业务活动特点

不管企业是经营小百货、服装、文具，还是图书、食品、家具等，企业经营业务的首要前提，就是买回适销的货品。这个过程，叫做进货，也叫采购。一个商店生意是否兴旺，投资有没有钱赚，这个过程是很重要的。所以零售企业通常配有专门的采购部。

1．采购机构的组织、建立方式

（1）企业采购机构的设计原则及影响因素

企业采购机构的设计原则有4点。

第1点，企业采购机构的设计要与企业的性质、产品及规模息息相关。

第2点，企业采购机构的设计要与企业整体目标、采购方针、采购目标和采购部门的职权范围适应。

第3点，企业采购机构的设计要与企业的管理水平相适应。

第4点，企业采购机构的设计要把"因人设事"和"因事设人"的原则结合起来。

影响采购机构设计的因素有企业产品、企业性质、企业规模、企业目标、采购目标、企业管理水平以及管理层对采购工作的重视程度等因素。

（2）采购部门的建立方式

采购部门的建立，就是采购内部组织的部门化，将采购部门应负责的各项功能整合起来，并以分工的方式建立不同的部门来加以执行。

采购部门的建立方式如表4-3所示。

表4-3　　　　　　　　　　　　　　　采购部门的建立方式

建立方式		具体内容
一贯作业	采购产品部门化	按采购产品的不同建立不同的部门（原料组、燃料组、设备组、办公用品组等） 特点：分工明确、精专、熟能生巧
	采购区域部门化	按物品的采购区域（来源）在不同区域设立各自的部门 特点：因地制宜、利于管理
	采购价值部门化	按采购物品的价值的大小进行分工，价值大的由高层领导负责，价值小的由基层负责 按产品对企业的重要性，可分为策略性项目、瓶颈项目、非紧要项目 特点：主次分明、战略保证、降低成本
分段作业	采购过程部门化	把采购活动过程的各个阶段（环节）交给不同的部门来负责 特点：分工明确、精专、相互制约
	混合式编组	把各种不同的分工方式综合起来，共同使用，多者兼备 特点：适合比较大型的企业

一贯作业：采购人员负责采购事务的整个过程。优点：权责分明、规模经济、与供应商关系好、及时交货、改善品质。缺点：工作复杂、对过程中的各个环节不一定都精通、权力过大，可能暗箱操作、一个环节出现故障可能影响全局。

分段作业：各个部门只负责采购过程的一个环节。优点：精专、效率高、分工合作、不容易舞弊、提升采购的专业化水平。缺点：转接手续多、费时、各自为政、无人负责（推卸责任）、联系不便、成就感低。

2．采购管理

采购管理应遵循五适原则，分别是适时原则、适价原则、适质原则、适量原则以及适时交货原则。

（1）适时采购原则

适时采购原则是在最有利的时机买到最适宜的物料。采购时间过早，会导致增加库存量，资金积压；采购时间过迟，会导致存量不足，影响产销进度。

采购时间的类型有3种，如表4-4所示。

表4-4　　　　　　　　　　　　采购时间的类型

类　型	具 体 内 容
临时采购	多发生于价格动向不明确或无法辨别时，企业本身需要的时间或数量不确定时
适量采购	以物料需求量、需求周期等为基准，计算采购时间及以物料需求量、需求周期等为基准，计算采购时间及采购量
长期合约采购	可以掌握可靠的物料来源和质量保证 购价统一而稳定，不受市面缺货的影响 资金可灵活动用而不致积压 减少库存而节省仓储及管理费用 简化采购手续提高作业效率

（2）适价采购原则

物料成本是影响产品竞争力与企业利润的主要因素。采购价格并非越低越好，应遵循"适当价格"为原则。影响采购价格的因素有物料的规格、采购数量、季节性变动、交货期限、交货期限、付款条件、供应地区、供需关系以及包装情形。

（3）适质采购原则

所有物料的采购，必须依据所要求的性能、技术要求进行采购物资的质量直接关系到产品的质量。适质决策考虑因素有物料的用途、物资本身的特性和物资的技术要求。

（4）适量采购原则

采购量的大小决定生产销售的顺畅以及资金的调度。任何采购数量公式的应用，其主要目的是为管理者提供决策采购数量的决策参考。无法向管理者提供决策采购数量的决策参考，就无法解决"适当数量"的问题。影响采购数量的因素有企业的库存管理理念、市场价格、物料单价、供应商位置、市场供应形式以及折扣优惠。

（5）适时交货原则

采购周期规划的最理想状态就是交货时间正好是计划中的使用日期。保证适时交货注意事项有对采购周期的制定是否合理、企业内部采购程序是否合理、运输作业是否合理、供应商的信用是否可靠以及企业是否设立相应的交货管理制度。

第二部分　基本技能

一、零售商品购进的业务程序与购进的账务处理

1．零售商品购进的业务程序

（1）商品购进的原则。第一，以需订购，以销定进；第二，勤进快销，以进促销；第三，

注重质量，加强核算；第四，适应商品供求规律。

（2）商品购进的基本程序。小型零售企业购进商品，一般由实物负责人根据商品库存和销售情况，自行组织进货。设有专职采购员的企业，可由实物负责小组提出要货计划，由采购员组织进货。进货计划要制订商品的结构优化方案、编制一定期限内实施的进货计划并研究完成进货计划的保证措施。

企业购进商品，一般以本地为主，从当地批发企业或生产单位购进，一些规模较大的企业为了扩大花色品种，增加货源，也有从外地购进商品的。选择供应商应考虑信用情况、商品因素、效益因素、交货时间、付款方式及交货方式等因素。

企业在本地购进商品，通常采用提货制和送货制，提货制由企业自行提货，送货制由供货单位根据企业要货单送货上门。不论是提货制还是送货制，其结算方式一般采用支票结算方式，通过购销双方协商，也可以采用银行本票和商业汇票结算。

企业从外地购进商品，通常采用发货制，结算方式一般采用银行汇票、汇兑、委托收款和商业汇票等。

在商品运达后，实物负责人根据合同和发票所列内容，核对商品编号、品名，逐一清点商品数量，检查商品质量、单价和金额等，等验收无误后，填制一式数联的"商品验收单"。实物负责人留下存根联，其余各联分送各有关部门。设有供配货中心的企业，商品运到后，应由仓库保管员负责验收。商品验收入库时应核对交货清单、检验商品并办理入货手续。

2．商品购进的账务处理

小型零售企业一般使用售价金额核算法对商品进行核算，售价金额核算法又称"拨货计价，实物负责制"。这是一种售价记账与实物负责相结合的核算制度。使用售价金额核算法需要设置的科目包括"物资采购"、"商品进销差价"、"库存商品"等。

售价金额和算法的优点是零售商品按售价核算，可以简化核算手续，减少工作量，有利于提高零售商品经营工作效率和服务质量。缺点是由于只记金额，不记数量，库存商品账不能提供数量指标来控制商品进、销、存情况，一旦发生差错，难以查明原因。

财会部门根据采购员交来的结算凭证和核价员送来的专用发票（发票联），复核无误后，按其所列明的货款，借记"物资采购"账户；按其所列明的增值税额，借记"应缴税费"项目；按价税合计，贷记"银行存款"或"应付票据"、"其他货币资金"等科目。根据实物负责小组送来的商品验收入库凭证复核无误后，按售价金额借记"库存商品"科目，按进价金额贷记"物资采购"科目，售价金额与进价金额之间的差额，则贷记"商品进销差价"科目。

【例4-1】某商贸有限公司向甲洗涤用品公司购进一批洗涤用品，根据甲洗涤用品公司的专用发票填制收货单，如表4-5所示。

表4-5 收货单

收货部门：洗涤用品专柜　　2011年6月12日　　供货单位：甲洗涤用品公司

商品名称	进购价格				零售价格				进销差价
	单位	数量	单价	金额	单位	数量	单价	金额	
洗涤灵	24瓶/箱	100	72	7 200	瓶	2 400	4	9 600	2 400
衣领净	24瓶/箱	150	120	18 000	瓶	3 600	6	21 600	3 600
洁厕灵	24瓶/箱	120	96	11 520	瓶	2 880	5	14 400	2 880
合计				36 720				45 600	8 880

（1）财会部门收到专用发票（发票联），列明货款 36 720 元，增值税额 6 242.40 元，当即签发转账支票付讫，做会计分录如下。

借：物资采购——甲洗涤用品公司   36 720.00

  应交税费——应交增值税（进项税额）   6 242.40

  贷：银行存款   42 962.4

（2）财会部门收到洗涤用品专柜转来的收货单，列明售价金额 45 600 元，商品已全部验收入库，结转商品采购成本，做会计分录如下。

借：库存商品——洗涤用品专柜   45 600

  贷：物资采购——甲洗涤用品公司   36 720

   商品进销差价——洗涤用品专柜   8 880

"商品进销差价"账户是资产类科目，它是"库存商品"科目的抵减账户，用以反映库存商品售价金额与进价金额之间的差额。

① 企业购入、加工收回以及销售退回等增加的库存商品，按商品售价，借记"库存商品"科目，按商品进价，贷记"银行存款"、"委托加工物资"等科目，按售价与进价之间的差额，贷记"商品价销差价"科目。

② 期末分摊已销商品的进销差价，借记"商品进销差价"科目，贷记"主营业务成本"科目。

该科目的余额在贷方，表示期末库存商品的进销差价。期末"库存商品"科目余额，减去"商品进销差价"科目余额，就是库存商品的进价金额。

二、确定商品的记账价格

在核算采购的商品用于销售时，记录商品的价格有按零售价和采购成本价来记录两种。在购进商品过程中发生的各种包装费、运输费、装卸费、挑选整理费，以及运输过程中的损耗，都不记入商品的购进成本，而是直接记录在"费用工资"的账页上。

（1）按零售价记账。所谓按零售价记账，是指采购的库存商品，首先要确定零售价，然后按确定的零售价登入库存商品账页内，而零售价和采购成本价之间的差额，还要开设一个"商品进销差价"账页来进行登记。

采用零售价法来登记库存商品，优点是由于用零售价来登记库存商品账，因此，产生的销售收入就应该是零售价记账的金额，两者之间是相等的。观念上一致，数量上相同，容易控制库存商品和销售产生的收入。缺点是由于采用零售价记录商品，商品价格中就包含了利润的成本和纯粹成本，在售出商品后，需要将商品价格中的成本和利润进行分离，才能计算商品销售过程中的收入、成本、毛利的数额及其关系。

（2）按成本价记账。按成本价记账，也就是按采购进价来记录库存商品账，将商品销售后，按售价金额记收入账。这种方法与按售价记账法相比，核算过程相对简单。因为采购价就是成本，成本就是收入的扣减，收入减去成本的差就是毛利。这是一种很直观的核算方式。

三、商品购进拒付货款与拒收商品、发生溢余与短缺和商品存储的账务处理

1. 商品购进拒付货款与拒收商品的账务处理

由于托收凭证的传递和商品运送的渠道不同，因此，支付货款与商品入库的时间不一致，会出现以下几种情况：① 先拒付货款，后拒收商品；② 先拒收商品，后拒付货款；③ 拒

付部分货款时，按承付货款部分作处理；④ 先承付货款，后拒收商品。

①②由于没有承付货款，不涉及账务处理。

（1）支付货款时

借：商品采购——××商品

应交税金——应交增值税（进项税额）

贷：银行存款

（2）收到商品时，拒收货物

借：应收账款——××公司

贷：商品采购——××公司（红字）

应交税金——应交增值税（进项税额）（红字）

（3）收到供货单位退回货款

借：银行存款

贷：应收账款——××公司

2．购进商品发生溢余和短缺的会计核算

小型零售企业在购进商品时，必须严格坚持商品验收制度，认真负责地验收商品的数量和质量。

购进商品发生溢余，先按实收数入库，将溢余数按不含税进价转入"待处理财产损益"账户。查明原因后，再分别进行处理。如系供货单位多发，在企业同意购进情况下，由供货单位补开发货单，补付货款；如系运输途中自然升溢，做减少商品损耗处理。

购进商品发生短缺，先按实收数入库，将短缺数和相应的进项税额一起转入"待处理财产损益"账户，查明原因后再分别进行处理。如系供货单位少发，要求对方补货或退款；如系运输部门或有关经办人员责任事故，向对方索赔，转入"其他应收款"账户；如系自然损耗，作为商品损耗处理；如系意外事故，做非常损失处理。

【例4-2】某超市向甲茶场购入散装绿茶500千克，每千克进价50元，售价80元，采用托收承付结算。

① 2011年9月2日，收到银行转来托收凭证，内附专用发票（发票联）计货款25 000元，增值税额4 250元，运费凭证400元，查验与合同相符，予以承付，做会计分录如下。

借：物资采购——甲茶场　　　　　　　　　　　　　　　　　25 000

应交税费——应交增值税（进项税额）　　　　　　　　 4 250

营业费用——运杂费　　　　　　　　　　　　　　　　 400

贷：银行存款　　　　　　　　　　　　　　　　　　　 29 650

② 2011年9月5日，散装绿茶已运到，由饮料专柜验收，实收965千克，短缺35千克，原因待查。

根据验收入库的收货单，结转商品采购成本，做会计分录如下。

借：库存商品——饮料专柜　　　　　　　　　　　　　　　 77 200

贷：物资采购——甲茶场　　　　　　　　　　　　　　 48 250

商品进销差价——饮料专柜　　　　　　　　　　　 28 950

根据商品购进短缺溢余报告单，做会计分录如下。

借：待处理财产损益——待处理流动资产损益　　　　　　　 1 750

贷：物资采购——甲茶场　　　　　　　　　　　　　　 1 750

2011 年 9 月 10 日，查明短缺的散装绿茶中有 1 千克是自然损耗，经领导批准予以转销，做会计分录如下。

借：营业费用——商品损耗   50

  贷：待处理财产损益——待处理流动资产损益   50

③ 2011 年 9 月 12 日，经查明短缺的散装绿茶中有 34 千克是对方少发，经联系后，对方决定不再补发商品，开来红字专用发票，并汇来退货款 1 700 元，增值税额 289 元，已存入银行。

根据红字专用发票冲销商品采购额和进项税额，做会计分录如下。

借：应收账款——甲茶场   1 989

  应交税费——应交增值税（进项税额）   289

  贷：待处理财产损益——待处理流动资产损益   1 700

根据银行收账通知，做会计分录如下。

借：银行存款   1 989

  贷：应收账款——甲茶场   1 989

3. 商品存储的账务处理

商品存储与商品购进及商品销售是相互联系、相互制约的 3 个环节。小型零售企业为了使商品流通正常进行，满足市场的需求，就需要保持适当的商品存储。

商品储存的会计核算，包括商品的盘点溢缺、调价、削价、内部调拨以及库存商品明细分类核算等内容。

（1）商品盘点溢余的核算

商品盘点溢余是指商品盘存金额大于账面结存金额的差额。造成溢余的原因包括商品自然升溢和多收、少付的差错等因素。在未查明原因以前，为使账货相符，先调整账面，按溢余商品售价金额记入"库存商品"科目，同时按进销差价金额，记入"待处理财产损益——待处理流动资产损益"和"商品进销差价"科目。等查明原因后，再从"待处理财产损益"科目转入有关科目。

【例 4-3】某小型零售企业月末盘点，××实物负责小组实际库存金额大于账面结存金额 360 元，按上月末分类差价率 14% 计算，进销差价金额为 50.40 元，原因待查，做会计分录如下。

借：库存商品——××实物小组   360.00

  贷：待处理财产损益——待处理流动资产损益   309.60

   商品进销差价   50.40

经查明原因，是商品自然升溢，经批准作经营管理费用处理，做会计分录如下。

借：待处理财产损益——待处理流动资产损益   309.60

  贷：经营费用   309.60

（2）商品盘点短缺的核算

商品盘点短缺是指商品盘存金额小于账面结存金额的差额。造成短缺的原因也是多方面的，包括商品自然损耗，少收、多付的差错，以及贪污、盗窃等因素。在未查明原因以前，为使账货相符，先调整账面，按短缺商品售价记入"库存商品"科目，同时按上月末进销差价率计算短缺商品的进价和进项税额，以及进销差价金额，分别记入"应交税金——应交增值税（进项税额）"、"待处理财产损益——待处理流动资产损益"和"商品进销差价"科目。待查明原因后，再从"待处理财产损益"科目转入有关科目。

在实际工作中，未查明原因前，也可先按售价金额转入"待处理财产损益"科目；查明原因及后处理时，再调整到"商品进销差价"科目。经查明短缺商品属于定额范围内的自然损耗，经批准做增加经营费用支出处理。若短缺商品属于自然灾害造成的损失，应将扣除残料价值和保险公司赔款后的净损失做"营业外支出——非常损失"处理。

【例4-4】某日用陶瓷商店杂货柜5月25日盘点商品，发现短缺20元，填制商品盘点短缺溢余报告单如表4-6所示。

表4-6 商品盘点短缺溢余报告单

部门：百货柜 2011年5月25日

账存金额	93 580.00	溢余金额		短缺或	销货
实存金额	93 560.00	短缺金额	20.00	溢余	错发
上月本柜组差价率			25%	原因	商品
溢余商品差价		溢余商品进价			
短缺商品差价	7.5	短缺商品进价	12.5		
领导批复		部门意见		要求做企业损失处理	

① 财会部门根据商品盘点短缺溢余报告单，做会计分录如下。

借：待处理财产损益——待处理流动资产损益 12.5
　　商品进销差价——杂货柜 7.5
　　贷：库存商品——杂货 20.00

② 30日领导批复，将25日盘缺商品12.50元做企业损失处理，做会计分录如下。

借：管理费用 12.50
　　贷：待处理财产损益——待处理流动资产损益 12.50

（3）库存商品明细分类核算

实行售价金额核算的小型零售企业，库存商品明细分类账是按营业柜组或门市部设置的，在科目中反映按售价计算的总金额用以控制各营业柜组或门市部的库存商品数额。采取分柜组差价率推算法调整商品销售成本的企业，还必须按营业柜组或门市部设置"商品进销差价"明细科目，由于"商品进销差价"是"库存商品"账户的抵减科目，在发生经济业务时，这两个账户往往同时发生变动，为了便于记账，可以将"库存商品"与"商品进销差价"科目的明细账合在一起，设置"库存商品和商品进销差价联合明细分类账"，如表4-7所示。

表4-7 库存商品和商品进销差价联合明细分类账

摘要	库存商品									商品进销差价			
	借方				贷方			借或贷	余额	借方	贷方	借或贷	余额
	购进	调入	调价增值	溢余	销售	调出	调价减值						
余额								借	36 400			贷	8378
购入	4 800										1 152		
进货退出	200										48		
调入		1 000									240		
调价增值			100								100		
销售					2 240								
调出						750				180			
调价减值							40			40			
期末余额								借	39 070			贷	9602

各营业柜组或门市部为了掌握本部门商品进、销、存的动态和销售计划的完成情况，便于向财会部门报账，每天营业结束后，应根据商品经营的各种原始凭证，编制"商品进销存日报表"一式数联，营业柜组或门市部自留一联，一联连同有关的原始凭证一并送交财会部门。财会部门复核无误后，据以入账。

【例4-5】某商店2011年4月22日编制"商品进销存日报表"，如表4-8所示。

表4-8 商品进销存日报表

部门：瓷器柜　　　　　　　　　　2011年4月22日　　　　　　　　　　编号180

项　目		金　额	项　目		金　额
昨日结存		75 345.60	销售		4 240.00
今日收入	购进	8 050.00	今日发出	调出	
	调入			发出委托加工	
	加工成品收回			调价减值	
	调价增值	3 210.20		削价	224.00
	溢余			短缺	20.00
				今日结存	82 121.80
本月销售计划		90 000.00	本月销售累计		78 054.00

（4）库存商品核算

购入商品采用进价核算的，在商品到达验收入库后，按商品进价，借记本科目，贷记"银行存款"、"在途物资"等科目。委托外单位加工收回的商品，按商品进价，借记本科目，贷记"委托加工物资"科目。

购入商品采用售价核算的，在商品到达验收入库后，按商品售价，借记本科目，按商品进价，贷记"银行存款"、"在途物资"等科目，按商品售价与进价的差额，贷记"商品进销差价"科目。委托外单位加工收回的商品，按商品售价，借记本科目，按委托加工商品的账面余额，贷记"委托加工物资"科目，按商品售价与进价的差额，贷记"商品进销差价"科目。

对外销售商品（包括采用分期收款方式销售商品），结转销售成本时，借记"主营业务成本"科目，贷记本科目。采用进价进行商品日常核算的，发出商品的实际成本，可以采用先进先出法、加权平均法或个别认定法计算确定。采用售价核算的，还应结转应分摊的商品进销差价。

第三部分　小型零售企业会计实务

一、零售商品销售的业务、成本的核算

1. 商品销售的一般方式

小型零售企业商品销售的对象是广大消费者。其销售方式是以门市销售为主，一般为现款交易，具体有两种方式。

（1）直接收款销售方式

直接收款销售是指由营业员直接付货收款的销售方式，即一手交钱、一手交货。

（2）集中收款销售方式

集中收款销售方式是在消费者选好商品后，由营业员填制销货凭证，收银员集中收款，营业员再按收款凭证发货的销售方式。

2．商品销售的一般业务的会计核算

零售商品销售的核算业务是通过"商品销售收入"、"商品销售成本"和"商品进销差价"科目进行核算的。在实行售价金额核算情况下，"库存商品"账户按零售价（含税）登记，其售价与进价的差额及销项税在"商品进销差价"账户中反映。因此，当已销商品在"库存商品"账户中转销后，理应同时转销这部分已销商品的进销差价，从而求得商品销售成本。但由于逐笔计算已销商品的进销差价，工作过于烦琐。所以，在实际工作中，一般是在月末一次计算转账。在平时为了反映各实物负责人的库存商品收、付、存情况，在商品销售后，从"库存商品"账户上注销已销商品时，直接按零售价（含税）转入"商品销售成本"账户。这样处理的结果，通常使"商品销售收入"账户和"商品销售成本"账户平时的数额相等，到一定时期（一般是月末），再通过一定的计算方法算出全月已销售商品实现的进销差价额后，一次转销"商品进销差价"账户和"商品销售成本"账户。经过调整后，"商品销售成本"账户所反映的是销售商品的进价成本。

【例4-6】某商店各营业组本日销货款记（含税）：百货5 630元，食品7 690元，服装8 060元，收入现金由收银员全部送存银行，取得银行收款单，做会计分录如下。

借：现金　　　　　　　　　　　　　　　　　　　　21 380
　　贷：主营业务收入——百货　　　　　　　　　　　　5 630
　　　　　　　　　　——食品　　　　　　　　　　　　7 690
　　　　　　　　　　——服装　　　　　　　　　　　　8 060
借：银行存款　　　　　　　　　　　　　　　　　　　21 380
　　贷：现金　　　　　　　　　　　　　　　　　　　　21 380

如果是营业组直接将销货款送存银行，以银行存款收款单报账时，可以不通过"现金"账户，直接记入"银行存款"账户。

将现金集中解存银行，取得解款单回单，做会计分录如下。

借：银行存款　　　　　　　　　　　　　　　　　　　21 380
　　贷：现金　　　　　　　　　　　　　　　　　　　　21 380

同时，按售价（含税）注销库存商品，结转商品销售成本。

借：主营业务成本　　　　　　　　　　　　　　　　　21 380
　　贷：库存商品——百货　　　　　　　　　　　　　　5 630
　　　　　　　　——食品　　　　　　　　　　　　　　7 690
　　　　　　　　——服装　　　　　　　　　　　　　　8 060

3．零售商品销售成本的调整

小型零售企业由于平时按商品售价结转商品销售成本，月末为了核算商品销售业务的经营成果，就需要通过计算和结转已销商品的进销差价，将商品销售成本由售价调整为进价。正确计算已销商品进销差价是正确核算商品销售成本和期末库存商品价值的基础。

小型零售企业计算已销商品进销差价的方法有综合差价率推算法、分柜组差价率推算法和实际进销差价计算法3种。

（1）综合差价率推算法。综合差价率推算法是根据月末调整前"商品进销差价"账户余额和"库存商品"、"受托代销商品"账户余额及本月商品销售额（含税），计算综合差价率，并按商品的存销比例，分摊商品进销差价的方法。其计算公式如下：

综合差价率=结转前商品进销差价科目余额÷（期末库存商品科目余额+

期末受托代销商品科目余额+本期商品销售收入）×100%

本期已销商品进销差价=本期商品销售收入×综合差价率

（2）分柜组差价率推算法。分柜组差价率推算法是综合差价率法核算到柜组的细化，其计算公式与综合进销差价率相同。财会部门可编制"已销商品进销差价计算表"进行计算。

【例 4-7】某超市采用分柜组差价率推算法计算商品销售成本，在 2011 年 12 月 31 日有关各明细科目的资料如表 4-9 所示。

表 4-9　　　　　　　　　　　　　已销商品进销差价计算表

营业柜组	期末库存商品科目余额	期末受托代销商品科目余额	主营业务收入科目余额	本期存销商品合计额	结转前商品进销差价科目余额	差价率	已销商品进销差价	期末商品进销差价
①	②	③	④	⑤=②+③+④	⑥	⑦=⑥÷⑤	⑧=④×⑦	⑨=⑥－⑧
首饰柜	136 000	35 000	76 000	247 000	583 00	23.60%	17 936	40 364
女装柜	294 000	75 000	128 000	497 000	237 000	47.69%	61 043.20	175 956.80
副食柜	253 100		135 600	388 700	42 300	10.88%	14 753.28	28 446.72
合计	620 100	110 000	339 600	1 132 700	337 600	29.80%	101 200.8	236 399.2

根据计算结果，做会计分录如下。

借：商品进销差价——首饰柜　　　　　　　　　　　　　40 364

　　商品进销差价——女装柜　　　　　　　　　　　　175 956.80

　　商品进销差价——副食柜　　　　　　　　　　　　 28 446.72

　　贷：主营业务成本——首饰柜　　　　　　　　　　　　40 364

　　　　主营业务成本——女装柜　　　　　　　　　　175 956.80

　　　　主营业务成本——副食柜　　　　　　　　　　 28 446.72

（3）实际进销差价计算法。实际进销差价计算法是先计算出期末商品的进销差价，进而运算已销商品进销差价的一种方法。

具体做法是：期末由各营业柜组或门市部通过商品盘点，编制"库存商品盘存表"和"受托代销商品盘存表"，根据各种商品的实存数量，分别乘以销售单价和购进单价，计算出期末库存商品的售价金额和进价金额及期末受托代销商品的售价金额和进价金额。"库存商品盘存表"和"受托代销商品盘存表"一式数联，其中一联送交财会部门，复核无误后，据以编制"商品盘存汇总表"。期末商品进销差价、已销商品进销差价的计算公式如下：

期末商品进销差价 = 期末库存商品售价金额-期末库存商品进价金额

已销商品进销差价 = 结账前商品进销差价账户余额-期末商品进销差价

【例 4-8】某超市是一家小型零售企业，采用实际进销差价计算法对存货进行核算，有关资料如表 4-10 所示。

女装柜和副食柜库存商品盘存表与生活用品专柜和女装专柜的受托代销商品盘存表均略。

表 4-10　　　　　　　　　　　库存商品盘存表

部门：生活用品专柜　　　　　　　　　　2011 年 6 月 30 日

品名	规格	计量单位	盘存数量	销售价格		购进价格		进销差价
				单价	金额	单价	金额	
音响	3 件套	套	58	150	8 700	90	5 220	3 480
茶具	6 件套	套	72	65	4 680	40	2 880	1 800
床具	4 件套	套	69	320	22 080	180	12 420	9 660
小计					35 460		20 520	14 940

根据各营业柜组的库存商品盘存表和受托代销商品盘存表编制商品盘存汇总表，如表 4-11 所示。

表 4-11　　　　　　　　　　商品盘存汇总表

2011 年 6 月 30 日

部门	结转前商品进销差价	库存商品售价金额	库存商品进价金额	受托代销商品售价金额	受托代销商品进价金额	商品进销差价	本月销售商品应结转的商品进销差价
生活用品专柜	78 917	35 460	20 520	62 000	38 000	36 281	42 636
女装柜	234 440	119 860	57 000	235 000	106 800	135 800	98 640
副食柜	48 780	63 910	29 460	20 800	11 600	32 950	15 830
合计	362 137	219 230	106 980	317 800	156 400	205 031	157 160

根据计算结果，做会计分录如下。

借：商品进销差价——生活用品专柜　　　　　　　　　42 636
　　商品进销差价——女装柜　　　　　　　　　　　　98 640
　　商品进销差价——副食柜　　　　　　　　　　　　15 830
　贷：主营业务成本——生活用品专柜　　　　　　　　　　42 636
　　　商品进销差价——女装柜　　　　　　　　　　　　98 640
　　　商品进销差价——副食柜　　　　　　　　　　　　15 830

从以上实例可以看出，采用 3 种不同的计算方法计算已销商品的进销差价，产生了 3 种不同的结果。3 种计算方法的适用范围及优缺点如表 4-12 所示。

表 4-12　　　　　　　3 种计算方法的适用范围及优缺点

项目	综合差价率推算法	分柜组差价率推算法	实际进销差价计算法
适用范围	适用于经营商品的差价率较为均衡的企业；或企业规模较小，分柜组计算差价率确有困难的企业	适用于经营柜组间差价率不太均衡的企业；或需要分柜组核算其经营成果的企业	适用于经营商品品种较少的企业，或在企业需要反映其期末库存商品实际价值时采用
优缺点	计算与核算的手续最为简便，但计算结果不够准确	计算较为简便，计算结果较为准确，但与实际相比较，仍有一定偏差	计算结果最为准确，但计算起来工作量较大

在实际工作中，为了既简化计算手续，又准确地计算已销商品进销差价，往往在平时采

取分柜组差价率推算法，到年终采用实际进销差价计算法，以保证整个会计年度核算资料的准确性。

二、预收货款商品销售、销售折扣与折让的核算

1．预收货款商品销售的核算

（1）预付货款后并没有取得商品所有权。

借：预付货款

　　贷：银行存款

（2）收到供货放专用发票和商品，付清账款。

借：在途物资

　　　应交税费

　　贷：预付账款

　　　　银行存款

（3）商品验收入库。

借：库存商品

　　贷：在途物资

2．销售折扣与折让的核算

（1）小型零售企业根据有关政策、市场情况，有时对某些商品进行适当调价。调低销售价时，按调减差价总额进行账务处理，会计分录如下。

借：商品进销差价　　　　　　　　　　　　　　　　　　×××

　　贷：库存商品——××实物负责小组　　　　　　　　　×××

（2）小型零售企业商品削价出售的会计核算。

商品削价出售是对库存中呆滞、冷背、残损、变质的商品做一次性降价出售的措施。

在发生商品残损变质等情况时，为了商品损失，应根据商品呆滞积压情况或残损变质的程度，按照规定的审批权限，报经批准后进行削价处理。

残损变质商品削价时，一般由有关营业柜组盘点数量后，填制"商品削价报告单"一式数联，报经有关领导批准后，进行削价处理。

商品削价后，可变现净值高于成本时，根据削价减值金额借记"商品进销差价"科目；贷记"库存商品"科目，以调整其账面价值。商品削价后，可变现净值低于成本时，除了根据削价减值金额借记"商品进销差价"科目；贷记"库存商品"科目，以调整其账面价值外，还应计提存货跌价准备。

【例4-9】某商店削价处理羊毛衫100件，原进价每件60元，原售价每件80元，现因存量过多，削价为50元，做会计分录如下。

借：商品进销差价　　　　　　　　　　　　　　　　　　2 000

　　商品削价准备　　　　　　　　　　　　　　　　　　1 000

　　贷：库存商品——羊毛衫　　　　　　　　　　　　　3 000

三、分期收款销售商品的核算

现行《企业会计准则》规定："分期收款销售商品，实质上具有融资性质的，应当按照应收的合同或者协议价款的公允价值确定收入金额。应收合同或协议价款的公允价值，通常

应当按照其未来现金流量现值或商品现值之间的差额，应当在合同或者协议期间内，按照应收款项的摊销成本与实际利率计算确定的金额进行摊销，冲减财务费用。"即企业按应收合同或者协议的价款，借记"长期收款"科目，按应收合同或者协议价款的公允价值（折现值），贷记"主营业务收入"科目，按其差额，贷记"未实现融资收益"科目。

自我练习

一、填空题

1. 无店铺零售业有（　　　）、（　　　）、（　　　）。
2. 零售企业的基本经营方式有（　　）、（　　）、（　　）、（　　）、（　　）、（　　）。
3. 折价销售会计处理应借记（　　　　），贷记（　　　）。
4. 预收货款商品销售会计处理应借记（　　　），贷记（　　　）。
5. 采购管理应遵循五适原则为（　　）、（　　）、（　　）、（　　）、（　　）。
6. 采购时间的类型有（　　）、（　　）、（　　）。
7. 商品的购进原则有（　　）、（　　）、（　　）。
8. 小型零售企业商品销售的方式有（　　）、（　　）、（　　）。
9. 综合差价率公式为（　　　　）。
10. 已销商品进销差价的计算公式为（　　　）。

二、实训题

1. 商品购进的核算

（1）1日，业务部门转来某电扇厂开来的专用发票，开列华生牌台扇400台，每台160元，记货款64 000元、增值税额10 880元，并收到自行填制的收货单（结算联）。经审核无误，当即签发转账支票付讫。

（2）3日，储运部门转来收货单（入库联），向某电扇厂购进的华生牌台扇400台，每台160元。扇已全部验收入库，结转其采购成本。

（3）7日，开箱复核商品，发现3日入库的华生牌台扇有20台质量不符要求，与某电扇厂联系后其同退货，收到其退货的红字专用发票，应退货款3 200元、增值税额544元，并收到业务部门转来的进货退出单（结算联）。

（4）8日，储运部门转来进货退出单（出库联），将20台质量不符要求的华生牌电扇退还厂方，并收到对方退还货款及增值税额的转账支票3 744元，存入银行。

（5）8日，哈尔滨制糖厂发来棉白糖，附来专用发票（发货联）537号，验收时实收棉白糖14 948千克，短缺52千克，每千克3.40元。储运部门送来商品购进短缺报告单，原因待查。

（6）8月10日，将200台多灵牌收录机发给浦江商厦，成本单价为440元，销售单价为470元，增值税率为17%，采用分期收款销售方式。合同规定发货后隔半个月结算一次，每次收取25%。

2. 售价金额核算

1日，业务部门转来上海百货公司专用发票，购进各种牙膏、香皂等商品一批，记货款

11 100 元，增值税 1 887 元，当即签发转账支票付讫。

三、思考题

1. 小型零售企业的特点有哪些？
2. 小型零售企业的会计核算特点有哪些？
3. 零售企业会计的工作流程有哪些？
4. 小型零售企业的确认标准有哪些？
5. 企业采购机构的设计原则有哪些？
6. 按零售价记账的概念是什么？
7. 按成本价记账的概念是什么？
8. 直接收款销售方式有哪些？
9. 综合差价率推算法适用范围有哪些？
10. 实际进销差价计算法适用范围有哪些？

项目五　商品会计

案例导读

华金商场交电组从宏盛自行车厂购入自行车零件一批，进价为 2 000 元，应支付的增值税额为 340 元，供方代垫的运杂费为 300 元，计算运费准予扣除的进项税额 25 元，其余部分记入当期损益。接到银行转来的有关凭证，审核无误支付款项。该企业编制如下会计分录。

借：在途物资——宏盛自行车厂　　　　　　　　　　　　　　　2 000
　　应交税费——应交增值税（进项税额）　　　　　　　　　　365
　　销售费用　　　　　　　　　　　　　　　　　　　　　　　275
　　贷：银行存款　　　　　　　　　　　　　　　　　　　　　　　　2 640

商品到达，经交电组验收入库，该批商品的含税售价为 3100 元。编制如下会计分录。

借：库存商品——交电组　　　　　　　　　　　　　　　　　　3 100
　　贷：商品进销差价——交电组　　　　　　　　　　　　　　　　　1 100
　　　　在途物资——宏盛自行车厂　　　　　　　　　　　　　　　　2 000

根据此案例可以了解，商品流通企业是以商品的购进、调拨、存储和销售等经济活动为主营业务，实现商品从流通领域向消费领域转移的经济组织。商品流通企业，一方面从生产单位或其他企业购进商品，另一方面向消费者提供商品。同时，要调剂市场供求，满足社会生产、人民生活的需要。

商品流通企业会计是应用于商品流通企业的一门专业会计，它是商品流通企业经济管理的重要组成部分。商品流通企业进行会计核算工作，必须遵循一定的原则和规定，采取一定的方法和步骤，遵守一定的程序和规范。

第一部分　基础知识

一、商品购销范围和交接货方式

1. 商品的购进范围

购进是为了销售或加工后销售，通过货币结算而购进商品的交易行为。商品购进必须同时具备两个条件：一是购进商品的目的是为了销售；二是通过货币结算取得商品所有权。因此，商品购进的范围是：向国内各种所有制的生产企业和其他商品流通企业购进的商品以及从国外进口的商品。

2. 商品销售范围

销售是商业企业出售本企业所经营的商品，通过货币结算转移商品的所有权。商品销售也必须同时具备两个条件：一是销售本企业所经营的商品；二是通过货币结算转移商品所有权。因此，商品销售的范围是：售于国内生产单位或其他商品流通企业等用于生产和消费的商品，售于集体、个人生活消费的商品，以及供应出口的商品。

二、商品购销的入账时间和入账价格

商品购销的过程就是商品所有权转移的过程。因此，商品购销的入账时间应以商品所有权转移的时间为依据。在实际工作中，不同的商品交接方式和结算方式应做不同的处理。

1．商品购进的入账时间

商品购进的入账时间应以支付货款的时间为依据。

（1）本地购进，应以支付货款作为商品购进的入账时间。

（2）外地购进，商品先到，货款后付的情况下，应以收到商品的时间为商品购进的入账时间。但为简化核算手续，凡月份内能结算货款的，仍以付款时间作为商品购进的入账时间。凡月份内不能结清货款的，月终补做商品购进入账。

（3）进口商品以支付货款为购进的入账时间。

（4）预付货款，以收到所购商品的时间而不能以预付货款的时间作为商品购进的入账时间。

2．商品销售的入账时间

以发出商品，收入货款或取得收款权利的时间作为依据。

（1）本地销售，以实际收到货款或取得收取货款的凭证、发票账单和提货单已交给购货方（无论商品是否发生）时，作为商品销售入账时间。

（2）异地销售，以商品已经发出并办妥托收手续时，作为销售入账时间。

（3）分期收款，以本期收到货款或以合同约定的本期应收款的日期作为商品销售入账时间。

（4）预收款销售，以实际发生商品销售时为销售入账时间。

3．商品购进的入账价格

商品购进价格，即商品购进成本，是以原则上的进货原价和购入环节交纳的税金，作为购进入账价格。

（1）向生产单位购进的商品，按生产单位的出厂价作为商品购进的入账价格。从商业系统内部调入的商品，以调拨价和批发价入账。

（2）向农业生产者购进的农副产品，如属直接收购的按收购价入账；属应税产品的，以收购价加收购税金入账。

（3）进口商品，其入账价格应包括进口商品在到达目的港以前发生的各种支出，包括进价、进口税金、购进外汇价差、支付给委托单位的有关费用。

4．商品销售的入账价格

商品销售的入账价格，应以出售商品的实际价格为入账价格。

（1）商业批发企业直接供应给生产部门和零售企业、基层供销社的商品，按批发价作为商品销售的入账价格。

（2）零售企业或基层供销社直接供应给消费者的商品，按零售价扣除增值税作为销售入账价格。

（3）商业企业采用浮动价、批量作价，按协商价即实际开票价作为销售入账价格。

（4）出口商品以离岸价（FOB）为销售入账价格，如果合同确定的价格不是离岸价，在出口商品离岸以后支付的运费，如保险费、佣金等，应冲减出口销售收入；企业收到的佣金，应增加当期出口销售收入。

三、商品流通的核算方法

按照商品具有使用价值和价值两种属性的理论，商品核算应该既要反映商品的使用价值，又要反映商品的价值。商品流通的核算方法如表5-1所示。

表5-1　　　　　　　　　　　　　　　　商品流通的核算方法

核算方法	进价核算		售价核算	
	以库存商品的购进价格来反映和控制商品购进，销售和储存情况的一种核算方法		以库存商品的销售价格来反映和控制商品购进，销售和储存情况的一种核算方法	
	进价金额核算	数量进价金额核算	售价金额核算	数量售价金额核算
具体内容	库存商品总分类账户和明细分类账户都只反映商品的进价金额，不反映实物数量的一种核算方法。平时销货账务处理，只核算销售收入，不核算销售成本。月末采取"以存计销"的方法，通过实地盘点库存商品，倒记商品销售成本。其计算公式为：本期商品销售成本=期初库存商品+本期进货总额－期末库存商品进价金额	库存商品的总分类账户和明细分类账户除均按进价金额反映外，同时明细分类账户还必须反映商品实物数量的一种核算方式。根据企业经营管理需要，在"库存商品"总分类账和明细分类账之间，可设置"库存商品"类目账，按商品大类分户，记载商品进、销、存金额	库存商品总分类账户和明细分类账户都只能反映商品的售价金额，不反映实物数量的一种核算方法。设置"商品进销差价"账户。由于"库存商品"账户按售价反映，而商品购进支付的货款是按进价计算的；因此，设置"商品进销差价"账户，以反映商品进价与售价之间的差价，正确计算销售商品的进价成本	库存商品除总分类账户和明细分类账户均按售价金额反映外，同时明细分类账户还必须反映商品实物数量的一种核算方法。设置"商品进销差价"账户，记载售价金额和进价金额之间的差额，定期分摊已销商品进销差价，计算已销商品进价成本和结存商品的进价金额
优缺点	优点：记账手续最为简便，工作量小。缺点：平时不能反映商品进、销、存的数量	优点：按品名、规格来反映和监督每种商品进、销、存的数量和进价金额的变动情况，可加强库存商品的控制和管理。缺点：记账工作量大	优点：控制商品的售价。缺点：不易发现商品滥缺	优点：加强对库存商品的管理与控制。缺点：记账工作量大
适用范围	经营鲜活商品的零售企业	批发企业和部分专业性零售企业	综合性零售企业和部分专业性零售企业	小型批发企业和部分专业性零售企业

第二部分　基本技能

一、批发商品购进的核算

1．库存商品账簿的设置与登记

在数量进价金额核算法下，批发商品流转核算必须先进行库存商品账簿的设置和登记。

（1）库存商品总账

"库存商品"科目属资产类科目，核算批发企业全部自有的库存商品，包括存放在仓库及门市部和寄存在外库的商品、委托其他单位代管代销的商品、陈列展览的商品等。其借方登记批发企业库存商品的增加，贷方登记库存商品的减少；其余额为库存商品的实存数额。

（2）库存商品明细账

库存商品明细账的分户方法如表5-2所示。

表5-2　　　　　　　　　　　　库存商品明细账的分户方法

分户方法	具体内容
按商品的品名、编号、规格的等级分户	采用这种分户方法，只要是同一品名、编号、规格和等级的商品，不论其进价批次是否相同，都在同一分户账页上连续登记
按商品的品名、编号、规格和等级，结合同一进货单价分户	采用这种分户，是将品名、编号、规格和等级，进货单价相同的商品，在同一账页上连续登记
按商品的品名、编号、规格和等级，结合进货批次分户	采用这种分户方法，是将品名、编号、规格和等级相同的商品，按每一进货批次开设明细科目

库存商品明细账的设置方法有业务、保管、财会部门各设一套库存商品明细账；业务和财会部门合并设置一套库存商品明细账；业务、仓库和财会部门合设一套库存商品明细账 3 种方法。

2．商品购进一般业务的核算

批发企业购进商品，有3种不同的情况。

（1）支付进货款和收到商品同时完成的核算。库存商品采用数量进价金额核算的批发企业，其购进商品支付进货款和商品验收入库同时完成。

借：库存商品（根据验收入库的商品进价成本）

　　应交税费——应交增值税（进项税额）（根据专用发票上注明的增值税额）

　　贷：银行存款/库存现金/其他货币资金等（根据实际支付的上述款项）

（2）先支付货款或开出、承兑商业汇票，后收到商品。在这种情况下，批发企业对已付货款或已开出、承兑商业汇票的事项以及在途情况，都必须如实反映，进行监督管理。

借：在途物资（根据商品采购成本）

　　应交税费——应交增值税（进项税额）（根据专用发票上注明的增值税额）

　　销售费用（根据应付的有关费用）

　　贷：银行存款（根据实际支付的上述款项）/应付票据（根据开出、承兑商业汇票的面值）

商品到达验收入库后

借：库存商品（根据商品进价）

　　贷：在途物资

（3）先收到商品，后支付货款或开出、承兑商业汇票。批发企业在验收商品时，如果尚未收到结算凭证，不知商品款项数额，无法付款，因此，待收到结算凭证，付款时才编分录。

但到月终，为了真实反映企业实际拥有的资产和负债，同时也为了保持总账与明细账的一致，正确编制资产负债表，需要对尚未付款的已入库商品按暂估价入账。

借：库存商品

　　贷：应付账款

下月初再用红字冲回。

【例 5-1】某公司从浙江购进一批计算器并验收入库，发票等结算单据未到，货款尚未支付，月末按53 000元的暂估价值入账。该公司编制会计分录如下。

借：库存商品——计算器　　　　　　　　　　　　53 000

　贷：应付账款——浙江××公司 53 000

下月初用红字冲回时，编制如下会计分录。

借：库存商品——计算器 53 000

　贷：应付账款——浙江××公司 53 000

下月 10 日，该公司收到计算器的增值税专用发票，计算器进价 60 000 元，增值税额为 10 200 元，运杂费为 2 000 元（运杂费中可抵扣的增值税略），上述款项均以银行存款支付。该公司应编制如下会计分录。

借：库存商品——计算器 12 000

　　应交税费——应交增值税（进项税额） 10 200

　贷：银行存款 22 200

3. 预付货款的核算

预付货款是企业按照购货合同规定预付给供应单位的款项。企业按合同规定预付货款时，借记"预付账款"账户，货记"银行存款"账户；收到所购商品时，根据专用发票列明的商品采购成本，借记"物资采购"账户，根据专用发票列明的增值税额，借记"应交税费——应交增值税（进项税额）"账户，按所付全部款项，贷记"预付账款"账户，退回多付的货款，借记"银行存款"账户，贷记"预付账款"账户；补付少付货款的账务处理与预付货款相同。

【例 5-2】某批发企业从外地甲公司预订电饭锅 100 个，每个 300 元，货款为 30 000 元，增值税进项税额为 5 100 元。按订货合同规定，应先向供货单位预付货款 10 000 元，交货后再补足余款。该企业编制如下会计分录。

① 预付货款

借：预付账款——甲公司 10 000

　贷：银行存款 10 000

② 收到所预订商品

借：库存商品——电饭锅 30 000

　　应交税费——应交增值税（进项税额） 5 100

　贷：预付账款——甲公司 35 100

③ 补付余款

借：预付账款——甲公司 25 100

　贷：银行存款 25 100

二、批发商品销售的核算

1. 销售商品收入确认的条件

批发企业销售商品时，确认收入需同时符合以下 5 个条件。

① 企业已将商品所有权上的风险和报酬转移给买方。

② 企业既没有保留通常与所有权相联系的继续管理权，也没有对已售出商品实施控制。

③ 收入的金额能够可靠地计量。

④ 相关的经济利益能够流入企业。

⑤ 相关的已发生或将发生的成本能够可靠的计量。

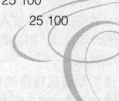

2．提货制商品销售的核算

批发商品的销售因其销售地点和对象所在地不同，可分为本地销售和异地销售等。"提货制"一般用于本地商品销售。

批发企业采用提货制销售方式，一般是购货方到供货方提出所选购商品的品种、数量，供货方业务部门根据购货方选购的商品，填制"发货票"一式数联，交购货方收款处办理货款结算，然后将"发货票"及"提货单"交购货方到指定仓库自行办理提货。

每天营业结束，业务部门根据有关销售凭证填制"销货日报表"送交财会部门；收款部门根据专用发票"存根联"填制"收款日报表"连同当天收到的支票、现金送存银行的"进账单"，一并送交财会部门。财会部门将"销货日报表"与"收款日报表"核对后进行账务处理。借记"银行存款"科目，贷记"主营业务收入"、"应交税费——应交增值税（销项税额）"科目。

批发商品销售的核算，除反映商品销售收入外，还应反映商品销售成本。批发商品销售成本的计算和结转，一般有逐日结转和定期结转两种方法。结转商品销售成本时，根据商品销售进价借记"主营业务成本"科目，贷记"库存商品"科目。

3．发货制商品销售的核算

批发商品异地销售，一般采用发货制和托收承付、委托收款结算方式。采用发货制销售，现有业务部门根据购销合同有关规定，填制发货单一式数联分送各有关部门。储运部门根据"发货单"向仓库提货和向运输单位办理托运手续。办妥商品发运手续后，再将运单及发货单（结算联）送财会部门，据以办理托收货款手续。代购货单位垫付的运杂费，也随同货款一并托收。

【例5-3】2011年3月10日，某批发商业企业采用托收承付方式向甲公司销售运动服装一批，增值税发票上注明该批服装的不含税价为50 000元，增值税额为8 500元，商品已经发出，并向银行办理了托收手续。商品的成本为20 000元。该企业编制如下会计分录。

① 确认商品销售收入

借：应收账款——甲公司   58 500

 贷：主营业务收入   40 000

   应交税费——应交增值税（销项税额）   8 500

② 结转商品销售成本

借：主营业务成本   20 000

 贷：库存商品   20 000

若发出的商品不符合收入确认条件，但如果销售该商品的纳税义务已经发生，比如已经开出增值税专用发票，则应确认应交的增值税销项税额；如果纳税义务没有发生，则不需确认应交的增值税。

4．送货制商品销售的核算

采用先收货款的送货制方式，其商品销售账务处理与提货制相同。为了反映和监督运送商品的增减情况，对于已送出的商品，要在"发出商品"科目核算，待商品有购货方验收并符合企业确认商品销售条件后，再从"发出商品"账户转入"主营业务成本"账户。

【例5-4】某批发企业采用验货付款送货制方式售给甲商场一批皮包，计价款40 000元，应收取增值税额为6 800元，该批皮包的进价为25 000元。该企业编制如下会计分录。

① 商品运出时，根据"发货票"的"出库凭证"联编制会计分录如下。

借：发出商品——甲商场——皮包   25 000

贷：库存商品——皮包   25 000

② 收到商场的验货凭证及货款，据以编制会计分录如下。

借：银行存款   46 800

贷：主营业务收入   40 000

应交税费——应交增值税（销项税额）   6 800

③ 同时结转该批销售商品的成本，编制会计分录如下。

借：主营业务成本   25 000

贷：发出商品——甲商场——皮包   25 000

5. 预收款销售商品的核算

批发企业向购货单位预收款项时，借记"银行存款"科目，贷记"预收账款"科目；销售实现时，按实现的收入和应交的增值税销项税额，借记"预收账款"科目，按实现的营业收入，贷记"主营业务收入"科目，按专用发票上注明的增值税额，贷记"应交税费——应交增值税（销项税额）"等科目。购货单位补付的款项，借记"银行存款"科目，贷记"预收账款"科目；退回多付的款项，做相反会计分录。

【例5-5】2006年6月1日，某批发公司与甲公司签订协议，采用预收款方式向甲公司销售商品。该批商品实际成本为200 000元。协议约定，该批商品销售价格为400 000元，增值税额为68 000元，甲公司应在协议签订时预付价税款的60%，剩余货款于8月31日前付清。该企业编制如下会计分录。

① 收到60%货款

借：银行存款   280 800

贷：预收账款——甲公司   280 800

② 收到款项

借：预收账款——甲公司   280 800

银行存款   119 200

贷：主营业务收入   400 000

应交税费——应交增值税（销项税额）   68 000

借：主营业务成本   200 000

贷：库存商品——某商品   200 000

6. 委托代销商品的核算

委托代销商品有两种核算方式：一种是将代销商品视同自销的核算；另一种是以收取手续费方式委托代销商品的核算。

【例5-6】2010年9月1日，某批发企业委托甲公司销售一批商品，该批商品协议售价为30 000元，成本为16 000元，增值税税率为17%。2010年11月1日，某批发企业收到甲公司开来的代销清单时开具增值税专用发票，发票上注明售价30 000元，增值税5 100元。甲公司实际销售时开具的增值税专用发票上注明售价42 000元，增值税为7 140元。假定按代销协议，甲公司可以将没有代销出去的商品退回给某批发企业。

方式一，该企业编制的会计分录如下。

① 将商品交付甲公司

借：发出商品   16 000

贷：库存商品   16 000

② 收到代销清单

借：应收账款——甲公司 35 100

　　贷：主营业务收入 30 000

　　　　应交税费——应交增值税（销项税额） 5 100

借：主营业务成本 16 000

　　贷：发出商品 16 000

③ 收到甲公司货款

借：银行存款 35 100

　　贷：应收账款——甲公司 35 100

方式二，假定某批发企业与甲公司签订的代销协议规定：甲公司应按售价30 000元的价格对外销售，某批发企业按售价的10%支付手续费；2010年10月18日，甲公司对外售出商品，向买方开具的增值税专用发票上注明某商品售价30 000元，增值税额5 100元。11月1日，某批发企业收到甲公司交来的代销清单，并向甲公司开具了一张相同金额的增值税发票。11月10日，某批发企业收到甲公司支付的商品代销款（已扣手续费）。该企业编制会计分录如下。

① 发出商品

借：发出商品 16 000

　　贷：库存商品 16 000

② 收到代销清单

借：应收账款——甲公司 35 100

　　贷：主营业务收入 30 000

　　　　应交税费——应交增值税（销项税额） 5 100

借：主营业务成本 16 000

　　贷：发出商品 16 000

借：销售费用——代销手续费 3 000

　　贷：应收账款——甲公司 3 000

③ 结算贷款及手续费

借：银行存款 32 100

　　贷：应收账款——甲公司 32 100

7. 受托代销商品的核算

受托代销商品所有权不属于本企业，应当作为表外科目核算，但由于批发企业受托代销商品业务规模较大，而且往往与本企业自由的商品在实物形态上难以划分。为了加强受托代销商品的管理，按照会计准则的规定，批发企业应设置"受托代销商品"和"代销商品款"科目进行核算。批发企业以收手续费方式接受代购代销业务所发生的代购、代销手续费收入，记入"主营业务收入"或"其他业务收入"科目。

【例5-7】2010年9月1日，某批发企业委托甲公司销售一批商品，该批商品协议售价为30 000元，成本为16 000元，增值税税率为17%。2010年11月1日，某批发企业收到甲公司开来的代销清单时开具增值税专用发票，发票上注明售价30 000元，增值税5 100元。甲公司实际销售时开具的增值税专用发票上注明售价42 000元，增值税为7 140元。甲公司接受某批发企业的委托代销部分商品。假定甲公司同为批发企业，该企业受托代销商品的核算也有两种方法。

方法一，将代销商品作为自营商品处理，其会计分录如下。

① 收到代销商品

借：受托代销商品	30 000
贷：代销商品款	30 000

② 销售代销商品

借：银行存款	40 950
贷：主营业务收入	35 000
应交税费——应交增值税（销项税额）	5 950
借：主营业务成本	30 000
贷：受托代销商品	30 000
借：代销商品款	30 000
贷：应付账款——某批发企业	30 000

③ 结算货款及税款

借：应付账款——某批发企业	30 000
应交税费——应交增值税（进项税额）	5 100
贷：银行存款	35 100

方法二，仅收取手续费方式。其会计分录如下。

① 收到商品

借：受托代销商品	30 000
贷：代销商品款	30 000

② 实际销售商品，交付代销清单

借：银行存款	35 100
贷：应付账款——某批发企业	30 000
应交税费——应交增值税（销项税额）	5 100

③ 收到增值税专用发票

借：应交税费——应交增值税（进项税额）	5 100
贷：应付账款——某批发企业	5 100
借：代销商品款	30 000
贷：受托代销商品	30 000

④ 结算货款及手续费

借：应付账款——某批发企业	35 100
贷：银行存款	32 100
主营业务收入	3 000

第三部分　商业会计实务

一、投入资本的核算

1. 投入资本的概念

投入资本是投资者作为资本实际投入到企业的资金数额。投入资本与实收资本是联系密切的两个概念。实收资本（或股本），是指投资者按照企业章程或合同、协议的约定，实际投入企业的资本。一般情况下，投资者投入资本，即构成企业的实收资本。

2．投入资本的规定

2006 年 1 月 1 日施行的《中华人民共和国公司法》规定，取消原规定的按照公司经营内容区分最低注册资本额的规定；允许公司按照规定的比例在 2 年内分期缴清出资，投资公司从款规定可以在 5 年内缴足；将最低注册资本额降至人民币 3 万元。同时规定：公司全体股东的首次出资额不得低于注册资本的 20%。

3．投入资本的形式

在我国，投资者投入资本可以采取表 5-3 所示的几种形式。

表 5-3　　　　　　　　　　　投资者投入资本的形式

形　式	具体内容
以货币资金投资	投资者直接以现金、银行存款向企业出资。如国家直接向企业拨款，国家、其他法人或个人以货币资金认购企业股份等进行投资以及外商以某种外币投入资本
以实物资产和有价证券投资	实物资产投资是指投资者以一定数量的实物资产向企业进行的投资，这些实物资产主要包括：机器设备、房屋建筑等固定资产，原材料、产成品等流动资产 有价证券投资是指以持有的其他单位的债券或股票等有价证券进行的投资
以无形资产投资	投资者以工业产权、非专利技术、土地使用权等无形资产向企业进行的投资

4．投入资本的计价

投入资本的计价方式及内容如表 5-4 所示。

表 5-4　　　　　　　　　　　投入资本的计价方式及内容

方　式	具体内容
以货币方式出资的计价	按实际收到的款项作为投资者的投资入账。投入的外币需要采用不同的汇率折算为记账本位币
以实物出资方式的计价	以建筑物、厂房、机器设备、材料及其他物资等投入，计价的依据是投资各方确认的价值
以无形资产出资方式的计价	按投资双方所确认的价值入账。2006 年 1 月 1 日施行的《中华人民共和国公司法》规定：无形资产进行投资（不包括土地使用权），不得超过企业注册资本的 20%，特殊情况下需要超过 20% 的，应经有关部门审查，但最高不得超过注册资本的 35%

5．会计科目的设置

（1）"股本"科目。股份有限公司发行股票，不论是普通股还是优先股，均应设置"股本"科目进行核算。该科目贷记已发行的股票面值，借记登记经批准核销的股票面值，贷方余额反映发行在外的股票面值。其明细账应按股票的类别设置。

（2）"实收资本"科目。该科目核算企业实际收到投资者投入的资本。企业受到投资者投入的资金，超过其在注册资本中所占份额的部分应作为资本溢价，在"资本公积"科目核算，不记入"实收资本"科目。

6．实收资本的核算

（1）投资者以货币投入资本，应以实际收到或者存入企业开户银行的金额，借记"银行存款"科目，按投资者应享有企业注册资本的份额计算的金额，贷记"实收资本"科目，按其差额，贷记"资本公积——资本溢价"科目。

【例5-8】某有限责任公司收到甲公司投入资本金2 000 000元，款项受托存入银行。

借：银行存款　　　　　　　　　　　　　　　　2 000 000

　　贷：实收资本——甲公司　　　　　　　　　　2 000 000

（2）投资者以非现金资产投入的资本，应按投资各方确认的价值，借记有关资产科目，按投资者应享有企业注册资本的份额计算的金额，贷记"实收资本"科目，按其差额，贷记"资本公积——资本溢价"科目。

【例5-9】有甲、乙、丙3位投资者，共同出资设立甲乙丙有限责任公司，投资者甲以房产作为出资，该房产的原价为150万元，已提折旧为20万元，投资各方的确认价为150万元；投资者乙以一专利权出资，该专利权的账面余值为60万元，各方确认价为60万元；投资者丙以原材料出资，投资各方确认的价值为200万元，增值税34万元。做会计分录如下。

借：固定资产——房屋建筑物　　　　　　　　　1 500 000

　　无形资产——专利权　　　　　　　　　　　　500 000

　　材料　　　　　　　　　　　　　　　　　　2 000 000

　　应交税金——应交增值税（进项税额）　　　　340 000

　　贷：实收资本——投资者甲　　　　　　　　　1 500 000

　　　　　　　　——投资者乙　　　　　　　　　　500 000

　　　　　　　　——投资者丙　　　　　　　　　2 340 000

（3）投资者以外币投入的资本，合同约定汇率的，应按收到外币当日的汇率折合的记账本位币金额，借记"银行存款"等科目，按合同约定汇率折合的记账本位币金额，贷记"实收资本"科目，按其差额，借记或贷记"资本公积（外币资本折算差额）"科目；合同没有约定汇率的，应按收到出资额当日的汇率折合的记账本位币金额，借记"银行存款"科目，贷记"实收资本"科目。

二、资本公积的核算

1．资本公积的概念

资本公积是指由投资者投入但不能构成实收资本，或从其他来源取得，由所有者享有的资金，它属于所有者权益的范畴。资本公积由全体股东享有，其形成有其特定的来源，与企业的净利润无关。

2．资本公积的内容

（1）资本溢价，是指企业投资者投入的资金超过其在注册资本中所占份额的部分。

（2）接受捐赠非现金资产准备，是指企业因接受非现金资产捐赠而增加的资本公积。

（3）外币资本折算差额，是指企业接受外币投资因所采用的汇率不同而产生的资本折算差额。

（4）其他资本公积，是指除上述各项资本公积以外所形成的资本公积，以及从资本公积各准备项目转入的金额。债权人豁免的债务也在本项目核算。

3．资本公积的核算

（1）资本溢价的核算

企业收到投资者投入的资产，应该实际收到的金额或确定的价值，借记"银行存款"、"固定资产"等科目，按其应享有企业注册资本的份额计算的金额，贷记"实收资本"科目，按其差额，贷记"资本公积——资本溢价"科目。

【例5-10】某商业有限责任公司是由股东甲、乙各出资 4 000 000 元设立的，经过 3 年经营后已有盈余公积、未分配利润为 2 000 000 元，现有丙投资者欲出资投资该企业，准备占有该企业注册资本的 20%。该有限责任公司同意增资 2 000 000 元，使其注册资本扩充到 10 000 000 元，并让丙占有 20%的投资比例。编制会计分录如下。

设丙投资者应该投入 x 元，则有下列等式：

$$（8\,000\,000+2\,000\,000+x）×（1-20\%）=10\,000\,000$$

解得 $x=2\,500\,000$

直接增加实收资本的金额=10 000 000×20%=2 000 000（元）

资本溢价=2 500 000-2 000 000=500 000（元）

收到丙投资者货币资金交款时，编制如下会计分录。

借：银行存款　　　　　　　　　　　　　　　　　　　　　　2 500 000
　　贷：实收资本——丙投资者　　　　　　　　　　　　　　　　　　2 000 000
　　　　资本公积——资本溢价　　　　　　　　　　　　　　　　　　　500 000

（2）接受的货币性及非货币性资产捐赠的核算

如果接受捐赠待转的资产价值全部记入当期应纳税所得额，应借记"代转资产价值——接受捐赠货币性资产价值"或"代转资产价值——接受捐赠非货币性资产价值"科目，贷记"应交税金——应交所得税"科目，按其差额，贷记"资本公积——其他资本公积"或"资本公积——接受捐赠非现金资产准备"科目。"资本公积——接受捐赠非现金资产准备"科目是过渡性科目，在未来处置该项接受捐赠的非货币性资产时，应将"资本公积——接受捐赠非现金资产准备"科目的金额转入"资本公积——其他资本公积"。

如果接受捐赠的非货币性资产金额较大，经批准可以在规定期限内分期平均记入各年度应纳税所得额的，应借记"代转资产价值"科目，贷记"应交税金——应交所得税"科目，按其差额，贷记"资本公积——接受捐赠非现金资产准备"科目。

【例5-11】企业甲接受原材料的捐赠，期转资产价值为 200 000 元，期末全部记入当期的应纳税所得额。由于该企业本年出现亏损 150 000 元，该笔捐赠资产可先弥补亏损。该企业所得税率为 15%，期末时，相关的会计处理如下。

代转资产价值应纳所得税=（200 000-150 000）×15%=7 500（元）

转入资本公积的金额=200 000-150 000-7 500=42 500（元）

借：代转资产价值——接受捐赠非货币性资产价值　　　　　200 000
　　贷：应交税金——应交所得税　　　　　　　　　　　　　　　　　7 500
　　　　利润分配——其他转入　　　　　　　　　　　　　　　　　150 000
　　　　资本公积——接受捐赠非现金资产准备　　　　　　　　　　　42 500

（3）外币资本折算差额的核算

企业收到投资者投入的外币，借记"银行存款"等科目，贷记"实收资本"科目，按其差额，借记或贷记"资本公积——外币资本折算差额"科目。

【例5-12】甲、乙两个投资者共同出资设立一家有限责任公司，注册资本确定为 2 000 000 元，甲出资人民币 1 200 000 元，乙出资美元 10 000 元，投资者合同约定的折算率为 1∶8.0，出资当日的市场汇率为 1∶8.1，出资额全部到位。做会计分录如下。

借：银行存款——人民币户　　　　　　　　　　　　　　　　1 200 000

		810 000
贷：实收资本——投资者甲		1 200 000
——投资者乙		800 000
资本公积——外币资本折算差额		10 000

（4）其他资本公积的核算

反映企业除上述各项资本公积以外所形成的资本公积，以及从资本公积各准备项目转入的金额。债权人豁免的债务也在本明细账户中核算。记入"其他资本公积"的金额可以按规定转增资本（或股本）。

三、借入资金的核算

借入资金的核算如表5-5所示。

表5-5　　　　　　　　　　　　借入资金的核算

含义	企业向银行或其他金融机构借入的资金	
借款的分类	短期借款	
	长期借款	
账户设置	财务费用	企业为筹集生产经营所需资金等发生的费用
	预提费用	属于负债类账户，用来核算预先提取作为本期费用而在以后时期实际支出的各项费用
	短期借款	限期在1年以内的借款
	长期借款	限期在1年以上的借款

1．短期借款的核算

（1）短期借款的含义：还款期不超过1年的借款。

（2）用途：弥补企业临时性经营周转或季节性原因等出现的资金暂时不足。

（3）特点：占用时短、成本低、见效快。

（4）短期借款利息的确认与计量。

确认：财务费用

计量：短期借款=借款本金×利率×时间

（5）短期借款的核算。

商品流通企业接入各种短期借款，借记"银行存款"科目，贷记"短期借款"科目；归还借款做相反的会计分录。资产负债表日，应按计算确定的短期借款利息费用，借记"财务费用"。

2．长期借款的核算

（1）长期借款的含义：还款期超过1年的借款。

（2）用途：满足企业进行固定资产构建的需要，如固定资产的购置和新建、改建或扩建工程等。

（3）特点：占用时间长、成本高、见效慢。

（4）长期借款的核算。

商品流通企业借入长期借款时，按实际收到的金额，借记"银行存款"科目，贷记"长期借款——本金"科目，如有差额，应借记"长期借款——利息调整"科目。

资产负债表日，应按摊余成本和实际利率计算确定的长期借款的利息费用，根据借款具体用途，分别借记"在建工程"、"财务费用"、"研发支出"等科目；按合同约定的名义利率计算确定的应付利息金额，贷记"长期借款——应计利息"或"应付利息"科目；按其差额，贷记"长期借款——利息调整"科目。

归还长期借款本金时，借记"长期借款——本金"科目，贷记"银行存款"科目。同时，按应转销的利息调整、应计利息金额，借记或贷记"在建工程"、"财务费用"、"研发支出"等科目，贷记或借记"长期借款——利息调整、应计利息"科目。

自我练习

一、填空题

1. 通常采用的商品交接方式一般有（　　）、（　　）和（　　）3 种。

2. 向生产单位购进的商品，按生产单位的（　　）作为商品购进的入账价格。从商业系统内部调入的商品，以（　　）和（　　）入账。

3. 向农业生产者购进的农副产品，如属直接收购的按（　　）入账；属应税产品的，以（　　）入账。

4. 商业批发企业直接供应给生产部门和零售企业、基层供销社的商品，按（　　）作为商品销售的入账价格。

5. 零售企业或基层供销社直接供应给消费者的商品，按（　　）作为销售入账价格。

6. 商品流通的核算方法有（　　）、（　　）、（　　）、（　　）。

7. 批发企业购进商品，有（　　）、（　　）和（　　）3 种不同的情况。

8. 批发企业向购货单位预收款项时，借记（　　）科目，贷记（　　）科目。

9. 委托代销商品有（　　）、（　　）两种核算方式。

10. 批发商品库存的核算方法应采用（　　）、（　　）核算方法。

二、实训题

1. 某商业企业向本市新海内衣厂购进男棉毛衫 1 000 包（一包 10 件），每包单价 86 元，计 86 000 元；进项税率 17%，计 14 620 元。价税合计 100 620 元，商品全部到达，并验收入库，货款以转账支票支付。财会部门根据仓库交来的"收货单"和供货单位的"专用发票"以及转账支票存根，做会计分录。

（1）支付货款，商品未到，编制会计分录。

（2）商品验收入库，货款采用商业汇票结算方式，编制其会计分录。

（3）商业汇票到期付款，做会计分录。

2. 某商业企业向天津百货批发公司购入香皂 20 000 块，单价 2.20 元，进项税率 17%，价税共计 51 480 元，供货单位代垫运费 1 000 元，货款结算采用"异地托收承付"结算方式。

（1）接到银行转来天津百货批发公司的托收凭证、"发货单"结算联和代垫运费清单，经审核无误，做会计分录。

（2）商品运到，经仓库点验入库，根据仓库送来的"收货单"和供货单位的"专用发票"，审核无误后，做会计分录。

3. 某收购站收购应税 B 农产品 10 吨，收购价每千克 8 元，共计 80 000 元，增值税税率为 17%，价税合计 93 600 元，以银行存款支付，编制会计分录。

4. 某商业企业自营进口商品一批，到岸价为 90 000 美元，关税率为 20%，海关完税凭证注明增值税率为 17%，当日汇率为 8.70 元。

（1）按照国外发票原币金额支付折合人民币计算为 783 000 元，另以人民币计算应交关税为 156 600 元，增值税为 159 732 元[783 000×（1+20%）×17%]，支付价款时，做会计分录。

（2）以银行存款支付检验费 500 元，银行手续费 200 元，做会计分录。

（3）结转进口商品采购成本，做会计分录。

5. 合资外方以一项专有技术投资，双方协商作价 39 264 美元，另一专利权投资，有效期还有 10 年，少于合营期，双方确定按每年 1 600 美元转让费的现值计算，贴现率 8%。10 年年金现值系数 6.71，第一次出资汇率为 8.5 元。

专利权作价：1 600×6.71=10 736（美元）

根据以上资料编制会计分录。

6. 12 月 1 日，经投资各方协商一致同意增资，企业收到投资者 A 一项专利权投资，公允价值为 150 000 元，该项专利权换取企业面值 1 元的股票 120 000 股，编制会计分录。

7. 1 月 1 日，企业收到投资者 B 公司以一批 D 原料作为投资。原材料计税价格为 650 000 元（5 000 千克，单价 130 元），增值税发票上注明的进项税额为 110 500 元，该原材料折换企业面值 1 元股票 500 000 股，编制会计分录。

三、思考题

1. 什么是商品流通企业？

2. 商品购进必须同时具备哪两个条件？

3. 商品购进的范围是什么？

4. 商品销售也必须同时具备哪两个条件？

5. 售价金额核算法的具体内容是什么？优缺点是什么？适用范围是什么？

6. 销售商品收入确认的条件有哪些？

7. 以货币资金投资的具体内容是什么？

8. 资本公积的概念是什么？

9. 无形资产出资方式的计价内容是什么？

10. 投资者以货币投入资本的核算方法是什么？

项目六　房地产企业会计

案例导读

W 房地产开发公司 2011 年 3 月接受市政工程局的委托，代建某项工程，按合同规定，期限为 5 个月，工程合同价款为 350 万元，每月对方预付工程款 500 000 元。W 公司在代建工程开工时收到市政工程局按合同发来的钢材，价款 900 000 元。7 月底代建工程全部竣工，验收合格，按照合同规定，将代建工程账单提交给市政工程局，工程价款为 3 700 000 元，市政工程局交付了工程价款余额 800 000 元。W 公司会计分录如下。

（1）收到市政工程局发来的钢材

借：材料采购　　　　　　　　　　　　　　　　　　900 000

　　贷：应收账款——市政工程局　　　　　　　　　　　　900 000

（2）每月收到市政工程局预付款

借：银行存款　　　　　　　　　　　　　　　　　　500 000

　　贷：预收账款——市政工程局　　　　　　　　　　　　500 000

（3）向市政工程局提交代建工程账单

借：应收账款——市政工程局　　　　　　　　　　3 700 000

　　贷：主营业务收入——代建工程结算收入　　　　　　3 700 000

（4）收取余款

借：预收账款——市政工程局　　　　　　　　　　2 000 000

　　贷：应收账款——市政工程局　　　　　　　　　　　2 000 000

借：银行存款　　　　　　　　　　　　　　　　　　800 000

　　贷：应收账款——市政工程局　　　　　　　　　　　　800 000

从上述案例可以了解，房地产是房产与地产的总称。房产是指各种房屋财产，包括住宅、商铺、厂房等；地产是指土地财产，包括土地和地下各种基础设施。房地产开发可将土地和房屋合在一起开发，也可将土地和房屋分开开发。房地产开发企业就是从事房地产开发和经营的企业，它既是房地产产品的生产者，又是房地产商品的经营者，进行的主要业务有土地的开发与经营、房屋的开发与经营、城市基础设施和公共配套设施的开发以及代建工程的开发。房地产开发企业会计是以资产、负债、所有者权益、收入、费用、利润为其所要核算和监督的内容。

第一部分　基础知识

一、房地产会计概述

房地产业是从事房地产开发、建设、经营、管理和服务的综合性行业。这种企业和其他企业一样，是自负盈亏的经济组织，必须以会计为管理工具，对房地产开发经营的经济活动业务过程进行反映、监督和控制，为企业管理和外界提供会计信息。房地产会计需要结合房地产开发经营特点来研究房地产在开发、建设、经营、管理和服务活动中所涉及的会计理论和方法。房地产企业会计的任务主要有 3 方面：一是向管理者和投资者提供企业开发经营活动和开发经营成果的会计信息，满足国家宏观经济管理的要求和企业投资者进行决策的需要；二是核算和监督财产物资保管、使用情况，不断降低开发成本，节约使用资金；三是核算和监督企业对财经政策、法令、制度的执行情况，维护财经纪律，保护企业财产安全、完整。我们不仅需要了解房地产企业会计的任务、核算，还需要了解房地产开发产品、开发经营及行业特点。

二、房地产企业财务会计制度

《房地产开发企业会计制度》是由国家财政部于 1993 年 1 月 7 日发布的为了规范房地产开发企业的会计核算，便于贯彻执行《企业会计准则》的制度。《房地产开发企业会计制度》适用于设在中华人民共和国境内的所有房地产开发企业。《房地产开发企业会计制度》规范了企业会计科目的设置和使用、企业对外报送的会计报表的具体格式和编制说明。此制度由中华人民共和国财政部负责解释，需要变更时，由财政部修订，并于 1993 年 7 月 1日起执行。

三、施工、房地产开发企业财务制度

《施工、房地产开发企业财务制度》于 1993 年 1 月 11 日由财政部、中国人民建设银行发布，分为总则、资金筹集、流动资产、固定资产、对外投资、成本和费用等 12 部分，分别规范了施工、房地产开发企业各项财务制度。

其中，《施工、房地产开发企业财务制度》总则概括了各项财务制度的规范及注意事项，分为以下六条。

第 1 条，为了规范施工、房地产开发企业财务行为，有利于企业公平竞争，加强财务管理和经济核算，根据《企业财务通则》，结合施工、房地产开发企业的特点及其管理要求，制定本制度。

第 2 条，本制度适用于中华人民共和国境内的各类施工、房地产开发企业（以下简称企业），包括全民所有制企业、集体所有制企业、私营企业、外商投资企业等各类经济性质的企业；有限责任公司、股份有限公司等各类组织形式的企业。

其他行业独立核算的施工、房地产开发企业也适用本制度。

第 3 条，企业应当在办理工商登记之日起 30 日之内，向主管财政机关提交企业设立批准证书、营业执照、合同、章程等文件的复制件。

企业发生迁移、合并、分立以及其他变更登记等主要事项时，应当在依法办理变更登记之日起 30 日内，向主管财政机关提交变更文件的复制件。

第 4 条，企业应当建立健全财务管理制度，完善内部经济责任制，严格执行国家规定的各项财务开支范围和标准，如实反映企业财务状况和经营成果，依法计算缴纳国家税收，并接受主管财政机关的检查监督。

第 5 条，企业财务管理的基本任务和方法是，做好各项财务收支的计划、控制、核算、分析和考核工作，依法合理筹集资金，有效利用企业各项资产，努力提高经济效益。

第6条，企业应当做好财务管理基础的工作。在生产经营活动中的产量、质量、工时、设备利用，存货的消耗、收发、领退、转移以及各项财产物资的毁损等，都应当及时做好完整的原始记录。企业各项财产物资的进出消耗，都应当做到手续齐全，计量准确，完善原材料、能源等物资的消耗定额和工时定额，定期或者不定期地进行财产清查。

第二部分 基本技能

一、应收款项的核算

1. 应收票据的核算

（1）应收票据的概述

应收票据是企业持有的、尚未到期兑现的票据。我国的应收票据主要是指商业汇票。

商业汇票按承兑人的不同，分为商业承兑汇票和银行承兑汇票。商业承兑汇票到期时，若付款人银行存款账户余额不足以支付票款，银行不承担付款责任，只负责将汇票退还收款人。银行承兑汇票到期时，若承兑申请人存款账户余额不足以支付票款的，承兑银行应向收款人或贴现银行无条件支付票款，并对承兑申请人尚未支付的汇票金额按照每天万分之五计收罚息。

商业汇票按是否计息可分为带息商业汇票和不带息商业汇票。带息商业汇票在票面上载明利率及付息日期，到期时持票人可获得票面价值及应计利息。不带息商业汇票到期时，持票人只能获得票面价值。

我国应收票据的最长期限一般不超过6个月，均属短期性的票据，用现值记账过于烦琐，因此，应收票据一般按面值入账。但对于带息的应收票据，按现行制度规定，应于期末按应收票据的票面价值和确定的利率计提利息，计提的利息应增加应收票据的账面价值。

在我国会计实务中，对于承兑期满时不能如期收回的应收票据，应转作应收账款，对应收账款计提坏账准备。

（2）应收票据的核算

对于应收票据的取得和收回，企业应设置"应收票据"账户进行核算。不带息应收票据的到期值等于面值。企业收到应收票据时，按面值借记"应收票据"账户，贷记"主营业务收入"、"应收账款"等账户；应收票据到期按票面值收回时，借记"银行存款"账户，贷记"应收票据"账户。商业承兑汇票到期，若承兑人违约拒付或无力偿付，则收款人应将到期票据的票面金额转入"应收账款"账户。

对于带息应收票据，应计算到期票面利息。企业应于中期期末和年度终了，按规定计算票据利息并增加应收票据的账面价值，同时冲减财务费用。在到期收回款项时，按应收到的本息，借记"银行存款"账户；按应收票据的账面价值，贷记"应收票据"账户，按其差额，贷记"财务费用"账户。若汇票到期时，承兑人违约拒付或无力偿还票款，收款企业应将到期票据的账面价值转入"应收账款"账户。应收票据的利息是以票面价值、票面利率以及票据的期限计算确定的。其计算公式如下：

$$应收票据利息 = 本金 \times 利率 \times 期限$$

式中的"本金"是应收票据的票面价值；"利率"是票面载明的利率，通常指年利率；"期限"是指从票据出票之日起到票据到期日止的时间间隔，按月计算的，无论月份大小，均以到期月份的同一天为到期日；按天数计算的，应从票据生效日起，以实际日历天数计算到期日及利息，到期日这一天不计息，即计息天数"算头不算尾"或"算尾不算头"。例如，3月18日签发的90天票据，则到期日为：90-3月份剩余天数-4月份实有天数-5月份实有天数=90-（31-18）-30-31=16。可见，该票据于6月16日到期。

【例6-1】某房地产开发公司8月1日销售商品房一套，价值100万元，收到价款60万元存入银行，余款为客户签发的6个月期的银行承兑汇票一张，票面利率6%。

① 收到票据时

借：应收票据	400 000
银行存款	600 000
贷：主营业务收入	1 000 000

② 年度终了，计算票据利息并入账

票据利息=400 000×6%×5÷12=10 000（元）

借：应收票据	10 000
贷：财务费用	10 000

③ 票据到期收回款项

到期金额=400 000+400 000×6%×6÷12=412 000（元）

借：银行存款	412 000
贷：应收票据	410 000
财务费用	2 000

2．应收账款

（1）应收账款的概述

应收账款是指企业因销售商品、产品或提供劳务而形成的债权。应收账款是由于房地产开发企业转让、销售和结转开放产品，提供出租房屋及提供劳务等业务，而向购买、接受和租用的客户收取的账款。

（2）应收账款的计价

应收账款通常应按实际发生额计价入账。计价时还需考虑商业折扣和现金折扣等因素。

商业折扣是指企业根据市场供需情况，或针对不同的顾客，在商品标价上给予的扣除，它是企业常用的一种促销手段。通常用百分数来表示。

如果实行商业折扣，企业应收账款的入账金额应以扣除商业折扣后的实际销售价确认入账。由于商业折扣在交易发生时已经确定，不需要在购销双方的账上反映。因此，在存在商业折扣的情况下，企业应收账款的入账价值应按实际成交价格予以确认。

现金折扣是指房地产开发企业为了鼓励客户在一定期限内早日偿付销售货款而向客户提供的债务扣除，即给予客户的一种折扣优惠。现金折扣一般用符号"折扣/付款期限"表示。如客户在20天内付款可以按售价给予2%的折扣，用符号"2/20"表示，在30天内付款，则不给折扣，用符号"n/30"表示。

在有现金折扣的情况下，应收账款的确认有总价法和净价法两种方法。

总价法是将原售价金额作为实际售价，记作应收账款的入账价值。这种方法把客户的现金折扣视为融资的理财费用，会计上作为"财务费用"处理。我国的会计实务中，通常采用总价法。

净价法是将扣减最大现金折扣后的金额作为实际售价，据以确认应收账款入账价值的方法。这种方法将客户取得的现金折扣看做普遍现象，认为客户一般都会为了享受折扣而提前付款，而将由于客户超过折扣期限而多收入的金额，视为提供信贷获得的收入，冲减"财务费用"。

（3）应收账款的核算

在没有商业折扣的情况下，企业发生的应收账款按应收的全部金额入账。

【例 6-2】B 企业出让水泥给 A 公司，售价 1 500 000 元。由于数量较多，B 公司同意给 A 公司 5% 的商业折扣，金额为 75 000 元，B 公司应收账款的入账金额为 425 000 元。做会计分录如下。

借：应收账款——A 公司   1 425 000

    贷：其他业务收入   1 425 000

收到 A 公司通过银行汇来的上述款项。做会计分录如下。

借：银行存款   1 425 000

    贷：应收账款——A 公司   1 425 000

在有现金折扣的情况下，企业发生的应收账款采用总价法入账，发生的现金折扣作为财务费用处理。

【例 6-3】某房地产开发公司销售商品房一套，价值 150 万元，提供的现金折扣条件为 1/10，n/30。编制会计分录如下。

借：应收账款   1 500 000

    贷：主营业务收入   1 500 000

如果该笔货款在 10 天内收到，应编制的会计分录如下。

借：银行存款   1 485 000

    财务费用   15 000

    贷：应收账款   1 500 000

3．预付账款的核算

预付款是房地产开发企业按照供货合同或劳务合同的规定，预先支付给供货方或提供劳务方的账款，包括预付给供应单位的购货款、预付给劳务提供单位的预付工程款等。

预付账款按实际付出的金额入账。会计期末，预付账款按历史成本反映。对企业而言，预付账款是一项流动资产，是企业的一笔短期债权，要求对方以实物或劳务等进行偿付。对预付账款的处理，实务中采用两种不同的方法进行核算。

（1）设置"预付账款"账户的核算

"预付账款"账户应设置"预付承包单位款"和"预付供应单位款"两个明细账户。

【例 6-4】某房地产开发公司预付给工程承包单位工程款 200 000 元，编制会计分录如下。

借：预付账款——预付承包单位款   200 000

    贷：银行存款   200 000

① 公司根据承包单位的"工程价款结算账单"与承包单位结算工程价款 500 000 元

借：开发成本   500 000

    贷：应付账款——应付工程款   500 000

② 同时，从应付工程款中扣回预付的工程款，并开出支票一张支付余款

借：应付账款——应付工程款   500 000

    贷：预付账款——预付承包单位款   200 000

银行存款	300 000

（2）在"应付账款"账户核算

不单独设置"预付账款"账户的企业，发生于付账时，用"应付账款"账户来代替"预付账款"账户，其他具体分录做法相同。

【例 6-5】企业向 A 公司采购钢材，按购货合同规定需先预付货款 50%，余下的部分在收到材料后付清。企业开出转账支票 250 000 元。做会计分录如下。

① 预付工程款和拨付原材料时

借：应付账款	250 000
贷：银行存款	250 000

② 收到材料时

借：原材料——钢材	500 000
贷：应付账款	500 000

③ 补付货款时

借：应付账款	250 000
贷：银行存款	250 000

4. 其他应收款的核算

其他应收款是指企业给购销活动产生的应收债权，包括应收的各种罚款、存出保证金、备用金以及应向职工收取的各种垫付款项等。将其他应收款与应收账款和预付账款分开，单独归类反映，便于会计信息使用者分析和利用。

企业发生的应收未收其他款项时，借记"其他应收款"账户，贷记有关账户；收回各种其他应收款项时，借记"库存现金"或"银行存款"账户，贷记"其他应收款"账户。

其他应收款也有发生坏账的可能。因此，企业应当定期或至少于每年年度终了，对其他应收款进行检查，预计其可能发生的坏账损失，并计提坏账准备。

对于不能收回的其他应收款应查明原因，追究责任。对确实无法收回的应收款，按照规定，经股东大会或董事会等权力机构批准，可作为坏账损失，冲减已提的坏账准备。

【例 6-6】某企业 2010 年 12 月发生的与"其他应收款"账户相关的业务如下。

（1）以现金拨给开发部备用金 8 000 元。做会计分录如下。

借：其他应收款——备用金	8 000
贷：库存现金	8 000

（2）企业开出转账支票代职工支付水费 5 000 元。做会计分录如下。

借：其他应收款——职工	5 000
贷：银行存款	5 000

（3）假设 12 月初对"其他应收款"账户计提的坏账准备借方余额为 8 000 元，年末检查该账户时，发现去年一笔对某职工的应收罚款因该职工调离企业至今未能收回，经董事会批准后确认坏账损失 6 000 元。同时，经估计年末"坏账准备"账户贷方余额应为 3 000 元。做会计分录如下。

① 确认坏账损失时

借：坏账准备	4 000
贷：其他应收款——某职工	4 000

② 计提坏账准备（应计提坏账准备为 3 000+6 000-8 000=1 000 元）时

借：管理费用   1 000

    贷：坏账准备   1 000

二、房地产企业货币资金的会计处理

货币资金是指房地产开发企业在经营过程中停留在货币形态上的那部分资产，是企业资产中流动性最强的资产，也是房地产开发企业现金流量的主体。货币资金按其存放地点和用途分为库存现金、银行存款和其他货币资金。

1. 库存现金的核算

库存现金是指单位为了满足经营过程中零星支付需要而保留的现金，是流动性最强的资产。对库存现金进行监督盘点，可以确定库存现金的真实存在性和库存现金管理的有效性，对于评价企业的内控制度将起到积极作用。

（1）现金的核算

房地产开发企业应当设置"库存现金"科目，对库存现金的收支和结存情况进行核算。收到现金时，借记"库存现金"科目，贷记其他有关科目；支付现金时，借记其他有关科目，贷记"库存现金"科目；"库存现金"科目的借方余额，即为库存现金的实有数额。企业内部周转使用的备用金，可以单独设置"备用金"科目核算。

【例6-7】企业取得物业修理收入500元，现金收讫。

借：库存现金   500

    贷：其他业务收入   500

（2）现金日记账

为了加强对现金的管理，随时掌握现金的收付和库存余额，房地产开发企业必须设置"现金日记账"进行明细分类核算。现金日记账是按照收支时间的先后顺序进行登记的账簿，一般采用收入、支出和结余三栏格式。现金日记账能够逐日逐笔反映库存现金增减变动和结存数，有利于现金的保管、使用以及核查。同时，利用现金日记账的记录，还可检查收付凭证有无丢失情况，保证账证相符。库存现金日记账的格式如表6-1所示。

表6-1   库存现金日记账

第   页

2010 年		凭 证		摘　　要	对方科目	收入	付出	结存
月	日	种类	号数					
				承前页				500
8	1	现付	111	支付办公用品费	管理费用		400	
	1	现付	112	借支差旅费	其他应收款		600	
	1	现收	103	签发支票提取现金	银行存款	900		
				本日合计		900	1 000	400

（3）现金清查的会计处理

房地产开发企业每日终了，应当对库存现金进行清查。发现有待查明原因的现金短缺或溢余时，应当及时进行会计处理。

发现现金短缺时，应当借记"待处理财产损益——待处理流动资产损益"科目，贷记"库存现金"科目；属于应由责任人或者保险公司赔偿的部分，应将赔偿数借记"其他应收款——应收现金短缺款（××个人）或应收保险赔款"科目，贷记"待处理财产损益——待处理流动资产损益"科目；属于无法查明的其他原因，经批准后将短缺数借记"管理费用——现金短缺"科目，贷记"待处理财产损益——待处理流动资产损益"科目。

发现现金溢余时，应当借记"库存现金"科目，贷记"待处理财产损益——待处理流动资产损益"科目；属于应支付给有关人员或单位的，应借记"待处理财产损益——待处理流动资产损益"科目，贷记"其他应付款——应付现金溢余款（××个人）"科目；属于无法查明原因的现金溢余，经批准后借记"待处理财产损益——待处理流动资产损益"科目，贷记"营业外收入——现金溢余"科目。

【例6-8】某房地产开发公司在现金清查中发现现金短缺1 500元，原因待查。做如下会计分录。

借：待处理财产损益——待处理流动资产损益　　　　　　　　　　　1 500
　　贷：库存现金　　　　　　　　　　　　　　　　　　　　　　　　　1 500

经查明上述现金短缺其中500元为出纳员A失职造成，应由责任人赔偿，其余金额无法查明原因。做如下会计分录。

借：其他应收款——应收现金短缺款（A）　　　　　　　　　　　　　500
　　管理费用——现金短缺　　　　　　　　　　　　　　　　　　　1 000
　　贷：待处理财产损益——待处理流动资产损益　　　　　　　　　　　1 500

【例6-9】某房地产开发公司在现金清查中发现现金溢余300元，无法查明原因。做如下会计分录。

① 发现现金溢余时
借：库存现金　　　　　　　　　　　　　　　　　　　　　　　　　　300
　　贷：待处理财产损益——待处理流动资产损益　　　　　　　　　　　300

② 经批准后
借：待处理财产损益——待处理流动资产损益　　　　　　　　　　　　300
　　贷：营业外收入——现金溢余　　　　　　　　　　　　　　　　　300

（4）备用金的会计处理

会计部门拨付备用金时，借记"备用金"科目，贷记"库存现金"或"银行存款"科目。根据报销金额补足备用金定额时，借记有关科目，贷记"库存现金"或"银行存款"科目。报销数和拨补数都不再通过"备用金"科目核算。企业取消备用金时，应借记"库存现金"、"银行存款"、"管理费用"等科目，贷记"备用金"科目。

【例6-10】某房地产开发公司实行定额备用金制度，月初行政科领取备用金5 000元，月末行政科报销日常开支3 000元，做会计分录如下。

预付备用金时，做会计分录如下。

借：备用金　　　　　　　　　　　　　　　　　　　　　　　　　　5 000
　　贷：库存现金　　　　　　　　　　　　　　　　　　　　　　　　　5 000

报销并补足备用金定额时，做会计分录如下。

借：管理费用　　　　　　　　　　　　　　　　　　　　　　　　　3 000
　　贷：库存现金　　　　　　　　　　　　　　　　　　　　　　　　　3 000

若公司取消备用金，做会计分录如下。

借：管理费用　　　　　　　　　　　　　　　　　　　　　　　　　3 000

库存现金	2 000
贷：备用金	5 000

2．银行存款的核算

（1）银行存款的账户设置。房地产开发企业为了记录反映企业存入银行或其他金额机构的货币资金的收付变动和结余情况，需要设置"银行存款"账户进行核算。企业将款项存入银行或其他金融机构，借记本科目；提取和支出存款，贷记本科目；期末余额在借方，反映企业存在银行或其他金融机构的各种款项。但是，外埠存款、银行汇票存款、信用卡存款、银行本票存款、存出投资款等，在"其他货币资金"科目。

根据中国人民银行有关支付结算办法的规定，各类企业可以采用灵活多样的银行转账方式结算，包括银行本票、银行汇票、商业汇票、支票、信用卡、汇兑、委托收款、托收承付、信用证等结算方式。出纳人员必须按照各种结算方式的规定，填制或取得银行印发的收款或付款结算凭证，如现金支票、转账支票、银行汇票委托书、银行承兑汇票等。会计主管人员或其指定人员必须认真审核收付款的结算凭证。只有审核无误的各项银行结算凭证，才能据以填制银行存款的收款凭证和付款凭证，并登记入账。

人民币银行存款日记账的格式见表6-2。

表6-2 人民币银行存款日记账

存款种类：人民币存款 第 页

2010年		凭证		摘要	对方科目	支票		收入	支出	结存
月	日	种类	号数			种类	号数			
				承前页						200 000
1	31	银付	18	支付材料采购款	材料采购	转	105		70 000	
	31	银付	19	签发支票	现金	现	106		90 000	
	31	银收	32	收商品房销售款	经营收入			530 000		
				本日合计				530 000	160 000	570 000

（2）银行存款业务的会计处理。企业将款项存入银行等金融机构时，根据银行结算凭证的收款通知联和其他原始凭证，填制银行存款的收款凭证，借记"银行存款"科目，贷记"库存现金"等相关科目。企业在银行的其他存款，如外埠存款、银行本票存款、银行汇票存款等，在"其他货币资金"科目核算，不通过"银行存款"科目进行会计处理。

企业提取或支付在银行等金融机构的存款时，根据有关银行结算凭证的支款通知联、存根和其他原始凭证，填制银行存款付款凭证，借记"库存现金"等相关科目，贷记"银行存款"科目。

【例6-11】某日某房地产开发公司收到投资者缴入投资款 600 000 元，款项已存入银行。做会计分录如下。

借：银行存款	600 000
贷：实收资本	600 000

【例6-12】某日某房地产开发公司购置汽车式起重机一台，价值 150 000 元，款项已付。做会计分录如下。

借：固定资产	150 000
贷：银行存款	150 000

（3）银行存款的核对。为了掌握银行存款的实际金额，防止记账错误，企业应核对"银

行存款日记账"，保证记录的正确性和完整性，并定期与"银行对账单"逐笔核对。

在同一时期内，若企业银行存款账上的余额与银行对账单上的存款余额不一致，除了记账差错外，还可能由于存在"未达账项"。所谓未达账项，是指企业与银行之间由于凭证传递上的时间差，一方已经入账，而另一方尚未入账的款项。

对于未达账项，将银行的对账单同企业的银行存款日记账的收支记录逐笔进行核对，查明后编制"银行存款余额调整表"，然后再行核对。

3. 其他货币资金的核算

（1）外埠存款。外埠存款是指房地产开发企业到外地进行临时或零星采购时，汇往采购地银行开立采购专户的款项。企业将款项委托当地银行汇往采购地银行开立专户时，根据汇出款项借记"其他货币资金——外埠存款"科目，贷记"银行存款"科目。

【例6-13】企业委托开户银行将50 000元汇往采购地点银行开立专户时，做会计分录如下。

借：其他货币资金——外埠存款   50 000
 贷：银行存款   50 000

收到采购员交来发票账单，支付材料买价和增值税共计36 200元时，做会计分录如下。

借：材料采购   36 200
 贷：其他货币资金——外埠存款   36 200

剩余的外埠存款13 800元已转回当地银行接到银行收账通知，转销外埠存款账户时，做会计分录如下。

借：银行存款   13 800
 贷：其他货币资金——外埠存款   13 800

（2）银行汇票。银行汇票是汇款人将款项交给当地银行，有银行发给汇款人持往异地办理转账结算或支取现金的依据。企业填送"银行汇票申请书"并将款项交存银行，取得银行汇票后，应根据银行盖章退回的申请书存根联，借记"其他货币资金——银行汇票"科目，贷记"银行存款"科目。

企业使用银行汇票后，根据发票账单等有关凭证，借记"材料采购"或"原材料"等科目，贷记"其他货币资金——银行汇票"科目。

如有多余款项或因汇票超过付款期等原因退回款项时，根据开户行转来的银行汇票多余款收账通知联，借记"银行存款"科目，贷记"其他货币资金——银行汇票"科目。

（3）银行本票。银行本票是申请人交给银行、有银行签发凭以办理转账结算或支取现金的票据。企业向银行提交"银行本票申请书"并将款项交存银行、取得银行本票后，应根据银行盖章退回的申请书存根联，借记"其他货币资金——银行本票"科目，贷记"银行存款"科目。

企业使用银行汇票后，根据发票账单等有关凭证，借记"材料采购"或"原材料"等科目，贷记"其他货币资金——银行本票"科目。

因银行本票超过付款期等原因而要求退款时，应填制进账单连同本票一并送交银行，根据银行盖章退回的进账单第一联，借记"银行存款"科目，贷记"其他货币资金——银行本票"科目。

（4）信用证存款和信用卡存款。信用证结算方式是国际结算的一种主要方式。信用证存款是指企业为取得信用证按规定存入银行的保证金。企业向银行交纳保证金时，根据银行退回的进账单第一联，借记"其他货币资金——信用证存款"科目，贷记"银行存款"科目。

根据开证银行交来的信用证来单通知书及有关单据列明的金额，借记"原材料"等科目，贷记"其他货币资金——信用证存款"科目。

信用卡是申请人将款项交存发卡银行，由银行签发给凭以办理结算的账卡。企业按规定填制申请表，连同支票和有关资料一并送交发卡银行时，根据银行盖章退回的进账单第一联，借记"其他货币资金——信用卡"科目，贷记"银行存款"科目。企业用信用卡购物或支付有关费用时，根据有关发票账单借记"其他货币资金——信用卡"科目，贷记"银行存款"科目。企业信用卡在使用过程中向其账户续存资金时，借记"其他货币资金——信用卡"科目，贷记"银行存款"科目。

三、固定资产的会计核算

1. 固定资产的概念和特征

固定资产，是指为生产商品、提供劳务、出租或经营管理而持有的，使用寿命超过一个会计年度的有形资产，包括房屋及建筑物、机器设备、运输设备等。房地产开发企业的固定资产是从事房地产开发经营的重要物质条件。作为房地产开发企业主要劳动资料的固定资产应具有如下3个基本特征。

（1）使用年限超过1年或超过1个经营周期。

（2）能多次参加开发经营过程，保持原来的实物形态。

（3）用于生产经营活动或用于出租及企业行政管理，而不是为了出售。

2. 固定资产的分类

企业的固定资产种类繁多，规格不一，为了便于考核和分析固定资产的利用情况，促使企业合理地配置固定资产，充分发挥其效用，必须根据不同的标准对其进行科学合理的分类。现行房地产开发企业会计制度要求企业的固定资产应分别经营用固定资产和非经营用固定资产，并根据管理需要选择本企业的固定资产分类标准，进行固定资产的核算。

根据不同的管理需要和核算要求以及不同的分类标准，通常使用的分类方法有以下几种。

（1）按固定资产经济用途分类，可分为生产经营用固定资产和非生产经营用固定资产。

（2）按固定资产使用情况分类，可分为使用中固定资产、未使用固定资产和不需用固定资产。

（3）按固定资产的所有权分类，可分自有固定资产和租入固定资产。

（4）按固定资产的经济用途和使用情况综合分类，一般可分为7大类，如表6-3所示。

表6-3　　　　　　　　按固定资产经济用途和使用情况综合分类的类型

类　型	具　体　内　容
生产经营用固定资产	直接服务于房地产企业生产、经营过程的各种固定资产，如运输车辆、房地产开发设备、工具等
非生产经营用固定资产	不直接服务于房地产企业生产、经营过程的各种固定资产，如办公房屋、职工宿舍、食堂等
租出固定资产	在经营性租赁方式下出租给承租人使用的固定资产，但不包括作为投资性房地产的以经营租赁方式租出的建筑物
不需用固定资产	企业因生产经营条件变化等原因而导致的多余或不适用、需要处置的固定资产
未使用的固定资产	已完工或已购置的尚未交付使用的新增固定资产，以及因进行改建、扩建等原因暂停使用的固定资产

续表

类 型	具 体 内 容
融资租入固定资产	企业以融资租赁方式租入的固定资产。在租赁期内租入企业可视同自有固定资产使用和管理
土地	已经估计单独入账的土地。因征用土地而支付的土地补偿费等应记入与土地有关的房屋、建筑物的价值，不再单独计算土地的价值。企业取得的土地使用权作为无形资产核算

3．固定资产的确认与计价

（1）固定资产的确认。根据企业会计准则，同时符合固定资产特征和确认条件的有形资产，才能确认为固定资产。即某项资产除符合其定义外还应满足以下条件，一是与该固定资产有关的经济利益很可能流入企业，二是该固定资产的成本能够可靠地计量。

（2）固定资产的计价。按《企业会计准则第4号——固定资产》的规定，固定资产一般应按照成本进行初始计量。固定资产取得时的成本应根据具体情况分别确认。

固定资产的计价如表6-4所示。

表6-4　　　　　　　　　　　　　　　固定资产的计价

计 价 资 产	计 价 方 式
购入固定资产的成本	按照买价加上支付的运输费、保险费、包装费、安装调试费和交纳的有关税金计算
自行建造固定资产的成本	由建造该资产达到预定可使用状态前所发生的必要支出计算
投资者投入固定资产的成本	按照评估确认或者投资各方确认的价值计算
改建、扩建固定资产的成本	按照原固定资产的账面原值，加上改建、扩建过程中发生的支出，减去改建、扩建过程中发生的变价收入计算
接受捐赠固定资产的原值	对捐赠方提供了有关凭据的，按照凭据上标明的金额加上应支付的相关税费计算。对捐赠方没有提供有关凭据的，按照同类或类似固定资产的市场价格估计的金额加上应支付的相关经费，或按照捐赠固定资产的预计未来现金流量的现值计算
经批准无偿调入固定资产的成本	按照调出单位的账面原值加上发生的运输费、安装费等相关费用计算
盘盈固定资产	若同类或类似固定资产存在活跃市场的，按同类或类似固定资产的市场价格，减去按该项资产的新旧程度估计的价值损耗后，作为入账价值；若同类或类似的固定资产不存在活跃市场的，按该项固定资产的预计未来现金流量现值，作为入账价值
经批准无偿调入的固定资产	按调出单位的账面价值加上发生的运输费、安装费等相关费用计算
非货币性交易中取得的固定资产	按换出资产的账面价值加上应支付的相关税费作为入账价值。如涉及补价的，收到补价的应按收债权的账面价值减去补价，加上应支付的相关税费作为入账价值；支付补价的应按应收债权的账面价值加上支付的补价和应支付的相关税费，作为入账价值

4．固定资产取得的核算

（1）购入固定资产的核算。购入不需要安装的固定资产，是指企业购入的固定资产，不需要安装就可以直接交付使用。购入的固定资产按实际支付的全部价款作为固定资产的原值，借记"固定资产"科目，贷记"银行存款"、"其他应付款"、"应付票据"等科目。

【例6-14】某房地产开发公司购入一部小汽车，价格为300 000元，增值税51 000元，发生的车辆购置税费30 000元，其他相关费用5 000元，全年汽车保险费6 000元。款项全部以银行存款付清。有关会计分录如下。

借：固定资产——小汽车	386 000
贷：银行存款	386 000
借：待摊费用——财产保险费	6 000
贷：银行存款	6 000

购入需要安装的固定资产，是指购入的固定资产需要经过安装以后才能交付使用。在核算上，对购入安装的固定资产的价款以及发生的安装费用，均先通过"在建工程"科目，视同自行建造资产进行核算，安装完毕交付使用时再转入"固定资产"科目。

【例6-15】某房地产开发公司购入需要安装的设备1台，发票价格200 000元，增值税34 000元，支付的运杂费3 000元，累计支付安装费5 000元，其中领用材料1 500元（含增值税），应付工人工资3 500元。有关会计分录如下。

① 支付设备价款、税金及运杂费时

借：在建工程	237 000
贷：银行存款	237 000

② 发生安装费时

借：在建工程	5 000
贷：原材料	1 500
应付职工薪酬	3 500

③ 设备安装完成交付使用时

借：固定资产	242 000
贷：在建工程	242 000

购入固定资产超过正常信用条件延期支付价款，实质上具有融资性质的，应按所购固定资产购买价款的现值，借记"固定资产"科目或"在建工程"科目，按应支付的金额，贷记"长期应付款"科目，按其差额，借记"未确认融资费用"科目。

（2）自行建造固定资产的核算。企业自行建造固定资产所发生的支出，通过"在建工程"科目进行核算，并应按照"建筑工程"、"安装工程"、"在安装设备"、"待摊支出"以及单项工程进行明细核算。企业为在建工程准备的各种物资的价值，包括工程用材料、尚未安装的设备以及为生产准备的工器具等，应设置"工程物资"科目，并应按照"专用材料"、"专用设备"、"工器具"等科目进行明细核算。

【例6-16】2011年3月3日，某房地产开发公司将一幢新建厂房工程出包给Q公司承建，按规定先向承包单位预付工程款500 000元，以银行存款转账支付；2011年7月3日，工程达到预定可使用状态补付工程款263 000元，以银行存款转账支付；2011年7月4日，工程达到预定可使用状态经验收后交付使用。做会计分录如下。

2011年3月3日，房地产开发公司预付工程款500 000元。

借：在建工程	500 000
贷：银行存款	500 000

2011年7月3日，房地产开发公司补付工程款263 000元。

借：在建工程	263 000

  贷：银行存款   263 000

2011 年 7 月 4 日，工程达到预定可使用状态经验收交付使用。

  借：固定资产   763 000

   贷：在建工程   763 000

  企业自营的在建工程，领用工程物资、本企业原材料或库存商品的，借记"在建工程"科目，贷记"工程物资"、"原材料"、"库存商品"等科目。采用计划成本核算的，应同时结转应分摊的成本差异。上述事项涉及增值税的，应结转相应的增值税。在建工程应负担的职工薪酬，借记"在建工程"科目，贷记"应付职工薪酬"科目。辅助生产部门为工程提供的水、电及设备安装、修理、运输等劳务，借记"在建工程"科目，贷记"生产成本——辅助生产成本"等科目。

  【例 6-17】2011 年 1 月，某房地产开发公司准备自行建造一座厂房，发生以下业务。

  购入工程物资一批，价款为 300 000 元，增值税进项税额为 51 000 元，由银行存款支付；至 6 月，工程先后领用工程物资 326 500 元（含增值税进项税额）；领用价值为 42 000 元的原材料一批，购进该批原材料应支付的增值税进项税额为 7 140 元；辅助生产车间为工程提供的有关的劳务支出为 28 000 元；支付工程人员工资为 68 300 元；6 月底，工程达到预定可使用状态，但尚未办理竣工决算手续，工程按暂估价值结算固定资产成本；剩余工程物资 24 500 元转为该公司存货；7 月底，该项工程决算实际成本为 471 940 元，经查与暂估成本的差额为应付职工工资，假定不考虑其他相关税费。做会计分录如下。

  ① 购入为工程准备的物资

  借：工程物资   351 000

   贷：银行存款   351 000

  ② 工程领用物资

  借：在建工程——厂房   326 500

   贷：工程物资   326 500

  ③ 工程领用原材料

  借：在建工程——厂房   49 140

   贷：原材料   49 140

  ④ 辅助生产车间为工程提供劳务支出

  借：在建工程——厂房   28 000

   贷：生产成本——辅助生产成本   28 000

  ⑤ 支付工程人员工资

  借：在建工程——厂房   68 300

   贷：应付职工薪酬   68 300

  ⑥ 6 月底，工程达到预定可使用状态，尚未办理结算手续，以固定资产成本暂估价入账

  借：固定资产——厂房   470 000

   贷：在建工程——厂房   470 000

  ⑦ 剩余工程物资转作存货

  借：原材料   24 500

   贷：工程物资   24 500

  ⑧ 7 月底，按竣工决算实际成本调整固定资产成本

借：固定资产——厂房　　　　　　　　　　　　　　　　　　　1 940

　　贷：应付职工薪酬　　　　　　　　　　　　　　　　　　　　　　1 940

（3）投资者投入的固定资产。投资者投入的固定资产是企业原始资本之一，在投资者投入固定资产时，固定资产的入账价值按投资各方确认的价值作为入账价值。借记"固定资产"科目，贷记"实收资本"或"股本"科目，溢价部分记入"资本公积"科目。

【例6-18】某房地产开发公司注册资本为2 500 000元，接受W公司以一台施工机械进行的投资。该设备原价为1 200 000元，已计提折旧360 000元，双方协商确认的价值为840 000元，占开发企业注册资本的33.6%。做如下会计分录。

借：固定资产　　　　　　　　　　　　　　　　　　　　　　840 000

　　贷：股本——W公司　　　　　　　　　　　　　　　　　　　800 000

　　　　资本公积——股本溢价　　　　　　　　　　　　　　　　　40 000

（4）融资租入的固定资产。企业在经营生产过程中，由于生产经营的临时性或季节性需要，或处于融资等方面的考虑，对于生产经营所需的固定资产可以采用租赁的方式取得。租赁按其性质和形式的不同可分为经营租赁和融资租赁两种。

融资租入的固定资产是指企业通过融资的方式购入的固定资产。企业应在租赁开始日，按租赁协议或者合同确定的价款、运输费、途中保险费、安装调试费以及融资租入固定资产达到预定可使用状态前发生的借款费用等，借记"固定资产"科目，按租赁协议或者合同确定的设备价款，贷记"长期应付款——应付融资租赁款"科目，按支付的其他费用，贷记"银行存款"等科目。租赁期满，如合同规定将固定资产所有权转给承租企业，应进行转账，将固定资产从"融资租入固定资产"明细科目转入有关明细科目。

【例6-19】W企业以融资租赁的方式租入Q企业一条生产线，合同约定租赁期为3年，该生产线的租金总额为1 500 000元，分3年支付，每年支付500 000元，租赁期满，再支付30 000元，该生产线归W企业所有。在租赁开始日发生印花税、公证费、律师费及佣金等共计10 000元，W企业另外以银行存款支付安装调试费25 000元。

① 融资租入固定资产，应当在租赁开始日支付印花税、公证费等

借：管理费用　　　　　　　　　　　　　　　　　　　　　　10 000

　　贷：银行存款　　　　　　　　　　　　　　　　　　　　　　10 000

借：固定资产——融资租入固定资产　　　　　　　　　　　1 555 000

　　贷：长期应付款——应付融资租赁费　　　　　　　　　　1 530 000

　　　　银行存款　　　　　　　　　　　　　　　　　　　　　25 000

② 按期支付融资租赁费

借：长期应付款——应付融资租赁费　　　　　　　　　　　500 000

　　贷：银行存款　　　　　　　　　　　　　　　　　　　　　500 000

③ 租赁期满，用银行存款支付30 000元的购买款

借：长期应付款——应付融资租赁费　　　　　　　　　　　30 000

　　贷：银行存款　　　　　　　　　　　　　　　　　　　　　30 000

④ 按合同规定将固定资产所有权转归W企业

借：固定资产——生产用固定资产　　　　　　　　　　　1 555 000

　　贷：固定资产——融资租入固定资产　　　　　　　　　1 555 000

（5）盘盈的固定资产。盘盈时按规定的固定资产入账价值借记"固定资产"科目，贷记

"待处理财产损益——待处理固定资产损益"科目。经有关部门批准处理盘盈资产时借记"待处理财产损益——待处理固定资产损益"科目，贷记"营业外收入"科目。

【例 6-20】某企业在年终盘点中，盘盈了 1 台设备，该同类设备的市场价格为 30 000 元，该设备估计有 6 成新。

借：固定资产——××设备 18 000
    贷：营业外收入——固定资产盘盈 18 000

5．固定资产折旧的核算

（1）固定资产折旧的概念。折旧，是指在固定资产的使用寿命内，按照确定的方法对应计折旧额进行系统分摊。其中，应计折旧额是指应当计提折旧的固定资产的原值扣除其预计净残值后的余额，如果已对固定资产计提减值准备，还应该扣除减值准备累计金额。固定资产折旧记入生产成本的过程，即是随着固定资产价值的转移，以折旧的形式在产品销售收入中得到补偿，并转化为货币资金的过程。

（2）影响折旧额的因素。影响固定资产折旧的主要因素有：固定资产原值、固定资产净残值和固定资产使用年限。

（3）固定资产的折旧范围。企业在用的固定资产一般均应计提折旧，具体包括：房屋建筑；在用的机器设备、仪器仪表、运输工具、工具器具；季节性停用、大修理停用的固定资产；融资租入固定资产。

（4）固定资产折旧的方法。固定资产的折旧方法包括年限平均法、工作量法、双倍余额递减法和年数总和法等。固定资产折旧的方法如表 6-5 所示。

表 6-5 固定资产折旧的方法

方 法	具 体 内 容
年限平均法	年限平均法又称直线法，是将固定资产的应计提折旧额平均分摊到各期的一种折旧方法
	应计提折旧额=固定资产原值-预计净残值
	年折旧额=（固定资产原值-预计净残值）÷预计折旧年限=[固定资产原值×（1-预计净残值率）]÷预计折旧年限
	年折旧率=年折旧额÷固定资产原值×100%
	月折旧率=年折旧率÷12
	月折旧额=固定资产原值×月折旧率
工作量法	将固定资产的应计折旧额在固定资产预计总工作量中平均分摊的方法
	单位工作量折旧额=固定资产原值×（1-净残值率）÷预计总工作量
	某项固定资产某月折旧额=该项固定资产当月工作量×单位工作量折旧额
双倍余额递减法	双倍余额递减法是快速折旧的一种，是在不考虑固定资产残值的情况下，根据每期期初固定资产账面余额和双倍的直线法折旧率计算的固定资产折旧的一种方法
	年折旧率=2÷预计使用年限×100%
	月折旧率=年折旧率÷12
	月折旧额=固定资产期初账面余额×月折旧率
	应在其固定资产折旧年限到期以前两年内，将固定资产净值扣除预计净残值后的净额平均摊销
	年折旧率=尚可使用年数÷预计使用年限的年数总额 =（预计使用年限-已使用年限）÷[预计使用年限×（预计使用年限+1）÷2]
	月折旧率=年折旧率÷12
	月折旧额=（固定资产原值-预计净残值）×月折旧率

续表

方　法	具　体　内　容
年数总和法	年数总和法也叫合计年限法。它是将固定资产的原值减去净残值后的净额乘以一个逐年逐减的分数计算每年的折旧额
	年折旧率＝尚可使用年数÷预计使用年限的年数总额
	＝（预计使用年限－已使用年限）÷[预计使用年限×（预计使用年限+1）÷2]
	月折旧率＝年折旧率÷12
	月折旧额＝固定资产原值预计净残值×月折旧率

【例6-21】某房地产开发公司有大型施工机械1台，原值为80 000元，预计可用10年，预计净残值率为4%，用年限平均法计算该台设备月折旧额。

$$年折旧率＝（1-4\%）÷10×100\%=9.6\%$$
$$月折旧率=9.6\%÷12=8‰$$
$$月折旧额=80\,000×8‰=640（元）$$

【例6-22】某企业有运输卡车1辆，原值为150 000元，预计净残值率为5%，预计总行驶里程为600 000千米，当月行驶5 000千米，用工作量法计算该项固定资产的月折旧额。

$$单位里程折旧额=150\,000×（1-5\%）÷600\,000=0.2375（元）$$
$$本月折旧额=5\,000×0.2375=1\,187.50（元）$$

（5）固定资产折旧的会计处理。

企业提取的折旧，在总分类核算上应记入有关成本、费用科目的借方和"累计折旧"科目的贷方。

企业月末可以根据固定资产的使用对象编制固定资产折旧分配表，如表6-6所示。

表6-6　　　　　　　　　　　固定资产折旧分配表

××××年×月　　　　　　　　　　　　　　　　单位金额：元

固定资产类别	月折旧额	按使用对象分配				
		制造费用	开发间接费用	管理费用	销售费用	其他业务成本
房屋						
建筑物						
机械设备						
运输设备						
办公管理设备						
其他设备						
非开发经营用固定资产						
合　计						

记账：　　　　　　　　　　编表：

根据表6-6，即可将该余额计提折旧做如下会计分录。

借：制造费用

　　开发间接费用

　　管理费用

　　销售费用

　　其他业务成本

贷：累计折旧

6.固定资产修理的核算

固定资产的修理，主要是为了修复或保持固定资产的原先性能标准，以确保未来的经济利益不会发生增加固定资产价值的支出。

固定资产的修理，可以分为大修理和经常修理两种。

固定资产大修理是对固定资产进行全面的修理工作。它的间隔期较长，工作量较大，费用支出较多。对于固定资产大修理费用的核算，一般可以采用两种会计方法处理，即预提与摊销方法。

（1）预提方法。预提方法是指固定资产修理和计划，按月计提，记入各月生产经营费用，修理时，将实际支付或发生的费用在已预提的修理费用中列支的一种核算方法。它适用于一次支付的修理费数额较大，而又必须先提后用的情况。

【例6-23】某房地产开发企业某项办公管理设备的大修理间隔期为3年，预计每次大修理费用为36 000元，则每年应预提的修理费用为12 000元，每月应预提1 000元。在预提时，应做如下会计分录。

借：管理费用   1 000

  贷：应付账款   1 000

到3年后对该项设备进行大修理时，共已预提修理费用36 000元。如实际发生大修理费用36 360元，实际发生数超过预提数360元，此项超支数可转作待摊费用分期摊销；也可将它记入当月管理费用。如此项设备大修理费用用转账支票与承修单位结算，并将超支修理费用记入管理费用时，应做如下会计分录。

借：应付账款   36 000

    管理费用   360

  贷：银行存款   36 360

（2）摊销方法。摊销方法是指实际支付或发生的固定资产修理费用，按受益时间进行平均分摊记入受益各期生产经营费用的一种核算方法，它适用于一次支付的修理费数额较大且是先发生后摊销的情况。

【例6-24】如上述办公管理设备大修理费用采用待摊办法，则在发生大修理费用时，应先将它记入"递延资产"或"长期摊销费用"科目的借方，做如下会计分录。

借：递延资产或长期待摊费用   36 360

    贷：银行存款   36 360

在设备大修理的间隔期内分月摊销大修理费用1 010元（36 360/3×12）时，应做如下会计分录。

借：管理费用   1 010

  贷：递延资产   1 010

经常修理也叫中小修理，是指局部性的经常修理工作。它的特点是工作量不大，所花费用较少，所需时间不长，在核算上都将经常修理费用的实际发生数记入当期成本、费用。

【例6-25】某企业管理部门的小汽车委托某汽车修理厂进行中修，根据汽车修理厂提出账单，共应支付修理费用3 000元，则在开出转账支票时，应做如下会计分录。

借：管理费用   3 000

  贷：银行存款   3 000

7. 固定资产租赁的核算

经营租赁是指由出租方根据承租方的需要，与承租方订立租赁合同，在合同期内将机械设备等有偿转让给承租方，承租方在取得机械设备等使用权的时间内，按合同规定向出租方支付租赁款的一种租赁业务。这种租赁的机械设备租赁期一般较短，在租赁期满后，将租赁资产退还给出租方。机械设备等在租赁期内，所发生的修理费、保险费以及其他有关费用，均由出租方承担。因此在租赁款中，除了包括租赁机械设备的折旧费、利息外，还包括修理费、保险费、业务管理费和一定的利润。

在会计核算上，由于租赁机械设备等的所有权属于出租方，因此在租入以后，不必将它记入企业的固定资产科目，只要将租入机械设备等的名称、型号、规格、数量、租赁款及其支付时间等记入"租入固定资产备查簿"。在租赁期内，按合同规定支付的租赁款，根据受益期长短，直接记入当月有关成本、费用，或通过待摊、预提的办法分月摊提记入有关成本、费用。

【例 6-26】某房地产开发企业根据仓库管理部门需要，向当地机械设备租赁公司租入 1 台吊车，合同规定租赁期为 6 个月，每月租赁款为 2 000 元，租赁款在租入月份一次支付。则在支付租入吊车租赁款 12 000 元（2 000 元×6）时，应做会计分录如下。

借：预付账款   12 000
  贷：银行存款   12 000

将支付租赁款按月摊入采购保管费时，应做会计分录如下。

借：采购保管费   12 000
  贷：预付账款   12 000

在租赁期满，将吊车退还给机械设备租赁公司，应在"租入固定资产备查簿"中加以注销。

四、无形资产、其他资产及递延资产的核算

1. 无形资产的概念

无形资产是指企业拥有或控制的没有实物形态的可辨认非货币性长期资产，通常以某种特殊权利、技术、知识、素质等价值形态存在于企业，并对企业长期发挥作用。我国《企业会计准则第 6 号——无形资产》界定的无形资产主要包括专利权、非专利技术、商标权、著作权、土地使用权、特许权等。无形资产有 4 个主要特征：无实物形态、可辨认性、长期性和非货币性。

2. 房地产开发企业无形资产的主要内容

房地产开发企业持有的无形资产，包括专利权、非专利技术、商标权、土地使用权和租赁权等。

（1）专利权：国家专利机关授予专利发明人于一定期限内制造或转让其发明创造成果的一种独占权和专有权。

（2）非专利技术：企业或持有者持有的、不为外界所知的技术知识，如独立的设计、造型、配方、生产工艺等工艺诀窍、技术秘密以及经营管理知识经验等能为企业带来收益的资源。

（3）商标权：按照有关法规企业使用各种文字、图案或标识标记在某种商品上的权利。

（4）土地使用权：国家准许企业在一定期限内对国有土地享有开发、利用、经营和收益的权利。无偿取得的土地使用权不能作为无形资产核算。

（5）租赁权：出租人在收取一定报酬的条件下，将资产出租给承租人使用，承租人占有和使用租赁财产的权利。

3．无形资产的确认和计价

开发企业无形资产的取得，主要有如下几个渠道：从外部购入、企业自行开发、投资者投入、由捐赠人无偿提供。企业在确认无形资产时，一般应具备两个条件：一是该无形资产产生的经济效益很可能流入企业，即企业拥有无形资产的法定产权，或企业已与他人签订了协议，使得企业的相关权利受到法律的保护，并对无形资产在预计使用年限内产生经济效益的各种因素能作出稳健的估计；二是该无形资产的成本能够可靠地计量。对于不能计量成本的无形资产，在企业存续期内，不得加以确认。例如某一开发企业，由于它的开发经营管理水平高，能够获得高于同行业其他企业的利润，即这个企业已拥有商誉，但由于这个企业持续经营，还不实行联营或改制为股份有限公司或有限责任公司作为投资，就不能将其所拥有的商誉计价入账。

4．无形资产转让、出租和转销的核算

企业的无形资产，可用以转让，也可用以出租。企业转让无形资产时，应按其实际取得的转让收入，记入"银行存款"等科目的借方，按该项无形资产已计提的减值准备，记入"无形资产减值准备"科目的借方，按无形资产的账面余额，记入"无形资产"科目的贷方，按支付的相关税费，记入"银行存款"、"应交税金"等科目的贷方，按其差额，记入"营业外收入——转让无形资产收益"科目的贷方或"营业外支出——转让无形资产损失"科目的借方。

【例6-27】某开发企业在对外转让一项专利权，经双方确认的转让价格为120 000元，价款已存入银行。该项专利权的账面余值为150 000元，已计提减值准备60 000元，应交纳相关税金为10 000元。则该项专利权的转让收益为20 000元[120 000元－（150 000元－60 000元+10 000元）]，应做如下会计分录。

借：银行存款	120 000
无形资产减值准备	60 000
贷：无形资产	150 000
应交税金	10 000
营业外收益——转让无形资产收益	20 000

企业出租无形资产时，其租金收入，应作为营业收入记入"其他业务收入——出租无形资产收入"科目的贷方。由于企业仍拥有其产权，应继续作为无形资产进行核算，只将履行合同所发生的费用（如派出技术服务人员的工资等）及按有效使用年限摊销的无形资产价值，作为出租无形资产的成本，记入"其他业务支出——出租无形资产支出"科目的借方，做如下会计分录。

借：银行存款	×××
贷：其他业务收入——出租无形资产收入	×××
借：其他业务支出——出租无形资产支出	×××
贷：应付工资	×××
无形资产（摊销额）	×××

企业拥有的无形资产，经检查发现某项无形资产已被其他新技术等所替代，或已超过法律保护期限不再受法律所保护，预期不能给企业带来经济效益时，应将该项无形资产的账面

余值或账面余值减去计提减值准备后的剩余价值予以转销，将它转入当期管理费用，做如下会计分录。

借：管理费用   ×××

      无形资产减值准备   ×××

  贷：无形资产   ×××

5．无形资产的会计处理

（1）无形资产取得的会计处理。无形资产的核算，应在"无形资产"科目进行，并按照无形资产项目进行明细核算。

企业对于外部购入的无形资产，按实际支付的价款，借记"无形资产"科目，贷记"银行存款"等科目。

【例6-28】W公司2010年4月购买一先进工艺的专利权，转让价为5 000 000元，发生律师、相关交易税费150 000元，该专利权受益年限估计为15年，以上价款以银行存款支付。W公司做如下会计分录。

借：无形资产——××专利权   5 150 000

  贷：银行存款   5 150 000

（2）自行开发取得无形资产。企业自行研究开发无形资产发生的研发支出，不满足资本化条件的，借记"研发支出——费用化支出"科目，满足资本化条件的，借记"研发支出——资本化支出"科目，贷记"原材料"、"应付职工薪酬"等科目。研究开发项目达到预定用途形成无形资产时，应按"研发支出——资本化支出"的余额，借记"无形资产"科目，贷记"研发支出——资本化支出"科目。期末，应将"研发支出——费用化支出"科目金额转入"管理费用"科目。

【例6-29】某企业为研制某项专利发生研究开发费150 000元，在申请专利过程中发生专利登记费25 000元，律师费15 000元，这项专利权申请成功，取得专利的所有权。企业应做如下会计分录。

① 研究开发过程中发生的费用

借：管理费用——专利研发费用   150 000

  贷：银行存款   150 000

② 形成专利权的费用包括登记费、律师费、公证费等

借：无形资产——专利权   40 000

  贷：银行存款   40 000

（3）接受捐赠的无形资产。企业接受捐赠的无形资产，对捐赠方提供了有关凭据的，按凭据上标明的金额加上应支付的相关税费，借记"无形资产"科目；对捐赠方没有提供有关凭据的，按同类或类似无形资产的市场价格加上应支付相关税款，借记"无形资产"科目；按未来应交的所得税，贷记"递延所得税"科目，按其差额贷记"资本公积"科目。

6．无形资产的摊销

无形资产属于企业的长期资产，能在较长的时间里给企业带来效益。但无形资产通常也有一定的有效期限，它能给企业带来价值流入的能力总会终结或消失，因此，企业应将入账的无形资产在一定年限内摊销，其摊销金额记入管理费用，同时冲减无形资产的账面余额。

摊销无形资产价值时，借记"管理费用"、"其他业务支出"科目，贷记"无形资产"科目。

【例 6-30】A 公司于 2010 年 5 月 5 日以银行存款 360 000 元购买了一项专利权，该专利权的受益年限为 10 年，每月摊销额=无形资产价值÷（摊销年限×12）=360 000÷（10×12）=3 000，企业编制如下会计分录。

借：管理费用——无形资产摊销   3 000
  贷：无形资产——××专利权   3 000

7．其他资产的核算

其他资产指除了流动资产、长期投资、固定资产、无形资产以外的资产，如长期待摊费用，特种储备物资、冻结物资等。

（1）长期待摊费用的概念。长期待摊费用，是指企业已经支出，但摊销期限在 1 年以上的各项费用，包括固定资产大修理支出、租入固定资产的改良支出、开办费及筹建期间的汇兑损益等。

（2）长期待摊费用的核算。长期待摊费用应当单独核算，在费用项目的受益期限内分期平均摊销。企业应单独设置"长期待摊费用"科目，并按各费用项目进行明细核算。当企业发生长期待摊费用时，借记本科目，贷记"银行存款"、"原材料"等科目。在费用项目的受益期限内分期平均摊销时，借记"管理费用"、"销售费用"等科目，贷记本科目。本科目期末有借方余额，反映企业尚未摊销完毕的长期待摊费用的摊余价值。

企业在筹建期间内发生的费用，包括人员工资、办公费、培训费、差旅费、印刷费、注册登记费以及不记入固定资产价值的借款费用等，应于发生时，借记"长期待摊费用"科目，贷记有关科目；在开始生产经营的当月转入当期损益，借记"管理费用"科目，贷记"长期摊销费用"科目。

【例 6-31】某房地产公司租入 A 路一房屋作为售楼中心，将该房屋承包给某装修公司进行装修，共发生装修费用 240 000 元，装修费以银行存款支付。该房屋的租赁期为 5 年。编制如下会计分录。

借：长期待摊费用——租入固定资产改良支出   240 000
  贷：银行存款   240 000

每月摊销分录如下。

借：营业费用   4 000
  贷：长期待摊费用——租入固定资产改良支出   4 000

8．递延资产的核算

（1）递延资产的概念。递延资产指其本身没有交换价值，不可转让，一经发生就已消耗，但能为企业创造未来经济收益并能从未来的会计期间抵补的各项支出。该定义强调了递延资产是对特定主体而言的，没有流通性，是一项已发生的费用，产生的效益体现在以后的会计期间，必须用未来收入补偿，是一项待摊销的费用。

（2）递延资产的会计处理。递延资产的存在，是由于遵循配比原则，运用权责发生制中一项特殊程序——"递延"的结果。具体的会计处理方法如下。

取消"待摊费用"、"长期待摊费用"账户，增设"待摊负权益"账户，核算除开办费外的所有递延的费用，如低值易耗品摊销、预付保险费、固定资产修理费用、一次购买印花税票需分摊的数额等，以及固定资产修理支出、租入固定资产改良支出、摊销期在 1 年以上的其他待摊费用等。在"递延负权益"账户下按费用的种类设置明细账，进行明细核算。企业在发生递延性费用时，借记本科目，贷记"现金"、"银行存款"等科目。在费用所涉及的期

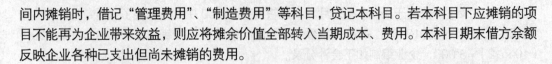

间内摊销时，借记"管理费用"、"制造费用"等科目，贷记本科目。若本科目下应摊销的项目不能再为企业带来效益，则应将摊余价值全部转入当期成本、费用。本科目期末借方余额反映企业各种已支出但尚未摊销的费用。

五、流动负债的核算

负债是指企业过去的交易或者事项形成的、预期会导致经济利益流出企业的现时义务。现时义务是指企业在现行条件下已承担的义务，未来发生的交易或者事项形成的义务不属于现时义务，不应当确认为负债。

房地产开发企业负债按承担经济义务期限的长短，分为流动负债和长期负债。根据企业会计准则对流动负债的定义，流动负债是指将在1年或者超过1年的经营周期内偿还的债务，包括短期借款、应付票据、应付账款、预收账款、应付职工薪酬、应交税费、应付股利、其他应付款等。流动负债的特点有两个特点，一是偿还期限短，二是偿还方式多。

1. 短期借款的核算

短期借款，是指企业为了维持正常生产经营的需要而向银行或其他金融机构借入的期限在1年以下的各种借款。

凡借入的短期借款，应在银行将贷款转入企业的存款户时，借记"银行存款"科目，贷记"短期借款"科目。

"短期借款"账户只反映借款的本金，其所发生的应付利息不在本账户核算。对于银行借款而发生的利息支出，作为期间费用，在借款受益期内记入当期的财务费用。短期借款到期偿还时，借记"短期借款"科目，贷记"银行存款"科目。

【例6-32】某房地产开发公司1月1日向银行借款600 000元，年利率8%，半年后一次还本付息，会计分录如下。

① 当企业取得短期借款时

借：银行存款　　　　　　　　　　　　　　　　　　　600 000
　　贷：短期借款　　　　　　　　　　　　　　　　　　　600 000

② 每月末预提借款利息时

借：财务费用——利息支出　　　　　　　　　　　　　　4 000
　　贷：应付利息　　　　　　　　　　　　　　　　　　　4 000

③ 6月30日到期还本付息时

借：应付利息　　　　　　　　　　　　　　　　　　　　24 000
　　短期借款　　　　　　　　　　　　　　　　　　　600 000
　　贷：银行存款　　　　　　　　　　　　　　　　　　624 000

2. 应付票据的核算

应付票据是由收款人或付款人签发，由承兑人允诺在一定时期内支付一定款项的书面证明。应付票据按承兑方式不同，可分为银行承兑汇票和商业承兑汇票两种；按是否付息，可分为带息票据和不带息票据。按照银行结算办法的规定，商业汇票的付款期限最长不超过6个月。

开发企业对外发生债务时所承兑、开出的商业承兑汇票和银行承兑汇票，应在"应付票据"科目进行核算，并在"应付票据备查簿"中详细登记每一应付票据的种类、编号、签发日期、到期日、票面金额等资料。应付票据到期结清时，应在备查簿内逐笔注销。

对于带息应付票据，考虑到票据期限不长，利息金额不大，一般不按期预计利息，而是采用于票据到期支付利息时，一次记入"财务费用"科目的方法。

根据上述会计处理原则，开发企业开出承兑汇票或以承兑汇票抵付应付账款时，借记"材料采购"、"应付账款"等科目，贷记"应付票据"科目。支付银行承兑汇票的手续费时，借记"财务费用"科目，贷记"银行存款"科目。支付款项时，借记"应付票据"科目，贷记"银行存款"科目。

如果企业不能按期足额付款，对于商业承兑汇票应转入"应付账款"科目；对于银行承兑汇票应转入"短期借款"科目。

【例6-33】某房地产开发公司2009年6月1日购买材料60 000元，增值税为10 200元，按合同规定开出银行承兑汇票一张，票面金额为70 200元，年利息率为8%，期限半年。开出票据之前，向银行缴纳承兑手续费50元。票据到期，企业无力支付票款，30天后才将票据款归还银行，银行计收800元罚息。做会计分录如下。

① 缴纳手续费时

借：财务费用 50
　贷：银行存款 50

② 购买材料时

借：材料采购 60 000
　应交税费——应交增值税（进项税额） 10 200
　贷：应付票据 70 200

③ 票据到期时

借：应付票据 70 200
　财务费用 2 808
　贷：短期借款 73 008

④ 归还票据款时

借：短期借款 73 008
　财务费用 800
　贷：银行存款 73 808

3. 应付账款的核算

应付账款，是指房地产开发企业因购买材料、商品和接受劳务供应等应支付给供应商的款项。应付账款一般按应付金额入账，不按到期应付金额的现值入账。如果购入的资产在形成一笔应付账款时是带有现金折扣的，应付账款入账金额的确定按发票上记载的应付金额的总值记账，支付款项获得现金折扣时，冲减财务费用。

为了反映和监督应付账款的形成及偿还情况，应设置"应付账款"科目，并按供应单位名称设置明细科目。

企业发生应付账款时，借记有关科目，贷记"应付账款"科目；偿还应付账款、开出商业汇票抵付应付账款的账款及冲销无法支付的应付账款时，借记"应付账款"科目，贷记有关科目。

【例6-34】某房地产开发公司2009年4月1日购入一批材料，价款50 000元，增值税为8 500元，付款条件为10天内付款给予3%的折扣，该房地产开发企业4月8日付清所有款项。材料已验收入库。做会计分录如下。

① 材料验收入库时

借：材料采购 50 000

应交税费——应交增值税（进项税额） 8 500

贷：应付账款 58 500

② 4月8日支付价款

借：应付账款 58 500

贷：财务费用 500

银行存款 58 000

4. 预收账款的核算

预收账款是指房地产开发企业按合同或协议规定向购房单位或个人预收的购房订金，以及代委托单位开发建设项目，按双方合同规定向委托单位预收的开发建设资金。与预付账款不同的是，这一负债不是以货币偿付，而是要用以后的开发建设项目或劳务等偿付。

为了核算和监督房地产开发企业的各项预收款项的增减变动情况，需设置"预收账款"账户。当房地产开发企业预收购房单位或个人的购房订金时，根据收款通知和有关凭证，借记"银行存款"科目，贷记"预收账款"科目。当商品房竣工移交购房单位或个人时，应按商品房售价结算，借记"应收账款"科目，贷记"主营业务收入"科目，同时将预收购房订金予以抵减冲销，借记"预收账款"科目，贷记"应收账款"科目。

【例6-35】某房地产开发公司受甲单位的委托开发建设住宅楼，按双方签订的合同规定预收代建工程建设资金5 000 000元。该项工程竣工验收交付委托单位，出具"工程价款结算账单"，实际应收工程价款5 500 000元，委托单位补付工程款，该房地产开发公司收到转账支票结清代建工程款。做会计分录如下。

借：银行存款 5 000 000

贷：预收账款 5 000 000

借：预收账款 5 500 000

贷：经营收入 5 000 000

借：银行存款 500 000

贷：预收账款 500 000

5. 其他应付款的核算

企业除了应付票据、应付账款、预收账款等以外，还会发生一些应付、暂收其他单位或个人的款项，如应付包装物租金、应付统筹退休金、存入保证金等。这些暂收应付款，构成了企业的一项流动负债。

在我国会计核算中，设置"其他应付款"科目进行核算。当发生各种应付、暂收款项时，借记"银行存款"、"管理费用"等科目，贷记"其他应付款"科目；实际偿还、支付时，借记"其他应付款"科目，贷记"银行存款"等科目。

六、长期负债的核算

长期负债是指偿还期在1年或者超过1年的一个营业周期以上的负债，包括长期借款、长期应付款等。各项长期负债应当分别进行核算。它是除了投资人投入的资金以外，向债权人筹集、可供企业长期使用的资金，是房地产开发企业的一项重要的资金来源，必须加强管理与核算。

1. 长期借款

（1）长期借款种类。长期借款可以按不同的标准进行分类。按借款用途可分为生产经营借款、基本建设借款等；按还本付息方式分为到期一次还本付息的长期借款、分期付息到期还本的长期借款等；按借入币种可分为人民币借款、外币借款等；按有无担保抵押可分为抵押借款、担保借款、信用借款等。

（2）长期借款核算。为了核算长期借款的取得、计算和偿还情况，企业设置"长期借款"科目。该科目按照贷款单位和贷款种类进行明细分类核算。

企业借入长期借款，若将取得的款项存入银行，应借记"银行存款"科目，贷记"长期借款"科目；若已将借款购置了固定资产或用于在建工程项目，应借记"固定资产"或"在建工程"科目，贷记"长期借款"科目。

长期借款所发生的利息支出，应按权责发生制的原则按期预提并记入在建工程项目的成本或记入当期损益，通过"在建工程"或"财务费用"科目进行核算。

归还长期借款的本金和利息时，应按归还的金额，借记"长期借款"科目，贷记"银行存款"科目。如果是外币借款还应计算汇兑损益金额，会计处理时还要借记或贷记"财务费用"科目。

【例6-36】某房地产开发公司于2010年5月31日从银行借入资金5 000 000元，借款期限为3年，年利率6%，款项已存入银行，本息于到期日一次支付。借款用于购买生产所需设备1台，6月15日公司收到该设备，价款4 900 000元，安装费50 000元，均用银行存款支付，设备已于6月16日交付使用。做会计分录如下。

① 取得借款时

借：银行存款　　　　　　　　　　　　　　　　　　　5 000 000
　　贷：长期借款　　　　　　　　　　　　　　　　　　5 000 000

② 支付设备款和安装费时

借：在建工程　　　　　　　　　　　　　　　　　　　5 000 000
　　贷：银行存款　　　　　　　　　　　　　　　　　　5 000 000

③ 设备使用前，应记入固定资产成本的利息金额为5 000 000×6%÷12×0.5=12 500（元）

借：在建工程　　　　　　　　　　　　　　　　　　　12 500
　　贷：长期借款　　　　　　　　　　　　　　　　　　12 500

④ 结转固定资产时

借：固定资产　　　　　　　　　　　　　　　　　　　5 012 500
　　贷：在建工程　　　　　　　　　　　　　　　　　　5 012 500

⑤ 2010年底，此笔长期借款应计提的利息为5 000 000×6%÷12×0.75=18 750（元）

借：财务费用　　　　　　　　　　　　　　　　　　　18 750
　　贷：长期借款　　　　　　　　　　　　　　　　　　18 750

⑥ 2011年底，此笔长期借款应计提的利息为5 000 000×6%=300 000（元）

借：财务费用　　　　　　　　　　　　　　　　　　　300 000
　　贷：长期借款　　　　　　　　　　　　　　　　　　300 000

⑦ 2012年5月31日，此笔长期借款应计提的利息为5 000 000×6%÷12×5=125 000（元）

```
借：财务费用                                          125 000
    贷：长期借款                                       125 000
```
⑧ 于 2012 年 5 月 31 日归还长期借款的本金和利息共计 5 456 250 元
```
借：长期借款                                        5 456 250
    贷：银行存款                                     5 456 250
```

2．长期应付债券

债券是企业为筹集资金而依照法定程序发行的、约定在一定期限内还本付息的一种有价证券。应付债券是企业采用发行债券方式筹集长期资金而形成的一种非流动负债，是企业筹集长期资金而发行的一种书面凭证，其实质是一种长期应付票据。

由于受同期银行存款利率的影响，企业债券发售的价格与票面价值不一定相同。当债券的票面利率与银行利率一致时，可按票面价值发行，称为面值发行；当债券的票面利率低于银行利率时，可按低于债券票面价值的价格发行，即折价发行。溢价和折价不能看做是发行债券企业的收益或损失，而是在债券续存期间对利息费用的一种调整。

开发企业发售的企业债券，应设置"应付债券"账户，核算企业为筹集长期资金而实际发行的债券及应付的利息。在应付债券账户下设置"债券面值"、"债券溢价"、"债券折价"和"应付利息"4 个明细账户。按面值、溢价或折价发行均按债券面值记入"债券面值"明细账户，实际收到的价款与面值的差额，记入"债券溢价"或"债券折价"明细账户。债券的溢价或折价，在债券的存续期间内进行摊销，摊销方法可以用直线法或实际利率法。债券上的应计利息，应按权责发生制的原则按期预提，一般可按年预提。

债券到期时，"应付债券"科目中的"债券面值"和"应计利息"两个明细科目，反映债券的票面价值与按票面价值同票面利率计算的应计利息。

【例 6-37】某房地产开发公司 2010 年 1 月 1 日发行 5 年期面值为 3 000 000 元的债券，票面利率为年利率 6%，企业按 3 100 000 元的价格出售。做会计分录如下。

① 收到发行债券款时
```
借：银行存款                                        3 100 000
    贷：应付债券——债券面值                          3 000 000
              ——债券溢价                              100 000
```
② 2006 年底，计提利息和摊销溢价时

每年应计债券利息=3 000 000×6%=180 000（元）

每年应摊销溢价金额=100 000÷5=20 000（元）

每年的利息费用=180 000－20 000=160 000（元）
```
借：在建工程                                          160 000
    应付债券——债券溢价                                20 000
    贷：应付债券——应计利息                            180 000
```
后 4 年的会计分录同上。

3．长期应付款

长期应付款是指企业除了长期借款和应付债券之外的其他各种长期应付款，包括应付引进设备款、应付融资租赁款等。房地产开发企业主要是应付融资租赁款，应付融资租入固定资产的价款，包括设备的买价、租赁手续费及垫付的利息等。

长期应付款除具有长期负债的一般特点外，还具有分期付款构建资产的特点以及常与外

币业务有关，设计汇兑损益的核算的特点。

为了核算各种长期应付款的增减变动情况，企业应设置"长期应付款"账户。贷方记入企业发生的各种长期应付款及利息和外币折合差额；借方记入偿还长期应付款及利息；贷方余额反映尚未偿还的各种长期应付款。

企业需按长期应付款的种类设置明细账，进行明细核算，主要有应付补偿贸易引进设备款和应付融资租赁款。

七、债务重组的核算

1. 债务重组的概念

债务重组是指债权人按照其与债务人达成的协议或法院的裁定同意债务人修改债务条件的事项。

2. 债务重组的方式

债务重组的方式如表 6-7 所示。

表 6-7 债务重组的方式

债务重组方式	具体内容
以低于债务账面价值的现金清偿债务	债务人清偿债务的现金金额低于其债务账面价值
以非现金资产清偿债务	债务人以非现金资产清偿债务
债务转为资本	债务人将其债务转为债权人的股权，用以清偿债务
修改其他债务条件	债务人除以上债务重组方式外,以修改其他债务条件的方式进行债务重组,如延长债务偿还期限、延长债务偿还期限并加收利息、延长债务偿还期限并减少债务本金或债务利息等

3. 债务重组核算的一般原则

债务重组的一般原则有以下 4 个：

（1）确定债务重组日（债务重组完成日）；

（2）取得债务重组的法定依据；

（3）以公允价值衡量债务重组损益；

（4）单独计量债务重组损益。

4. 债务重组的核算

（1）以低于债务账面价值的现金清偿。债务人以低于债务账面价值的现金清偿债务时，应将重组债务的账面价值与支付的现金之间的差额确认为资本公积；债权人应将债权的账面价值与收到的现金之间的差额确认为当期损失。债权人已对债权计提了坏账准备的，在确认当期损失时应先冲减坏账准备。

"账面价值"指某科目的账面余额减去相关的备抵项目后的净额；"账面余额"指某科目的账面实际余额，不扣除作为该科目备抵后的项目，如累计折旧、相关资产的减值准备等。

【例 6-38】企业 A 于 2002 年 6 月 9 日销售一批材料给企业 B，不含税价格 500 000 元，增值税率 17%，按合同规定，B 企业应于 2010 年 7 月 1 日前偿付货款。由于 B 企业发生财务困难，无法按期偿还债务，经双方协商于 10 月 1 日进行债务重组。重组协议规定，A 方同意减免 B 企业 50 000 元债务，余额用现金立即偿清。企业 A 未对债权计提坏账准备。

B 企业做如下会计分录。

借：应付账款 585 000

```
贷：银行存款                                           535 000
    资本公积——其他资本公积                              50 000
```
A 企业做如下会计分录。
```
借：银行存款                                           535 000
    营业外支出——债务重组损失                            50 000
    贷：应收账款                                                  585 000
```

（2）以非现金资产清偿债务。债务人以非现金资产清偿债务时，应将重组债务的账面价值与转让的非现金资产账面价值和相关税费之和的差额确认为资本公积或当期损失；债权人应按重组债权的账面价值作为受让的非现金资产的入账价值。如果涉及多项非现金资产，债权人应按各项非现金资产占非现金资产公允价值总额的比例，对重组债权的账面价值进行分配，以确定各项非现金资产的入账价值。

重组债务的账面价值＞转让的非现金资产账面价值和相关税费：记入资本公积。

重组债务的账面价值＜转让的非现金资产账面价值和相关税费：记入营业外支出。

【例6-39】A公司应付B公司购货款700 000元。因A公司财务困难，无法偿付。经双方协商同意，由A公司以一批产品抵偿该笔债务。该批产品售500 000元，成本400 000元，增值税税率17%。

存货视同售价应交增值税=500 000×17%=85 000

资本公积=700 000-（400 000+85 000）=215 000
```
借：应付账款——B公司                                  700 000
    贷：库存商品                                                  400 000
        应交税金——应交增值税（销项税额）                        85 000
        资本公积——其他资本公积                                  215 000
```

A公司应付B公司购货款700 000元，A公司偿债存货的账面价值为650 000元，售价为550 000元，对该存货已提跌价准备40 000元。

存货视同售价应交增值税=550 000×17%=93 500

营业外支出=700 000-（650 000-40 000+93 500）=3 500
```
借：应付账款——B公司                                  700 000
    存货跌价准备                                         40 000
    营业外支出                                            3 500
    贷：库存商品                                                  650 000
        应交税金——应交增值税（销项税额）                        93 500
```

（3）以债务转为资本清偿债务。债务人以债务转为资本清偿债务的，应将重组债务的账面价值与债权人因放弃债权而享有的股权份额之间的差额确认为资本公积；债权人应将重组债权的账面价值作为受让的股权的入账价值。债务人为股份有限公司的，债务人应按债权人因放弃债权而享有的股份的面值总额之间的差额确认为资本公积。债务人为非股份有限公司的，债务人应按债权人因放弃债权而享有的股权份额确认实收资本，按债务账面价值转销债务，将债务账面价值与股权份额之间的差额确认为资本公积。

【例6-40】2010年2月10日，A公司销售一批材料给B公司（股份有限公司），同时收到B公司签发并承兑的一张面值1 000 000元、年利率7%、6个月期、到期还本付息的票据。8月10日，B公司与A公司协商，以其普通股抵偿该票据。B公司用于抵债的普通股为 100 000 股，股票市价为每股 9.6 元。假定印花税税率为 0.4%，不考虑其他税费。

债务重组日，重组债务的账面价值	1 035 000
减：债权人享有股份的面值总额	100 000
差额	935 000

B 公司做如下会计分录。

借：应付票据——A 公司　　　　　　　1 035 000
　　贷：股本　　　　　　　　　　　　　　　100 000
　　　　资本公积——股本溢价　　　　　　　935 000
借：管理费用　　　　　　　　　　　　　3 840
　　贷：银行存款　　　　　　　　　　　　　　3 840

A 公司做如下会计分录。

借：长期股权投资　　　　　　　　　　1 038 840
　　贷：应收票据——B 公司　　　　　　　1 035 000
　　　　银行存款　　　　　　　　　　　　　3 840

第三部分　房地产企业会计实务

一、房地产开发产品成本的核算

1．开发产品成本的构成

为了降低开发过程的耗费，提高企业经济效益，就要正确地核算开发产品的成本。而核算开发产品成本的前提是要明确开发产品成本的种类和内容。开发产品成本是指房地产开发企业在开发产品过程中所发生的各项费用支出。按其经济用途，可分为 4 类，如表 6-8 所示。

表 6-8　　　　　　　　　　　　　　　开发产品成本的种类

开发产品成本种类	具体内容
土地开发成本	房地产开发企业开发土地所发生的各项费用支出
房屋开发成本	房地产开发公企业开发各种房屋（包括商品房、代建房、周转房等）所发生的各项费用支出
配套设施开发成本	房地产开发企业开发能有偿转让的大型配套设施及不能有偿转让、不能直接记入开发产品成本的公共配套设施所发生的各项费用支出。一般承建的公共配套设施有两类。第一类是能有偿转让的大型配套设施，如医院；第二类是不能有偿转让的公共配套设施，如自行车车棚
代建工程开发成本	房地产开发企业接受委托单位的委托，代为开发除土地、房屋以外其他工程，如市政工程等所发生的各项费用支出

开发产品的成本包括 6 个成本项目，如表 6-9 所示。

表 6-9　　　　　　　　　　　　　　　开发产品成本项目

项　　目	具体内容
土地征用及拆迁补偿或批租地价	因开发房地产而征用土地所发生的各项费用，包括征地费、安置费以及原有建筑物的拆迁补偿费，或采用批租方式取得土地的批租地价
前期工程费	土地、房屋开发前发生的规划、设计、可行性研究以及水文地质勘查、测绘、场地平整等费用

项　目	具体内容
基础设施费	土地、房屋开发过程中发生的供水、供电、供气、排污、通信、照明、道路等基础设施费用
建筑安装工程费	土地房屋开发项目在开发过程中按建筑安装工程施工图施工所发生的各项建筑安装工程费和设备费
配套设施费	在开发小区内发生，可记入土地、房屋开发成本的不能有偿转让的公共配套设施费用，如锅炉房、居委会、幼儿园、公厕等设施支出
开发间接费	房地产开发企业内部独立核算单位及开发现场为开发房地产而发生的各项间接费用，包括现场管理机构人员工资、福利费、修理费、办公费、劳动保护费等

构成房地产开发企业产品的开发成本，相当于工业产品的制造成本和建筑安装工程的施工成本。如要计算房地产开发企业产品的完全成本，还要计算开发企业行政管理部门为组织和管理开发经营活动而发生的管理费用、财务费用，以及为销售、出租、转让开发产品而发生的销售费用。管理费用、财务费用和销售费用，也称期间费用。但将期间费用记入开发产品成本，不但要增加核算的工作量，也不利于正确考核企业开发单位的成本水平和成本管理责任。因此，现行会计制度中规定将期间费用记入当期损益，不再记入开发产品成本，也就是说，房地产开发企业开发产品只计算开发成本，不计算完全成本。

2．土地开发成本的核算

房地产开发企业开发的土地，按其用途可将它分为两种：一种是为了转让、出租而开发的商品性土地（也叫商品性建设场地）；另一种是为开发商品房、出租房等房屋而开发的自用土地。

土地开发成本的核算对象，应按照有利于成本费用的归集和有利于土地开发成本的及时核算为原则来确定。对于开发面积不大、开发工期较短的土地，可以每一块独立的开发项目为成本核算对象；对于开发面积较大、工期较长，分区域开发的土地，可以一定区域作为成本核算对象。

土地开发成本计算对象已经确定，就应按其设置土地开发成本明细账，在明细账上按成本项目设置专栏，归集土地开发项目的实际成本。

土地开发成本项目的确定，取决于土地开发项目的设计要求、开发程度和开发内容。其设计要求、开发程度和开发内容不同，土地开发实际发生的费用成本构成也不尽相同。

根据土地开发支出的一般情况，企业对土地开发成本的核算，可设置如下几个成本项目：

① 土地征用及拆迁补偿费或土地批租费；

② 前期工程费；

③ 基础设施费；

④ 开发间接费。

其中，土地征用及拆迁补偿费是指按照城市建设总体规划进行土地开发所发生的土地征用费、耕地占用税、劳动力安置费及有关地上、地下物拆迁补偿费等。

企业开发商品性建设场地所发生的费用，记入"开发成本——土地开发成本"账户核算。企业开发自用建设场地所发生的费用，能够分清负担对象的，记入"开发成本——房屋开发成本"账户核算。为了分清转让、出租用土地开发成本和不能确定负担对象自用土地开发成本，对土地开发成本应按土地开发项目的类别，分别设置"商品性土地开发成本"和"自用土地开发成本"两个二级账户，并按成本核算对象和成本项目设置明细分类账。对发生的土地征用及拆迁补偿费、前期工程费、基础设施费等土地开发支出，可直接记入各土地开发成本明细分类账，并记入"开发成本——商品性土地开发成本"、"开发成本——自用土地开发成本"账户的借方和"银行存款"、"应付账款——应付工程款"等账户的贷方。发生的开发间接费用，应先在"开发间接费用"账户进行核算，于月份终了再按一定标准，分配记入有关开发成本核算对象。应由商品性土地开发成本负担的开发间接费，应记入"开发成本——商品性土地开发成本"账户的借方和"开发间接费用"账户的贷方。

【例 6-41】W 房地产开发企业在某月份内，发生了下列有关土地开发支出，如表 6-10 所示。

表 6-10 　　　　　　　　　某房地产开发企业土地开发支出

单位：元

	商品性土地	自用土地
支付征地拆迁费	86 000	84 000
支付承包设计单位前期工程款	18 000	16 000
应付承包施工单位基础设施款	27 000	13 000
分配开发间接费	12 000	
合　计	143 000	113 000

① 支付银行存款支付征地拆迁费时

借：开发成本——商品性土地开发成本 　　　　　86 000
　　　　　　——自用土地开发成本 　　　　　　84 000
　　贷：银行存款 　　　　　　　　　　　　　　　　170 000

② 支付银行存款支付设计单位前期工程款时

借：开发成本——商品性土地开发成本 　　　　　18 000
　　　　　　——自用土地开发成本 　　　　　　16 000
　　贷：银行存款 　　　　　　　　　　　　　　　　34 000

③ 将应付施工企业基础设施工程款入账时

借：开发成本——商品性土地开发成本 　　　　　27 000
　　　　　　——自用土地开发成本 　　　　　　13 000
　　贷：应付账款——应付工程款 　　　　　　　　40 000

④ 分配应记入商品性土地开发成本的开发间接费用时

借：开发成本——商品性土地开发成本 　　　　　12 000
　　贷：开发间接费用 　　　　　　　　　　　　　　12 000

同时应将各项土地开发支出分别记入商品性土地开发成本、自用土地开发成本明细分类账，如表 6-11 所示。

在"开发成本——土地开发成本"账户核算的土地开发成本，应按月结转。完工后结转成本。对已完工的土地开发项目的成本，应根据用途采用不同的方法结转。

企业为有偿转让而开发的商品性土地，将其成本转入"开发产品"账户结账时，借记"开发产品——商品性土地"账户，贷记"开发成本——土地开发成本"账户。企业自用的建设场地，将其成本结转记入有关商品房、出租房等开发产品成本中，结转时，借记"开发成本——房屋开发成本"账户，贷记"开发成本——土地开发成本"账户。企业自用的建设场地，开发完后暂不使用的，应将其成本现转入"开发产品"账户，即借记"开发产品——自用土地"账户，贷记"开发成本——土地开发成本"账户。当企业再进行房屋开发建设时，再将其土地开发成本自"开发产品"账户转入"开发成本"账户，借记"开发成本——房屋开发成本"账户，贷记"开发产品——自用土地"账户。

表6-11　　　　　　　　　　土地开发成本明细分类账

项目编号名称：商品性土地

2010 年		凭证号数	摘要	借方金额	贷方金额	借方余额	明细科目借方发生额			
月	日						土地征用拆迁补偿费	前期工程费	基础设施费	开发间接费
			本年累计			798 000	492 000	103 000	143 000	60 000
			征地拆迁费	86 000		952 000	86 000			
			前期工程费	18 000		943 000		18 000		
			基础设施款	27 000		971 000			27 000	
			开发间接费	12 000		1 030 000				12 000

3．配套设施开发成本的核算

房地产开发企业开发的配套设施，可以分为如下两类。一类是开发小区内开发不能有偿转让的公共配套设施，如锅炉房、居委会、消防、自行车棚等。另一类是能有偿转让的城市规划中规定的大配套设施项目，包括开发小区内营业性公共配套设施，如商店、银行、邮局等；开发小区内非营业性配套设施，如中小学、文化站、医院等；开发项目外为居民服务的给排水、供电、供气的增容增压、交通道路等。这类配套设施，如果没有投资来源，不能有偿转让，也将它归入第一类中，记入房屋开发成本。

配套设施的开发成本应设置6个成本项目，分别是土地征用及拆迁补偿费或批租地价、前期工程费、基础设施费、建筑安装工程费、配套设施费、开发间接费。

其中，配套设施费项目用以核算分配的其他配套设施费。配套设施开发成本，在核算时一般设置4个成本项目，即土地征用及拆迁补偿费或批租地价、前期工程费、基础设施费、建筑安装工程费。

企业发生的各项配套设施支出，应在"开发成本——配套设施开发成本"账户进行核算，并按成本核算对象和成本项目进行明细分类核算。发生的土地征用及拆迁补偿费或批租地价、前期工程费、基础设施费等支出，记入"开发成本——配套设施开发成本"账户的借方和"银行存款"、"应付账款——应付工程款"等账户的贷方。能有偿转让大配套设施分配的其他配套设施支出，记入"开发成本——配套设施开发成本——××"账户的借方和"开发成本——配套设施开发成本——××"账户的贷方。能有偿转让大配套设施分配的开发间接费用，应记入"开发成本——配套设施开发成本"账户的借方和"开发间接费用"账户的贷方。

对配套设施与房屋等开发产品不同步开发，或房屋等开发完成等待出售或出租，而配套设施尚未全部完成的，经批准后可按配套设施的预算成本或计划成本，预提配套设施费，将它记入房屋等开发成本明细分类账的"配套设施费"项目，并记入"开发成本——房屋开发成本"等账户的借方和"预提费用"账户的贷方。开发产品预提的配套设施费的计算，一般可按以下公式进行。

某项开发产品预提的配套设施费=该项开发产品预算成本（或计划成本）×配套设施费预提率=该配套设施的预算成本（或计划成本）÷应负担该配套设施费各开发产品的预算成本（或计划成本）合计×100%

式中应负担配套设施费的开发产品一般应包括开发房屋、能有偿转让在开发小区内开发的大配套设施。

【例6-42】某开发小区内幼托设施开发成本应由A、B商品房，C出租房，D周转房和E大配套设施商店负担。由于幼托设施在商品房等完工出售、出租时尚未完工，为了及时结转完工的商品房等成本，应先将幼托设施配套设施费预提记入商品房等的开发成本。假定各项开发产品和幼托设施的预算成本如下。

A商品房600 000元

B商品房400 000元

C出租房900 000元

D周转房800 000元

E大配套设施——商店700 000元

幼托设施220 000元

则幼托设施配套设施费预提率=220000÷（600 000+400 000+900 000+800 000+700 000）×100%=220 000÷3 400 000×100%=6.5%

各项开发产品预提幼托设施的配套设施费如下。

A商品房：600 000元×6.5%=39 000元

B商品房：400 000元×6.5%=26 000元

C出租房：900 000元×6.5%=58 500元

D周转房：800 000元×6.5%=32 500元

E大配套设施——商店：700 000元×6.5%= 45 500元

按预提率计算各项开发产品的配套设施费时，其与实际支出数的差额，应在配套设施完工时，按预提数的比例，调整增加或减少有关开发产品的成本。

已完成全部开发过程及经验收的配套设施，应按其人员情况和用途结转其开发成本。

① 对能有偿转让给有关部门的大配套设施，如上述商店设施，应在完工验收后将其实际成本"开发成本——配套设施开发成本"账户的贷方转入"开发产品——配套设施"账户的借方，做会计分录如下。

借：外发产品——配套设施　　　　　　　　　　580 000
　贷：开发成本——配套设施开发成本　　　　　　　580 000

配套设施有偿转让收入，应作为经营收入处理。

② 按规定应将其开发成个分配记入商品房等计发产品成本的公共配套设施，如上述水塔设施，在完工验收后、应将其发生的实际开发成本按一定的标准（有关开发产品的实际成本、预算成本或计划成本），分配记入有关房屋和大配套设施的开发成本，做会计分录如下。

借：开发成本——房屋开发成本　　　　　　　　　365 000

```
    开发成本——配套设施开发成本                        15 000
  贷：开发成本——配套设施开发成本                              380 000
```

③ 对用预提方式将配套设施支出记入有关开发产品成本的公共配套设施，如幼托设施，应在完工验收后，将其实际发生的开发成本冲减预提的配套设施费，做会计分录如下。

```
借：预提费用——预提配套设施费                        470 000
  贷：开发成本——配套设施开发成本                              470 000
```

如预提配套设施费大于或少于实际开发成本，可将其多提数或少提数冲减有关开发产品成本或作追加的分配。如有关开发产品已完工并办理竣工决算，可将其差额冲减或追加分配于尚未办理竣工决算的开发产品的成本。

4．房屋开发成本的核算

（1）房屋开发成本的种类、核算对象和成本项目。房屋的开发，是房地产开发企业的主要经济业务。开发企业开发的房屋，按其用途可分为为销售而开发的商品房、为出租经营而开发的出租房、为安置被拆迁居民周转使用而开发的周转房。此外，有的开发企业还受其他单位的委托，代为开发如职工住宅等代建房。

为了便于计算开发成本，在会计上除设置"开发成本——房屋开发成本"账户外，还应按开发房屋的性质和用途，分别设置商品房、出租房、周转房、代建房等三级账户，并按各成本核算对象和成本项目进行明细分类核算。

房屋的成本核算对象，应结合开发地点、用途、结构、装修、层高、施工队伍等因素加以确定：一般房屋开发项目，以每一独立编制设计预算，或每一独立的施工团预算所列的单项开发工程为成本核算对象；同一开发地点，结构类型相同的群体开发项目，开竣工时间相近，同一施工队伍施工的，可以合并为一个成本核算对象，于开发完成算得实际开发成本后，再按各个单项工程预算的比例，计算各幢房屋的开发成本；对于个别规模较大、工期较长的房屋开发项目，可以结合经济责任制的需要，按房屋开发项目的部位划分成本核算对象。

开发企业对房屋开发成本的核算，应设置土地征用及拆迁补偿费或批租地价、前期工程费、基础设施费、建筑安装工程费、配套设施费、开发间接费这几个成本项目。其中，建筑安装工程费是指列入房屋开发项目建筑安装工程预算的砖石工程、钢筋混凝土工程、电气照明工程等发生的费用。配套设施费是指按规定应记入房屋开发成本不能有偿转让公共配套设施，如锅炉房、居委会、自行车棚、公厕等支出。开发管理费是指应由房屋开发成本中用于开发的间接费用。

（2）房屋开发成本的核算。房屋开发过程中发生的土地征用及拆迁补偿费或批租地价。能分清成本核算对象的，应直接记入有关房屋开发成本核算对象的"土地征用及拆迁补偿费"成本项目，并记入"开发成本——房屋开发成本"账户的借方和"银行存款"等账户的贷方。

房屋开发过程中发生的自用土地征用及拆迁补偿费，如分不清成本核算对象的，应先将其支出先通过"开发成本——自用土地开发成本"账户进行汇集，待土地开发完成投入使用时，再按一定标准将其分配记入有关房屋开发成本核算对象，并记入"开发成本——房屋开发成本"账户的借方和"开发成本——自用土地开发成本"账户的贷方。

房屋开发占用的土地，若属于企业综合开发的商品性土地，则应将其发生的土地征用及拆迁补偿费，按一定标准将其分配记入有关房屋开发成本核算对象，记入"开发成本——房屋开发成本"账户的借方和"开发成本——商品性土地开发成本"账户的贷方。若开发完成商品性土地已经转入"开发产品"账户，则在用以建造房屋时，将其应负担的土地征用及拆迁补偿费记入有关房屋开发成本核算对象，并记入"开发成本——房屋开发成本"账户的借方和"开发产品"账户的贷方。

房屋开发过程中发生的规划、设计、可行性研究等各项前期工程支出，将能分清成本核算对象的，记入"前期工程费"成本项目，并记入"开发成本——房屋开发成本"账户的借方和"银行存款"等账户的贷方。由两个或两个以上成本核算对象负担的前期工程费，应按一定标准将其分配记入"前期工程费"成本项目，并记入"开发成本——房屋开发成本"账户的借方和"银行存款"等账户的贷方。

房屋开发过程中发生的供水、供电、供气、排污以及道路等基础设施支出，应记入"基础设施费"成本项目，并记入"开发成本——房屋开发成本"账户的借方和"银行存款"等账户的贷方。如开发完成商品性土地已转入"开发产品"账户，则在用以建造房屋时，应将其应负担的基础设施费记入有关房屋开发成本核算对象，并记入"开发成本——房屋开发成本"账户的借方和"开发产品"账户的贷方。

房屋开发过程中发生的建筑安装工程支出，不同施工方式应采用不同的核算方法。采用发包方式进行建筑安装工程施工的房屋开发项目，其建筑安装工程支出，应记入"建筑安装工程费"成本项目，并记入"开发成本——房屋开发成本"账户的借方和"应付账款——应付工程款"等账户的贷方。如果开发企业对建筑安装工程采用招标方式发包，并将几个工程一并招标发包，则在工程完工结算工程价款时，应按各项工程的预算造价的比例，计算它们的标价即实际建筑安装工程费。

房屋开发成本应负担的配套设施费是指开发小区内不能有偿转让的公共配套设施支出。如果配套设施与房屋同步开发，发生的公共配套设施支出，应记入"配套设施费"项目，并记入"开发成本——房屋开发成本"账户的借方和"应付账款——应付工程款"等账户的贷方。如果发生的配套设施支出，应由两个或两个以上成本核算对象负担的，待配套设施完工时，按一定标准分配记入"配套设施费"成本项目，并记入"开发成本——房屋开发成本"账户的借方和"开发成本——配套设施开发成本"账户的贷方。

如果配套设施与房屋非同步开发，在结算完工房屋的开发成本时，对应负担的配套设施费，可采取预提的办法。即根据配套设施的预算成本（或计划成本）和采用的分配标准，计算完工房屋应负担的配套设施支出，记入"配套设施费"成本项目，并记入"开发成本——房屋开发成本"账户的借方和"预提费用"账户的贷方。

企业内部独立核算单位为开发各种开发产品而发生的各项间接费用，应先通过"开发间接费用"账户进行核算，每月终了，按一定标准分配记入各有关开发产品成本。应由房屋开发成本负担的开发间接费用，应自"开发间接费用"账户的贷方转入"开发成本——房屋开发成本"账户的借方，并记入有关房屋开发成本核算对象的"开发间接费"成本项目。

【例 6-43】某企业开发的房屋 A 工程已竣工验收，实际成本 20 000 000 元，做如下会计分录。

借：开发产品——房屋——A 工程   20 000 000
 贷：开发成本——房屋开发——A 工程   20 000 000

【例 6-44】某开发企业接受市政工程管理部门的委托，代为扩建开发小区旁边一条道路。扩建过程中，用银行存款支付拆迁补偿费 800 000 元，前期工程费 370 000 元，应付基础设施工程款 520 000 元，分配开发间接费用 60 000 元，在发生上列各项扩建工程开发支出和分配开发间接费用时，做如下会计分录。

借：开发成本或生产成本——代建工程开发成本　　　　1 750 000
　　贷：银行存款　　　　　　　　　　　　　　　　　　　　1 170 000
　　　　应付账款——应付工程款　　　　　　　　　　　　　　520 000
　　　　　　　　——开发间接费用　　　　　　　　　　　　　 60 000

道路扩建工程完工并经验收，结转已完工程成本时，做如下会计分录。

借：开发产品或库存商品——代建工程　　　　　　　　1 750 000
　　贷：开发成本或生产成本——代建工程开发成本　　　　　1 750 000

5. 开发间接费用的核算

开发间接费用是指房地产开发企业内部独立核算单位在开发现场组织管理开发产品而发生的各项费用。为了简化核算手续，将它先记入"开发间接费用"科目，然后按照适当分配标准，将它分别记入各项开发产品成本。

（1）开发间接费用的组成。为了组织开发间接费用的明细分类核算，分析各项费用增减变动的原因，进一步节约费用开支，开发间接费用应分设工资、折旧费、修理费、办公费、水电费、劳动保护费、周转房摊销以及利息支出这 8 项明细项目进行核算。

（2）开发间接费用的核算。开发间接费用的总分类核算，在"开发间接费用"科目进行。企业所属各内部独立核算单位发生的各项开发间接费用，都要自"应付职工薪酬"、"累计折旧"、"递延资产"或"长期待摊费用"、"银行存款"、"周转房——周转房摊销"等科目的贷方转入"开发间接费用"科目的借方，做如下会计分录。

借：开发间接费用
　　贷：应付职工薪酬
　　　　累计折旧
　　　　递延资产或长期待摊费用
　　　　银行存款
　　　　周转房——周转房摊销

（3）开发间接费用的分配。每月终了，应对开发间接费用进行分配，按实际发生数记入有关开发产品的成本。开发间接费用的分配方法，企业可根据开发经营的特点自行确定。不论土地开发、房屋开发、配套设施和代建工程，均应分配开发间接费用。为了简化核算手续并防止重复分配，对应记入房屋等开发成本的自用土地和不能有偿转让的配套设施的开发成本，均不分配开发间接费用。这部分开发产品应负担的开发间接费用，可直接分配记入有关房屋开发成本。也就是说，企业内部独立核算单位发生的开发间接费用，可仅对有关开发房屋、商品性土地、能有偿转让配套设施及代建工程进行分配。开发间接费用的分配标准，可按月份内各项开发产品实际发生的直接成本（包括土地征用及拆迁补偿费或批租地价、前期工程费、基础设施费、建筑安装工程费、配套设施费）进行，即

某项开发产品成本分配的开发间接费用＝月份内该项开发产品实际发生的直接成本 ×
本月实际发生的开发间接费用 ÷ 应分配开发间接费各开发产品实际发生的直接成本总额

【例 6-45】某房地产开发企业某内部独立核算单位在 2010 年 3 月共发生了开发间接费用 62 400 元，应分配开发间接费各开发产品实际发生的直接成本如表 6-12 所示。

表6-12　　　　　　　　　　开发产品编号名称及直接成本　　　　　　　　单位：元

A	商品房	60 000
B	商品房	120 000
C	出租房	50 000
D	周转房	70 000
E	大配套设施——商店	95 000
F	商品性土地	125 000
	合　　计	520 000

根据上列公式，即可为各开发产品算得3月份应分配的开发间接费。

A商品房：　　　60 000元×62 400元÷520 000元 =60 000元×12%=7 200（元）

B商品房：　　　120 000元×12%=14 400（元）

C出租房：　　　50 000元×12%=6 000（元）

D周转房：　　　70 000元×12%=8 400（元）

E大配套设施：　95 000元×12%=11 400（元）

F商品性土地：　125 000元×12%=15 000（元）

根据上面计算，就可编制如表6-13所示的开发间接费用分配表。

表6-13　　　　　　　　　　　　开发间接费用分配表

2010年3月　　　　　　　　　　　　　　　　　　　　　　　　　　　　　　单位：元

开发项目编号名称	直接成本	分配开发间接费
A 商品房	60 000	7 200
B 商品房	120 000	14 400
C 出租房	50 000	6 000
D 周转房	70 000	8 400
E 大配套设施	95 000	11 400
F 商品性土地	125 000	15 000
合　　计	520 000	62 400

根据开发间接费用分配表，即可将各开发产品成本分配的开发间接费记入各开发产品成本核算对象的"开发间接费"成本项目，并将它记入"开发成本"各二级账户的借方和"开发间接费用"账户的贷方，做会计分录如下。

借：开发成本——房屋开发成本　　　　　　　　36 000

　　　　　——配套设施开发成本　　　　　　　11 400

　　　　　——商品性土地开发成本　　　　　　15 000

　　贷：开发间接费用　　　　　　　　　　　　　　　　62 400

二、房地产开发企业施工工程成本的核算

1. 施工工程成本的构成

施工工程成本是指施工项目在施工过程中所发生的全部生产费用的总和，它包括直接成本和间接成本。

直接成本是指在施工过程中耗费的构成工程实体或有助于工程实体形成的各项费用支

出，是可直接记入工程对象的费用，包括材料费、人工费、施工措施费等。

间接成本是指施工准备、组织和管理施工生产的全部费用的支出，是非直接用于工程对象，但工程施工所必须的费用，包括管理人员的工资、办公费、交通差旅费等。

施工工程成本计算一般设有 5 个成本项目。

① 人工费，指直接从事工程施工人员的工资、奖金及福利费。

② 材料费，指施工过程中构成工程实体或有助于工程完工的各种原材料、辅助材料、外购件等。

③ 机械使用费，指在施工过程中使用自有施工机械的机械使用费和使用租入外单位施工机械的租赁费。

④ 其他直接费用，指施工过程中所发生的材料二次搬运费，生产工具器具使用费、场地清理费等。

⑤ 间接费用，指施工单位组织和管理生产活动所发生的各种费用，包括水电费、差旅费、管理人员的工资、奖金等。

上述成本项目中，机械使用费和间接费用可分设两个账户进行归集，月末采用一定的分配方法在各个成本计算对象之间进行分配，其他成本费用可直接记入工程施工成本。

2. 材料费和人工费的核算

（1）材料费的核算。施工中所耗用的材料和结构件，可通过"领料单"、"退料单"、"大堆材料耗用单"等材料凭证汇总计算。

大堆材料是指砖、石、沙等材料。这些材料通常由多个单位工程共同耗用，且领用次数多，很难在领用时逐一加以点数，往往采用的方法是在大堆材料进场时进行点数，日常领用不逐笔办理领料手续。月末，根据当月完成工程量和单位工程量材料消耗定额，计算各项工程本月定额耗用量：

$$本月定额耗用量 = \sum （本月完成工程量 \times 材料消耗定额）$$

再通过盘点求得实际耗用量，并计算定额耗用量与实际耗用量的差异数量和差异分配率：

$$本月实际耗用量 = 月初结存数量 + 本月收入数量 - 月末盘点数量$$

$$差异数量 = 本月实际耗用量 - 本月定额耗用量$$

$$差异分配率 = 差异数量 \div 本月定额耗用量 \times 100\%$$

然后求得各项工程实际耗用大堆材料数量和计划价格成本：

$$某项工程实际耗用大堆材料数量 = 该工程定额耗用量 \times （1 \pm 差异分配率）$$

$$某项工程实际耗用大堆材料计划价格成本 = 该工程实际耗用大堆材料数量 \times 计划单价$$

做如下会计分录。

领用的自购材料，根据领用料单或出库单等单据，记入材料费。

借：工程施工——材料费

　　贷：原材料

（2）人工费的核算。工程成本中的人工费，对计件工人的工资，可直接根据"工程任务单"中工资总额汇总记入各项工程的成本，职工福利费可按工资的比例记入各项工程的成本。

"工程任务单"是施工人员根据施工作业计划于施工前下达给工人班组的具体工作通知，也是用以记录实际完成工程数量、计算奖金或计件工资的凭证。

对计时工人的工资和福利费，可根据按工程类别汇总的工时汇总表中各项工程耗用的作业工时总数和该施工单位的平均工资率计算。

施工单位平均工资率的计算公式为：

某施工单位平均工资率（元/时）=月份内施工单位建筑安装工人工资和职工福利费总额（元）÷月份内该施工单位建筑安装工人作业工时总和（时）

用施工单位平均工资率乘该项工程耗用的工时，就可算得该项工程在某月份内应分配的人工费：

该项工程分配的人工费=该项工程耗用工时×施工单位平均工资率

做如下会计分录。

① 根据工资清单，所发生的工资和计提的福利费等费用记入人工费

借：工程施工——人工费

　　贷：应付职工薪酬

② 支付职工薪酬时

借：应付职工薪酬

　　贷：库存现金

3．机械使用费的核算

机械使用费的内容一般包括如下几个。

① 人工费，指机上操作人员的工资和职工福利费。

② 燃料、动力费，指施工机械耗用的燃料、动力费。

③ 材料费，指施工机械耗用的润滑材料和擦拭材料等费用。

④ 折旧、修理费，指对施工机械计提的折旧费、应计的修理费和租入机械的租赁费。

⑤ 替换工具、部件费，指施工机械使用的传动皮带、轮胎、变压器、电线等替换工具部件的摊销费和维修费。

⑥ 运输装卸费，指将施工机械运到施工现场、运离施工现场和在工地范围内转移的运输、安装、拆卸及试车等费用，若运往其他施工现场，运出费用由其他施工现场的工程成本负担。

⑦ 辅助设施费，指为使用施工机械建造、铺设的基础、底座、行走轨道等费用。施工机械辅助设施费，如数额较大，可先记入"待摊费用"账户，然后按照现场施工期限分次从"待摊费用"账户转入"工程施工——机械使用费"账户，摊入各月工程成本。

⑧ 养路费、牌照税，指为施工机械如铲车、压路机等缴纳的养路费和牌照税。

⑨ 间接费，指机械施工队组织机械施工、管理机械发生的费用和停机棚的折旧、修理费。

机械使用费总分类核算，应先在"工程施工——机械使用费"账户进行。施工单位发生的各项机械使用费，都要自"原材料"、"周转材料"、"材料成本差异"、"应付职工薪酬"、"银行存款"、"累计折旧"、"预付账款"等账户的贷方转入"工程施工——机械使用费"账户的借方，做如下会计分录。

借：工程施工——机械使用费

　　贷：库存材料

　　　　周转材料

　　　　材料成本差异

　　　　应付职工薪酬

　　　　银行存款

　　　　累计折旧

　　　　预付账款

机械使用费的明细分类核算，对大型机械可按各机械分别进行；对中型机械可按机械类别进行；对小型施工机械，如砂浆机、打夯机等可合并计算它们的折旧、修理费。

机械使用费的分配，一般都以施工机械的工作台时为标准。各施工机械对各项施工的工作台时，可以根据各种机械的使用记录，在"机械使用月报"中加以汇总。

机械使用费分配的算式为：

某项工程应分配的机械使用费=该项工程使用机械的工作台时×机械使用费合计÷机械工作台时合计

对于各种中型机械的机械使用费的核算，若不分机械种类进行，可按下列算式计算：

某项工程应分配的机械使用费=∑（该工程使用机械的工作台时×机械台时费计划数）×实际发生的机械使用费÷∑（机械工作台时合计×该机械台时费计划数）

4. 其他直接费用的核算

其他直接费用是指在施工现场直接发生，但不能记入"材料费"、"人工费"和"机械使用费"项目的费用，主要包括如下几项。

① 施工过程中耗用的水、电、风、气费。

② 冬、雨季施工费，包括为保证工程质量采取的保温、防雨措施所需增加的材料、人工和各项设施费用。

③ 因场地狭小等原因而发生的材料多次搬运费。

④ 土方运输费。

此外，还包括生产工具用具使用费、检验试验费、工程点交费、场地清理费等。

【例6-46】用银行存款为某项工程支付土方运输费3 000元，做如下会计分录。

借：工程施工　　　　　　　　　　　　　　　　　　　　　3 000

　　贷：银行存款　　　　　　　　　　　　　　　　　　　　　　3 000

对于不能直接记入各项工程成本的水、电、风、气等劳务费用，可在月终根据各项工程的实际耗用量，将各项劳务费用分配于各有关工程成本。

5. 间接费用的核算

工程成本中除了上文所说的各项直接项目外，还包括施工单位组织施工、管理所发生的各项费用。为了简化核算手续，将这些费用先记入"施工间接费用"账户，然后将它分配记入各项工程成本。

施工间接费用的内容，一般包括如下几个。

① 管理人员工资、施工单位管理人员的工资、工资性津贴、补贴等。

② 职工福利费，指按照施工单位管理人员工资总额的一定比例提取的职工福利费。

③ 折旧费，指施工单位施工管理使用属于固定资产的房屋、设备等的折旧费。

④ 修理费，指施工单位施工管理使用属于固定资产的房屋、设备等的经常修理费和大修理费。

⑤ 工具用具使用费，指施工单位施工管理部门使用不属于固定资产的工具、器具和检验、试验、消防用具等的购置，摊销和修理费。

⑥ 办公费，指施工单位管理部门办公用的文具、纸张、账表、印刷、水电和集体取暖等的费用。

⑦ 差旅交通费，指施工单位职工因公出差、调动工作的差旅费、住勤补助费、市内交通补助费、职工探亲路费、工伤人员就医路费，以及施工单位管理部门使用的交通工具的油

料、养路费等。

⑧ 劳动保护费，指用于施工单位职工的劳动保护用品和技术安全设施的购置、摊销和修理费，供职工保健用的解毒剂、营养品等物品的购置费和补助费以及工地上职工洗澡、饮水的燃料费等。

⑨ 其他费用，以上所列各项费用以外的其他间接费用。

施工单位发生的间接费用，在总分类核算上，应在"施工间接费用"账户进行。发生的各项施工间接费用，都要自"原材料"、"周转材料"、"材料成本差异"、"应付职工薪酬"、"银行存款"、"库存现金"、"累计折旧"、"预付账款"等账户的贷方转入"施工间接费用"账户的借方。

借：施工间接费用
　　贷：原材料
　　　　周转材料
　　　　材料成本差异
　　　　应付职工薪酬
　　　　银行存款
　　　　库存现金
　　　　累计折旧
　　　　预付账款

如施工单位搭建有为进行施工所必须的生产和生活用的临时宿舍、仓库、办公室等临时设施，应将其搭建支出先记入"递延资产"账户，然后分月摊销记入"施工间接费用"账户。

施工间接费用的明细分类核算，应按施工单位设置"施工间接费用明细分类账"，将发生的施工间接费用按明细项目分栏登记。

每月终了，应对施工间接费用进行分配，其计算公式为：

某项工程本期应分配的施工间接费用=本期实际发生的施工间接费用×该项工程本期
　　实际发生的直接费（或人工费）×该项工程规定的施工间接费用定额÷
∑[各项工程本期实际发生的直接费（或人工费）×各项工程规定的施工间接费用定额]

在实际核算中，对于施工间接费用的分配，通常将上列算式改为：

某项工程本期应分配的施工间接费用=[该项工程本期实际发生的直接费（或人工
　　费）×该项工程本期规定的施工间接费用定额]×本期实际发生的施工间接费用÷
∑[各项工程本期实际发生的直接费（或人工费）×各项工程规定的施工间接费用定额]

三、物业会计核算

1. 经营收入的范围

经营收入是指企业从事物业管理和其他经营活动所取得各项收入，主要包括主营业务收入中的物业管理收入、物业经营收入、物业大修收入和其他业务收入以及商业用房经营收入。

主营业务收入是指企业在从事物业管理活动中，为物业产权人、使用人提供维修、管理和服务所取得的收入，包括物业管理收入、物业经营收入和物业大修收入。

其他业务收入是指企业从事主营业务以外的其他经营活动所取得的收入，包括企业代为经营业主委员会或者物业产权人、使用人提供的房屋建筑物和共用设施取得的收入，如代为房屋出租取得的收入。

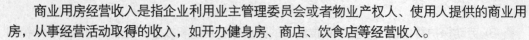

商业用房经营收入是指企业利用业主管理委员会或者物业产权人、使用人提供的商业用房，从事经营活动取得的收入，如开办健身房、商店、饮食店等经营收入。

2．经营收入会计科目处理

物业管理、物业经营、物业大修等业务取得的经营收入应记入"主营业务收入"科目，其他业务收入记入"其他业务收入"科目。以上科目必须按收入类别和项目管理处分别设置并进行明细核算。

企业利用业主委员会的场地收取停车使用费，所取得的收入记入"其他应付款——场地停车费代收"科目贷方，并全额计提和交纳营业税及附加税费。根据物业管理服务协议支付业主委员会收益或各种应承担的管理费用时，记入"其他应付款——场地停车费代收"科目借方；物业公司自身获得的收益，即"其他应付款——场地停车费代收"科目的贷方余额，借记并转入"其他业务收入"。

3．成本的核算

成本费用有以下几种界限。

（1）生产经营成本和非生产经营成本的界限。只有正常的生产经营活动消耗才能记入生产经营成本。生产经营成本主要包括：直接从事物业管理等经营活动的人员工资、奖金和福利费；房屋共用部分、共用设施设备维修费、保养费、耗用的水电费；直接从事物业管理等经营活动人员的劳动保护费；绿化费、保洁费、保安费等。非生产经营活动消耗不能记入生产经营成本。

（2）生产经营成本与期间费用的界限。凡与企业直接生产经营活动无关的经营管理性支出均记入期间费用。

（3）不同会计期间的成本费用界限。根据"权责发生制"原则确定当期的成本费用，正确核算"待摊费用"和"预提费用"。会计期末未经主管税务机关认可的"待摊费用"及"预提费用"，应记入当年度损益。

（4）不同核算单位的费用界限。根据管理需要，按照管理处核算成本费用。管理处发生的成本费用，直接记入该管理处成本。

4．成本核算及科目设置

（1）科目的设置。按不同管理处设置"主营业务成本"明细账，计算并归集主营业务成本。主营业务成本下按物业管理过程中不同的核算对象，应设置"物业管理成本"、"物业经营成本"、"物业大修成本"科目，并在明细科目下按成本类别设置三级明细科目。

（2）物业管理成本的核算。采用自营方式进行物业管理服务的，可将发生的各项直接费用按成本类别记入"主营业务成本——物业管理成本"。

采取出包方式进行的公共性服务，如绿化、保洁等，一般按照签订的承包合同付款，成本即为合同的结算款，并按成本类别记入"主营业务成本——物业管理成本"。

（3）物业经营成本的核算。物业管理企业经营由业主委员会或物业产权人、使用人提供的房屋、建筑物和共用设施等物业应付给物业产权人、使用人的租赁费、承包费等记入"主营业务成本——物业经营成本"。直接为以上经营项目发生的人工工资、奖金和福利费、劳动保护费；水电费等也记入"主营业务成本——物业经营成本"。

（4）物业大修成本的核算。物业大修成本是指物业管理企业承接的房屋共用部分、共用设施设备大修、更新改造任务实际发生的工程支出。

（5）其他业务支出的核算。其他业务支出是指企业从事其他经营活动所发生的有关成本和费用支出，如企业支付的商业用房有偿使用费。

（6）期间费用的核算。企业筹建期间所发生的开办费，在企业尚未实现收入之前记入"长期待摊费用"。在实现收入后记入当期损益。属于筹建期以后至企业实现收入前发生的期间费用以及企业实现收入以后，即正常经营期间发生的期间费用，直接记入当期损益。

自我练习

一、填空题

1. 商业汇票按承兑人的不同，分为（　　　　）和（　　　　）。
2. 应收账款的确认有（　　　　）和（　　　　）两种方法。
3. 采用备抵法估计坏账损失的方法有（　　　）、（　　　）、（　　　）和（　　　）4 种。
4. 货币资金按其存放地点和用途分为（　　　）、（　　　）和（　　　）。
5. 租赁按其性质和形式的不同可分为（　　　）和（　　　）两种。
6. 影响固定资产折旧的主要因素有：（　　　）、（　　　）和（　　　）。
7. 固定资产的折旧方法包括（　　　）、（　　　）、（　　　）和（　　　）。
8. 应付票据按承兑方式不同，可分为（　　　）和（　　　）两种。
9. 债务重组的一般原则有（　　　）、（　　　）、（　　　）和（　　　）。
10. 开发产品的成本包括（　　　）、（　　　）、（　　　）、（　　　）以及（　　　）6 个成本项目。

二、实训题

1. A 公司为增值税一般纳税企业，适用的增值税率为 17%。2010 年 3 月，发生下列业务。

（1）3 月 2 日，向 B 公司赊销某商品 100 件，每件标价 200 元，实际售价 180 元（售价中不含增值税额），已开增值税专用发票。商品已交付 B 公司。代垫 B 公司运杂费 2 000元。现金折扣条件为 2/10、1/20、n/30。

（2）3 月 4 日，销售给乙公司商品一批，增值税发票上注明价款为 20 000 元，增值税额3 400 元，乙公司以一张期限为 60 天，面值为 23 400 元的无息商业承兑汇票支付。该批商品成本为 16 000 元。

（3）3 月 8 日，收到 B 公司 3 月 2 日所购商品货款并存入银行。

（4）3 月 11 日，A 公司从甲公司购买原材料一批，价款 20 000 元，按合同规定先预付40%购货款，其余货款验货后支付。

（5）3 月 20 日，因急需资金，A 公司将收到的乙公司的商业承兑汇票到银行办理贴现，年贴现率为 10%。

（6）3 月 21 日，收到从甲公司购买的原材料，并验收入库，余款以银行存款支付。增值税专用发票注明价款 20 000 元，增值税 3 400 元。

要求：编制上述业务的会计分录（假定现金折扣不考虑增值税因素）。

2. 乙企业为增值税一般纳税企业，适用的增值税率为 17%。2008 年 8 月，发生下列业务。

（1）以应收账款 20 000 元作为抵押，按应收账款金额的 80%向银行取得借款，计 16 000

元，期限为 3 个月，合同规定，银行按应收账款的 1% 扣收手续费 2 000 元，以企业将实际收到的款项存入银行。

（2）因急需资金，将一笔应向 A 公司收取的账面余额为 234 000 元（其中价款为 200 000 元，增值税额为 34 000 元）的应收账款不附追索权出售给银行。该应收账款不存在现金折扣，企业也未对该应收账款计提坏账准备。合同规定的手续费比率为 5%，扣留款比率为 10%，甲公司实际收到款项 198 000 元。后因产品质量问题，企业同意给予 A 公司 5% 的销售折让，并收到银行退回的多余扣留款。

要求：根据上述资料，编制有关会计分录。

3. 甲企业外购的一项专利权专门用于该企业产品的生产，2008 年年末，甲企业对外购专利权的账面价值进行了检查，发现市场上存在对甲企业产品的销售产生重大不利影响的因素。该专利权的入账时原值为 9 000 万元，已累计摊销 3 375 万元（包括 2008 年摊销额），该无形资产按直线法进行摊销，剩余摊销年限为 5 年。按 2008 年年末该项专利权市场的行情，如果此时甲企业将该专利权予以出售，则在扣除发生的律师费和其他相关税费后，可以获得 5 400 万元。但是，如果甲企业继续利用该专利权进行产品生产，则在未来 5 年内预计可获得的未来现金流量的现值为 4 700 万元（假定使用年限结束时处置收益为零）。2009 年 4 月 1 日甲企业将该专利权出售，价款 5 800 万元已收存银行，营业税税率为 5%，应交营业税 290 万元。要求计算 2008 年计提无形资产减值准备和 2009 年出售专利权的会计分录（答案以万元为单位）。

4. A 企业发生以下经济业务。

（1）向银行借入短期借款 150 000 元，用于商品周转。

（2）预提本月短期借款利息 750 元。

（3）以银行存款支付季度银行借款利息 2 250 元，已预提 1 500 元。

（4）2001 年 10 月 1 日向 B 公司购入商品 200 000 元，增值税额 34 000 元，出具一张期限为 6 个月年利率为 8% 面值 234 000 元的带息票据。

（5）2001 年 12 月 31 日将 B 公司应付票据 3 个月的应付利息入账。

（6）2002 年 4 月 1 日 B 公司应付票据到期支付款项共计 243 360 元。

（7）收到 C 单位预订商品的预付款 50 000 元（设 "预收账款" 科目）。

（8）将 C 单位预订的商品发出，货款 120 000 元，增值税额 204 000 元，共计 140 400 元。

（9）收到 C 单位补付的货款 90 400 元。

要求：根据经济业务编制会计分录。

5. 甲公司欠乙公司货款 350 万元。现甲公司发生财务困难，短期内无法偿付。双方协商，由甲公司一批存货和所持有的 A 公司股票抵债。其中，① 抵偿存货的成本 200 万元，已提跌价准备 15 万元，公允价值 180 万元；② 甲公司持有的 A 公司股票 10 000 股作为可供出售金融资产核算和管理，该批股票成本 150 000 元，持有期内已确认公允价值变动净收益 100 000 元，重组日的公允价值为每股 30 元。乙公司对改项债权已计提 30% 的坏账准备，受让的存货仍作为存货核算和管理，对受让的 A 公司股票作为交易性投资管理。甲、乙公司均为一般纳税人，经营货物适用的增值税税率 17%。分别做出甲、乙公司对该项债务重组业务的会计分录。

6. 2008 年 6 月 7 日，W 房地产公司通过竞拍拍得了 A、B 两个地块。其中，A 地块支付全额地价款 4 亿元，但至今未实际取得土地；B 地块地价款总额为 5 亿元。中联公司已支付 3 亿元，并已实际取得了该地块。请根据有关原始凭证，编制会计分录。

7. 2008 年 7 月 7 日，W 房地产公司通过竞拍拍得了某地块，土地总价 5 亿元，该地块占地面积 10 万平方米，总建筑面积为 30 万平方米。整体项目分为商业区、住宅区和别墅区 3 个区域，规划指标如下。

（1）商业区：总占地面积 2 万平方米，开发产品为 3 层裙房和 20 层写字楼，总建筑面积 15 万平方米，其中裙房建筑面积 5 万平方米，写字楼建筑面积 10 万平方米。

（2）住宅区：占地面积 3 万平方米，建筑面积 12 万平方米。

（3）别墅区：占地面积 5 万平方米，建筑面积 3 万平方米。

请根据有关原始凭证，编制会计分录。

三、思考题

1. 房地产企业会计的任务有哪些？
2. 什么是应收票据？
3. 应收票据利息的计算公式是什么？
4. 什么是应收账款？
5. 余额百分比法的具体内容是什么？
6. 货币资金的概念是什么？
7. 固定资产的概念和特征是什么？
8. 无形资产的概念是什么？
9. 什么是负债？什么是流动负债？
10. 施工工程成本计算一般设有哪些成本项目？

项目七 小企业会计纳税筹划

案例导读

假定某物资批发企业，年应纳增值税销售额 300 万元，会计核算制度也比较健全，符合作为一般纳税人条件，适用 17% 增值税率，但该企业准予从销项税额中抵扣的进项税额较少，只占销项税额的 10%。在这种情况下，企业应纳增值税额为 45.9 万元（300×17%−300×17%×10%）。如果将该企业分设两个批发企业，各自作为独立核算单位，那么，一分为二后的两个单位年应税销售额分别为 160 万元和 140 万元，就符合小规模纳税人的条件，可适用 6% 征收率。在这种情况下，只要分别缴增值税 9.6 万元（160×6%）和 8.4 万元（140×6%）。显然，划小核算单位后，作为小规模纳税人，可较一般纳税人减轻税负 27.9 万元。

纳税筹划又称税收筹划、税务筹划。对于纳税筹划的基本含义，目前尚未有一致的意见。荷兰国际文献局（IBDF）编写的《国际税收词汇》中是这样定义的：纳税筹划是指纳税人通过经营活动或对个人事务活动的安排，实现缴纳最低的税收。国内著名税务专家唐腾翔在《税收筹划》中说：纳税筹划是指在法律规定许可的范围内，通过经营、投资、理财活动的事先筹划和安排，尽可能取得的税收利益。

本书认为，纳税筹划是纳税人依据所涉及的税境和现行税法，遵循税收国际惯例，在遵守、尊重税法的前提下，对企业涉税事项进行的旨在减轻税负、有利于财务目标实现的谋划、对策和安排。

在市场经济条件下，小企业要想在激烈的竞争中立于不败之地，必须要强化管理，降低成本，提高效益。税金作为企业的很大一块的财务成本的税收支出，如何通过纳税筹划予以控制，对企业来说就变得十分关键，这也是纳税筹划的重大意义。要增加企业的利润，通过合法合理的纳税筹划，减少小企业税收的征缴是企业的一项重要经济手段。同时，由于纳税筹划具有合法、合理等特点，使得纳税筹划在实践中日益显示出重要意义来。在小企业内部开展纳税筹划也越来越具有它的必要性。

第一部分 基础知识

一、纳税筹划概述

1. 纳税筹划的产生

税务筹划行为的产生应该与税收分配活动的产生同命相连，是伴随着税收的产生而产生的。

17 世纪中期，英国开征的"窗户税"和我国汉代开征的"人头税"，都曾经涉及纳税人筹划避税问题。

2．纳税筹划的原则

（1）合法性原则

合法性是纳税筹划的根本原则。由于纳税筹划不是偷税、骗税，更不是钻政策的空子，或打政策的擦边球。进行纳税筹划，应该以现行税法及相关法律、国际惯例等为法律依据，要在不违背税法规定的前提下，利用税制构成要素中的税负弹性等进行纳税筹划，选择最优的纳税方案。否则纳税筹划可能成为变相的偷税，只能是"节税"越多，处罚越重。

（2）保护性原则

保护性原则是合法原则的延伸。因为只有遵循守法原则，才能实现自我保护。实现自我保护要做到增强法制观念、熟知税法等相关法规、熟知会计准则和制度、熟悉纳税筹划的技术与方法并且还要妥善保管好账目、记账凭证等有关会计资料，确保其完整无缺，因为这些真实凭据是税务机关进行征税的重要依据。

（3）时效性原则

纳税筹划的成功概率取决于各种相关因素的综合作用，而种种因素都处于变化之中，许多纳税优惠政策也具有很强的时效性。所以必须注意税收政策法规的更新及未来走向，抓住时机，灵活反应，适应税收政策导向，不断补充和修订纳税筹划方案，以确保企业长久地获得纳税筹划带来的收益。

（4）目的性原则

纳税筹划的最终目的是企业整体效益最大化，而不单纯是企业税负最小。如某一方案虽然可以使企业税负降低，但可能使企业在此领域丧失优势，结果总体利润减少，则是不可取的。

（5）整体性原则

纳税筹划是企业财务管理活动的一个重要内容，它与企业其他财务管理活动是相互影响、相互制约的。不能把税负轻重作为选择纳税方案的唯一标准，盲目地追求减少税负毫无意义。纳税筹划不能只注重个别税种税负的降低，或某一纳税期限内少缴或不缴税款，要着眼于整体税负的减轻。也不能仅仅着眼于税法的选择，而要着眼于企业总体的管理决策，并与企业的发展战略结合起来，才能真正实现企业整体利益最大化的目的。

（6）风险收益均衡原则

纳税筹划有收益，但也有风险。在纳税筹划中，可能存在经济波动风险、市场风险、政策风险与企业经营风险、外部风险与内部风险，企业应遵循风险与收益适当均衡的原则，采取措施，分散风险，化解风险。

3．纳税筹划的特点

（1）合法性

纳税筹划是在符合税法的前提下进行的。纳税筹划的合法性，是纳税筹划区别于其他税务行为的一个最典型的特点。它是在对税法进行认真研究、比较后，对纳税进行的一种最优化选择。应当符合税收政策调控的目标。有一些方法可能跟税收政策调控的目标不一致，但企业可以从自身的行为出发，在不违反税法的情况下，采用一些避税行为。

（2）超前性

纳税筹划一般都是在应税行为发生之前进行谋划、设计和安排。它可以事先测算企业纳税筹划的效果，因而具有一定的超前性。让企业一定要把税收因素提前放在企业的各项经营决策活动中去考虑，实际上，也是把税收观念自觉地落实到企业的各项经营决策活动中。如果经营活动已经发生，应纳税款已经确定后再去"谋求"少缴税款，则不属于纳税筹划。

（3）目的性

纳税筹划的目的，就是要减轻税收负担，同时也要使企业的各项税收风险降为零，追求税收利益的最大化。

（4）符合政府的政策导向

政府为了某种经济或社会目的，针对经营者、消费者希望减轻税负、获得最大利益的心态，有意识地制定一些税收优惠、税收鼓励、税法差异政策，引导投资者、经营者、消费者采取符合政策导向的行为，取得"双赢"结果。

（5）专业性

纳税筹划的开展，并不是某一家企业、某一人员凭借自己的主观愿望就可以实施的一项计划，而是一门集会计、税法、财务管理、企业管理等各方面知识于一体的综合性学科，专业性很强。

（6）普遍性

纳税人的普遍性决定了纳税筹划的普遍性，在现行税法下，所有纳税人都可以、都有权进行纳税筹划。

二、纳税筹划的基本技术

1．纳税筹划技术概述

纳税筹划技术是指不违法地、合理地使纳税人缴纳尽量少的税款的知识和技巧。

对小企业而言，最为常用、最主要的纳税筹划技术是节税技术。

2．节税技术

节税是在税法规定的范围内，当存在多种税收政策、计税方法可供选择时，纳税人以税负最低为目的，对企业经营、投资、筹资等经济活动进行的涉税选择行为。

（1）免税技术

免税技术是指在不违法、合理的情况下，使纳税人成为免税人，或使征税对象成为免税对象从而免于纳税的技术。运用免税技术是要尽量使免税期最长化。在不违法、合理的情况下，免税期越长，节减的税就越多。同时应尽量争取更多的免税待遇。在不违法、合理的情况下，争取尽可能多的项目获得免税待遇。免税越多，节减的税务也就越多，企业可以支配的税后利润也就越大。

（2）减税技术

减税技术是指在不违法、合理的情况下，使纳税人减少应纳税务而直接节税的技术。使用减税技术时应把握两点。一是尽量使减税期最长化。因为减税时间越长，节减的税务越多，企业的税后利润也就越多。二是尽量使减税项目最多化。争取尽可能多的项目获得减税待遇，使企业获得更大的收益。

（3）税率差异技术

税率差异技术是指在不违法、合理的情况下，利用税率的差异而直接节减税务的筹划技术。税率越低，节俭的税额越多。企业可以利用不同地区、行业之间的税率差异节减税负，实现企业利润的最大化。运用税率差异技术时要注意：尽可能寻找税率最低的地区、产业，使其适用税率最低化；并且尽量寻求税率差异的稳定性和长期性，使企业税率差异的时间最长化和稳定化。

（4）分离技术

分离技术是指在不违法、合理的情况下，企业所得和财产在两个或更多纳税人之间进行分割而使节减税款达到最大化的税务筹划技术。在应用分离技术时要分离合理化，尽量使分离出去的部分往低税率上靠。并且要节税最大化，通过合理的分离，使分离后的企业达到节税最大化。

（5）扣除技术

扣除技术是指在不违法、合理的情况下，计算缴纳税款时，使扣除额增加而直接节减税额，或调整扣除额在各个应税期的分布而相应节减税额的技术。在运用扣除扣技术时一般应注意3点：一是扣除金额最大化，在不违法、合理的条件下，尽量使各项扣除额能够最大化；二是扣除项目最多化，尽量使更多的项目按照税法允许的扣除项目扣除；三是扣除最早化，尽可能使各种允许的扣除项目尽早扣除，相对节减更多的税务。

（6）抵免技术

抵免技术是指在不违法、合理的情况下，使税务抵免额增加的纳税筹划技术。税收抵免额越大，冲抵应纳税额的数额就越大。运用抵免技术时：抵免项目要最多化，尽量争取更多的抵免项目；抵免金额要最大化，将参加抵免项目的金额最大化以扩大企业税后利润。

（7）延期纳税技术

延期纳税技术是指在不违法、合理的情况下，使纳税人延期缴纳税款而取得收益的技术。时间的滞延相当于企业从政府手中拿到了一笔无息贷款，获取了相对税务收益。运用该技术应注意两点：一是使延期时间最长化，尽量争取延期缴纳的时间最长，相对节减更多的税务；二是延期纳税的项目最多化，争取在税法允许的范围内，获得更大的税务收益。

（8）退税技术

退税技术是指在不违法、合理的情况下，使税务机关退还纳税人已纳税款的技术，这是一种特殊的免税和减税方式。实施退税技术要尽量争取退税项目最多化，即在合理合法的范围内，尽量争取更多的退税待遇。同时还要尽量使应退税额最大化。因为退还的税越多，企业的税后利润就越大。

三、纳税筹划的案例分析

1. 增值税纳税筹划案例

（1）进项税金调整避税筹划案例

一般纳税人在计算进项税金时，应仅限于从3种进货凭证进行：一是从增值税专用发票，即按专用发票记载的增值税金确定；二是从海关增值税完税凭证，即按完税凭证记载的增值税金确定；三是从免税农业产品进货发票进行计算。

一般纳税人在购入货物时，如果能判断出该货物不符合进项税金具备的前提和不符合规定的扣除项目，可以不进行进项税金处理。但在许多情况下纳税人不能在货物或劳务购入时就能判断或者能准确判断出是否有不予抵扣的情形（例如不能判断今后一定会发生非常损失等）。这样，进项税金处理一般采取先抵扣，后调整的方法。因此，纳税人应掌握正确的调整方法。

进项税金调整额针对不同情况按下列方法进行计算。

一般纳税人在购入货物既用于实际征收增值税项目又用于增值税免税项目或者非增值税项目而无法准确划分各项目进项税金的情况下：

进项税金调整额=当月进项税金×（免税、非应税项目合计/全部销售额合计）

一般纳税人发生其他项目不予抵扣的情况下：

进项税金调整额=货物或应税劳务购进价格×税率

非正常损失的在产品、产成品中的外购货物或劳务的购进价格，需要纳税人结合成本有关资料还原计算。

【例7-1】某增值税一般纳税人生产甲乙两种产品，其中，甲产品免征增值税，2月份支付电费 20 000 元，进项税金 3 400 元；支付热电力费 10 000 元，进项税金 1 700 元，本月购入其他货物进项税金为 60 000 元。上述进项税金的货物全部共同用于甲、乙两种产品生产。当月共取得销售额为 1 500 000 元，其中，甲产品为 500 000 元，则进项税金调整额为：

进项税金调整额=（3 400+1 700+60 000）×（500 000 / 1 500 000）=21 700（元）

（2）利用"分散优势"避税筹划案例

某乳品厂隶属于某市商业局，由于计划体制、行政体制的束缚，该企业一直实行大而全、小而精的组织形式，内部设有牧场和乳品加工分厂两个分部，牧场生产的原奶经乳品加工分厂加工成花色奶后出售。

新税制实施之初，该企业在原有的组织形式下税负增加很大，因为依据新增值税有关政策的规定，该厂为工业生产企业，不属于农业生产者，其最终产品也非农产品，因而其加工出售的产品不享受农业生产者自产自销的免税待遇。而依据增值税条例的规定，该企业可以抵扣的进项税额主要是饲养奶牛所消耗的饲料，包括草料及精饲料，而草料大部分为向农民收购或牧场自产，因而收购部分可经税务机关批准后，接收购额的 10% 扣除进项税额。精饲料由于前道环节（生产、经营饲料单位）按现行政策实行免税，因而乳品厂购进精饲料无法取得进项税额抵扣凭证——增值税专用发票，所以，纵观乳品厂的抵扣项目，仅为外购草料的 10% 以及一小部分辅助生产用品，但是该企业生产的产品花色奶，适用 17% 的基本税率，全额按 17% 税率计算销项税额，销项减去进项税额为该企业的应交税金。该企业 1994 年税负达到了 10% 以上，大大超过实施新税制之前的税收负担，也影响了企业的正常生产经营。

1995 年伊始，经该企业及上级主管部门研究，决定将牧场和乳品加工分厂分开独立核算，分为两个独立法人，分别办理工商登记和税务登记，但在生产协作上仍按以前程序处理，即牧场生产的鲜奶仍供应给乳品加工厂加工销售，但牧场和乳品加工厂之间按正常的企业间购销关系结算，这样处理，将产生以下效果。

作为牧场，由于其自产自销未经加工的农产品（鲜牛奶），符合农业生产者自销农业产品的条件，因而可享受免税待遇，税负为零，销售给乳品加工厂的鲜牛奶价格按正常的成本利润率核定。

作为乳品加工厂，其购进牧场的鲜牛奶，可作为农产品收购处理，可按收购额计提 10% 的进项税额，这部分进项税额已远远大于原来草料收购额的 10%，销售产品，仍按原办法计算销项税额。

由于目前牛奶制品受国家宏观调控计划的影响，属微利产品，在牧场环节按正常的成本利润率核算后，乳品加工环节的增值额已很少，因而乳品加工厂的税负也很低。

经过以上的机构分设，解决了原来企业税负畸重的矛盾，而且也不违背现行税收政策的规定。

（3）增值税的递延纳税

购进扣税法，即工业生产企业购进货物（包括外购货物所支付的运输费用），在购进的货物验收入库后，就能申报抵扣，记入当期的进项税额（当期进项税额不足抵扣的部分，可以结转到下期继续抵扣）。增值税实行购进扣税法，尽管不会降低企业应税产品的总体税负，但却为企业通过各种方式延缓交税，并利用通货膨胀和时间价值因素相对降低税负创造了条件。

【例7-2】某工业企业1月份购进增值税应税商品1 000件，增值税专用发票上记载：购进价款100万元，进项税额17万元。该商品经生产加工后销售单价1 200元（不含增值税），实际月销售量100件（增值税税率17%）。则各月销项税额均为2.04万元（1 200×100×17%）。但由于进项税额采用购进扣税法，1~8月份因销项税额16.32万元（2.04万元×8）不足抵扣进项税额17万元，在此期间不纳增值税。9月、10月两个月分别缴纳1.36万元和2.04万元，共计3.4万元（2.04万元×10-17万元）。这样，尽管纳税的账面金额是完全相同的，但如果月资金成本率2%，通货膨胀率3%，则3.4万元的税款折合为1月初的金额如下：

1.36÷[（1+2%）×9×（1+3%）×9]+2.04÷[（1+2%）×10×（1+3%）×10]=0.0354

显而易见，这比各月均衡纳税的税负要轻。需要指出的是，对税负的延缓缴纳，应该在法律允许的范围内操作。纳税人必须严格把握当期进项税额从当期销项税额中抵扣这个要点。只有在纳税期限内实际发生的销项税额、进项税额，才是法定的当期销项税额或当期进项税额。

2．消费税的纳税筹划案例

（1）扣除原料已纳消费税避税筹划

根据《消费税若干具体问题的规定》可以从应纳消费税税额中扣除原料已纳消费税税款的有以下几种消费品。

第1种，以委托加工收回的已税烟丝为原料生产的卷烟。

第2种，以委托加工收回的已税酒和酒精为原料生产的酒。

第3种，以委托加工收回的已税化妆品为原料生产的化妆品。

第4种，以委托加工收回的已税护肤护发品为原料生产的护肤护发品。

第5种，以委托加工收回的已税宝石为原料生产的贵重首饰及珠宝玉石。

第6种，以委托加工收回已税鞭炮焰火为原料生产的鞭炮焰火。

有些企业由于不了解以上委托加工过程中代扣消费税可以在最终加工销售缴纳消费税中扣除，而多缴了消费税。

【例7-3】某首饰厂外购宝石一批，价格10 000元，该厂将宝石委托另一宝石厂磨制后收回，共支付加工费7 000元，对方代扣消费税1 888.89元，然后该厂又进行钻眼等深加工后出售，共取得销售款60 000元，结果该厂缴纳了消费税：

60 000×10%=6 000（元）

如果该厂了解对方代扣消费税可以扣除，那么该厂实际只需缴纳：

（6 000-1 888.89）=4 111.11元。

（2）利用销售额核算的消费税避税筹划案例

当适用增值税的课税对象同时计征消费税时，应征消费税的销售额中不包括应向购货方收取的增值税额。其计算公式如下：

应税消费品的销售额=含增值税的销售额÷（1+增值税率或征收率）

【例7-4】某日化厂销售给某批发商价值5 000元的化妆品（消费税税率30%，增值税税率17%），并开具增值税专用发票，注明销项税额726.5元×[5 000+（1+17%）×17%]，则：

应税消费品销售额=5 000+（1+17%）=4 273.5（元）

$$应纳消费税=4273.5\times30\%=1282.05（元）$$

3．营业税纳税筹划案例

（1）利用应税项目定价的营业税避税筹划案例

在实际经济生活中，从事营业税规定的应税项目，与从事增值税、消费税规定的应税项目，在价格的确定上是有所不同的。前者多是经营双方面议价格，后者多是明码标价。这样，就为营业税纳税人以较低的价格申报营业税、少缴营业税提供了可能。营业税的计算公式如下：

$$应纳税额=营业额\times税率$$

纳税人的营业额即为纳税人提供应税劳务、转让无形资产或者销售不动产向对方收取的全部价款和价外费用。确定营业额是利用应税项目定价的营业税避税筹划的关键。

【例7-5】某歌舞厅2月份取得门票收入为50 000元，出售饮料、烟、酒收入为100 000元，收取献花费为10 000元，收取卡拉OK（点歌费）为150 000元，则该月应纳营业税为：

$$（50 000+100 000+10 000+150 000）\times10\%=31 000（元）$$

假设该歌厅将门票取消，改为全面提高内部服务收费，这样就使50 000元门票消失在营业额之中，由此一项避税5 000元。

（2）建筑工程承包的营业税避税筹划案例

对工程承包公司与建设单位是否签订承包合同，将营业税划分成两个不同的税目。建筑业适用的税率是3%，服务业适用的税率是5%。这就为工程承包公司进行避税筹划提供了契机。

根据《营业税暂行条例》第五条第三款规定："建筑业的总承包人将工程分包或转包给他人的，以工程的全部承包额减去付给分包人或者转包人的价款后的余额为营业额。"工程承包公司承包建筑安装工程业务，如果工程承包公司与建设单位签订建筑安装工程承包合同的，无论其是否参与施工，均应按"建筑业"税目征收营业税，如果工程承包公司不与建设单位签订承包建筑安装工程合同，只是负责工程的组织协调业务，对工程承包公司的此项业务则按"服务业"税目征收营业税。

【例7-6】A施工企业承建一栋厂房，总价款为200万元，该企业又将部分工程转包给B施工企业，支付转包费为100万元，则A施工企业应纳营业税为：（200－100）×3%=3（万元）

A负责代扣代缴B企业营业税为：100×3%=3（万元）

4．企业所得税筹划案例

（1）利用折旧年限进行税收筹划

一般说来，折旧年限取决于固定资产的使用年限。《企业所得税税前扣除办法》规定，固定资产计提折旧的最低年限如下：房屋、建筑物为20年；火车、轮船、机器、机械和其他生产设备为10年；电子设备和火车、轮船以外的运输工具以及与生产经营有关的器具、工具、家具等为5年。由于使用年限本身就是一个预计的经验值，使得折旧年限容纳了很多人为的成分，为税收筹划提供了可能性。缩短折旧年限（不低于法定年限）有利于加速成本收回，可以使后期成本费用前移，从而使前期会计利润发生后移。在税率稳定的情况下，所得税的递延交纳，相当于向国家取得了一笔无息贷款。例如，某企业有一辆价值500 000元的货车，残值按原价的4%估算，估计使用年限为8年。该企业适用30%的企业所得税税率，企业资金成本为10%。按直线法年计提折旧额如下：

$$500 000\times（1-4\%）\div8=60 000（元）$$

折旧节约所得税支出折合为现值如下：

$$60\,000×30\%×5.335=96\,030（元）$$

如果企业将折旧期限缩短为 6 年，则年提折旧额如下：

$$500\,000×（1-4\%）÷6=80\,000（元）$$

折旧而节约所得税支出，折合为现值如下：

$$80\,000×30\%×4.355=104\,520（元）$$

尽管折旧期限的改变，并未从数字上影响到企业所得税税负的总和，但考虑到资金的时间价值，后者对企业更为有利。

当税率发生变动时，延长折旧期限也可节税。例如，该企业享受"免二减三"的优惠政策，如果货车为该企业第一个获利年度购入，而折旧年限为 8 年或 6 年，那么，哪个折旧年限更有利于企业节税呢？

8 年和 6 年折旧年限的节税情况如下：

8 年折旧年限的节税额=$60\,000×15\%×3+60\,000×30\%×2=63\,000$（元）

6 年折旧年限的节税额=$80\,000×15\%×3+80\,000×30\%=60\,000$（元）

可见，企业延长折旧年限可以节约更多的税负支出。

按 8 年计提折旧，节税额折现如下：

$$9\,000×（3.791-1.763）+18\,000×（5.335-3.791）=46\,044（元）$$

按 6 年计提折旧，节税额折现如下：

$$12\,000×（3.791-1.763）+24\,000×0.564=37\,872（元）$$

（2）利用坏账损失处理的避税筹划案例

税法规定：纳税人按财政部的规定提取的坏账准备和商品削备金，准予在计算应纳税所得额时扣除。不建立坏账准备金的纳税人，发生的坏账损失，经主管税务机关核定后，按当期实际发生额进行扣除。若采用直接冲销法处理，结果如下。

① 1996 年发生应收账款时

借：应收账款 1 200 000

　贷：销售收入 1 200 000

② 1997 年核准为无法收回的坏账

借：管理费用 1 200 000

　货：应收账款 1 200 000

若 A 公司采用应收账款余额比例法，提取坏账比例为 3%，公司如果采用备抵法处理，结果如下。

① 1996 年发生应收账款时

借：管理费用——坏账损失 36 000

　贷：坏账准备 36 000

② 1997 年确定为坏账时

借：坏账准备 1 200 000

　贷：应收账款 1 200 000

由此可见，采用备抵法可以增加当期扣除项目，降低当期应纳税所得额。即使两种方法计算的应交纳所得税数额是一致的，但备抵法将应纳税款滞后，等于享受到国家一笔无息贷款，增加了企业的流动资金。如下：

$$1\,200\,000×33\%=396\,000（元）$$

$$（1\ 200\ 000-36\ 000）\times33\%=384\ 120（元）$$
$$396\ 000-384\ 120=11\ 880（元）$$

仅这一笔业务，备抵法就使企业无偿使用国家税款 11 880 元。

5．其他税纳税筹划案例

（1）开发商筹划土地增值税

目前，许多地方为强化对土地增值税的管理，对土地增值税实行了项目登记和预征、年度结算、竣工决算管理办法。这种方法对房地产开发企业影响较大。企业预缴土地增值税后，将减少企业的流动资金。因此，对土地增值税的筹划就显得更加重要。

在房地产开发企业的税负构成中，土地增值税占有较大比重。土地增值税是对转让国有土地使用权、地上建筑物及其附着物的单位和个人，就其所取得的增值额而征收的一种税。土地增值税按照纳税人转让房地产所取得的增值额和税法规定的 4 级超率累进税率计算征收，增值额是纳税人转让房地产所取得的收入减除税法规定扣除项目金额后的余额。简便计算公式为：土地增值税税额=增值额×适用税率－扣除项目金额×速算扣除系数。

4 级超率累进税率是以增值额占扣除项目金额的比例确定的，比如增值额未超过扣除项目金额 50%的部分，税率为 30%等。同时，土地增值税有一条很重要的优惠政策，即纳税人建造普通标准住宅出售，增值额未超过扣除项目金额 20%的，免征土地增值税。

按《土地增值税暂行条例》及其实施细则的规定，扣除项目包括取得土地使用权所支付的金额；开发土地的成本、费用；新建房及配套设施的成本、费用，或者旧房及建筑物的评估价格；与转让房地产有关的税金；对从事房地产开发的纳税人，可按取得土地使用权所支付的金额和房地产开发成本之和，加计 20%的扣除。

从以上规定可以看出，影响土地增值税税额大小的因素主要有房地产销售价格和扣除项目金额。所以，房地产开发企业关键要把握好上述影响因素，趋利避害，才能更好地实现筹划土地增值税的目的。

（2）确定适当的房地产价格

在计算土地增值税时，由于采用超率累进税率，收入的增长，意味着相同条件下增值额的增长，从而产生了税率攀升效应，使得税负增长很快。房地产销售价格的变化，直接影响房地产收入的增减，在确定房地产销售价格时，要考虑价格提高带来的收益与不能享受优惠政策而增加税负两者间的关系。

【例 7-7】某房地产开发企业销售建造的普通住宅，可采取不同的销售价格。第 1 种方案，销售价格为每平方米 1 927 元，扣除项目金额共计 1 606 元，增值额为 321 元。占扣除项目金额的 19.99%，未超过 20%，不征收土地增值税，营业利润为 321 元；第 2 种方案，销售价格为每平方米 2 057 元，扣除项目金额共计 1 613 元，增值额为 441 元，占扣除项目金额的 27.75%，超过 20%，未超过 50%，应征收土地增值税，税率为 30%，应缴土地增值税 133 元，营业利润为 311 元；第 3 种方案，销售价格为每平方米 2 100 元，扣除项目金额共计 1615.5 元，增值额为 484.5 元，占扣除项目金额的 30%，应征收土地增值税，税率为 30%，应缴土地增值税 145.35 元，营业利润约为 400 元。

采用第 1 种方案，由于增值额没有超过扣除项目金额的 20%，享受了免征土地增值税的优惠；采用第 2 种方案，单位价格增加 130 元，由于没有优惠，实现的营业利润少于第 1 种方案；采用第 3 种方案，虽然实现了较高的营业利润，但同时因为价格较高，需要承受激烈竞争所带来的风险。如果价格继续提高，必然导致市场竞争力减弱，商品房积压增多，资金利用率降低，支付的贷款利息随之增多，最终难以实现利润最大化。

（3）确定适宜的成本核算对象

成本核算对象是房地产开发企业在进行成本核算时所确立的归集和分配开发产品成本的承担者。它直接影响房地产开发成本的核算，继而影响土地增值税的计算。

由于房地产开发企业是按照城市总体规划、土地使用规划和城市建设规划的要求，在特定的固定地点进行开发经营的，因为物价、地级差价等原因，可能导致不同地方开发的房地产增值额高低不同，所以，在确定成本核算对象时，可以结合开发工程的地点、用途、结构、装修、层高、施工队伍等因素来进行。

对同一地点、结构类型相同的群体开发项目，如果开工、竣工时间接近，又由同一施工队伍施工，可以合并为一个成本核算对象。对个别规模较大、工期较长的开发项目，可以按开发项目的一定区域或部分，划分成本核算对象。

按照这个原则，有几种具体做法。

首先，对房地产开发企业成本项目，包括土地征用及拆迁补偿费、前期工程费、建筑安装工程费、基础设施费、公共配套设施费、开发间接费用，进行合理的控制，如加大公共配套设施投入，改善住房环境，提高房屋质量来调整土地增值税的扣除项目金额，进而减少税负。

然后，将合同分两次签订，当住房初步完工但没有安装设备以及装潢、装修时，便和购买者签订房地产转移合同，接着和购买者签订设备安装以及装潢、装修合同，则只需就第一份合同上注明金额缴纳土地增值税。

（4）确定合适的利息扣除方式

按照《土地增值税暂行条例实施细则》规定，财务费用中的利息支出，允许据实扣除，但最高不得超过按商业银行同类同期贷款利率计算的金额。其他房地产开发费用则按取得土地使用权所支付的金额和房地产开发成本之和的5%扣除；如果房地产开发企业不能按照转让房地产项目计算分摊利息支出，或不能提供金融机构贷款证明的，房地产开发费用应按取得土地使用权所支付的金额和房地产开发成本之和的10%扣除。两种规定为纳税人提供了选择余地。

如果建房过程中借用了大量资金，利息费用很多，房地产开发企业则应采取据实扣除的方式，此时应尽量提供金融机构贷款的证明。

如果建房过程中借款很少，利息费用很低，则可故意不计算应分摊的利息支出，或不提供金融机构的贷款证明，这样可以多扣除费用，减低税负。

房地产开发企业可以灵活地选用上述几种筹划方法，做到既能实现利润最大化，也能充分地利用资金时间价值，同时又能规避涉税风险。

四、小规模纳税人和一般纳税人的区别

1. 认定条件

主要从事生产或提供应税劳务（特指加工、修理修配劳务）的：年销售额在50万元以上的，可以认定为一般纳税人，50万以下的为小规模纳税人。主要从事货物批发零售的：年销售额80万以上的可以认定为一般纳税人，80万以下为小规模纳税人。

2. 使用发票不同

小规模纳税人销售只能使用普通发票，到税务局代开3%的增值税专用发票，不能自己开具增值税专用发票，购买货物与一般纳税人相同可以收普通发票也能收增值税专用发票。

3．应交税金的计算方法不同

一般纳税人与小规模纳税人的计税方法不同，使得这两类纳税人的增值额相同而增值税税负不同。

一般纳税人采用购进扣税法，按 17%、13%的税率计税，基本计算公式为：

当期应纳税额 = 当期销项税额 – 当期进项税额=销售额×税率 – 购进额×税率=（销售额 – 购进额）×税率=增值额×税率=销售额×增值率×税率增值率

= （销售额 – 购进额）÷销售额

这里的增值率相当商业企业的销售毛利率。

而商业企业小规模纳税人不按一般纳税人的规定计算应纳税额，而是按照简易办法计算纳税，即对其销售货物或应税劳务，以其销售额乘以 4%的征收率计算应纳税额，不得抵扣进项税额，基本计算公式为：

应纳税额=销售额×征收率

小规模纳税人的税负明显高于一般纳税人。小规模纳税人与一般纳税人发生相同的购销业务，前者增值税税负重。特别是随着目前国内买方市场的出现，平均利润率降低，一般纳税人的税负可以随着增值率的下降而降低，而小规模纳税人的征收率是固定不变的，与其利润率的升降无关，导致两类纳税人的税负差异加大。

4．账务处理不同

由于计算应纳税额方法不同，在财务会计处理上不完全一样。

相同之处是小规模纳税人与一般纳税人销售收入的核算上均是不含税的，都要按照销售货物或者劳务应收的全部款项扣除按规定征收率计算的应纳税额后确定。不同之处是小规模纳税人购进货物或接受劳务以及相关的存货计价、成本、费用核算等财务处理，仍按现行财会制度规定的含税价格进行核算，而一般纳税人购进、接受允许扣除的货物、劳务按不含税价格进行核算。但是，一般纳税人购进、接受不允许抵扣的货物、劳务计价仍按现行财务制度规定的含税价格进行核算。

5．税率与征收率不同

一般纳税人，基本税率 17%，税法还列举了 5 类适应 13%低税率的货物，还有几项特殊业务按简易办法征收（参照小规模纳税人）。小规模纳税人是 3%征收率。

第二部分 基本技能

一、增值税的纳税核算

增值税是对在我国境内销售货物、进口货物以及提供加工、修理修配劳务的单位和个人，就其取得的货物的销售额、进口货物金额、应税劳务销售额计算税款，并实行税款抵扣制的一种流转税。

1．增值税的纳税申报

（1）增值税一般纳税人的申报

增值税一般纳税人按照规定期限预缴增值税税款，于次月 1 日起至 10 日内计算填列增值税纳税申报表主表及有关附表，并结清上月税款，多退少补。

增值税纳税申报需报送资料分为必报资料与备查资料，如表 7–1 所示。

表 7-1 增值税纳税申报资料

必报资料	增值税纳税申请表及申报表附列资料
	税控 IC 卡、增值税专用票存根联明细表及增值税专用发票抵扣联明细表
	资产负债表和利润表
	成品油购销存情况明细表（发生成品油零售业务的纳税人填报）
	主管税务机关规定的其他必报资料
备查资料	已开具的增值税专用发票和普通发票存根联
	符合抵扣条件且在本期申报抵扣的增值税专用发票抵扣联
	海关进口货物完税凭证、运输发票、购进农产品普通发票及购进废旧物资的普通发票的复印件
	收购凭证的存根联或报查联
	代扣代缴税款凭证存根联
	主管税务机关规定的其他备查资料

（2）增值税纳税申报表

一般纳税人增值税纳税申报表如表 7-2 所示。

表 7-2 增值税纳税申报表

（适用于增值税一般纳税人）

根据《中华人民共和国增值税暂行条例》第二十二条和第二十三条的规定制定本表。纳税人不论有无销售额，均应按主管税务机关的纳税期限按期填报本表，并于次月一日起十日内，向当地税务机关申报。

税款所属时间：自 年 月 日至 年 月 日 填表日期： 年 月 日

金额单位：元至角分

纳税人识别号										所属行业		
纳税人名称	（公章）		法定代表人姓名			注册地址			营业地址			
开户银行及账号			企业登记注册类型						电话号码			

项 目		栏 次	一般货物及劳务		即征即退货物及劳务	
			本月数	本年累计	本月数	本年累计
销售额	（一）按适用税率征税货物及劳务销售额	1				
	其中：应税货物销售额	2				
	应税劳务销售额	3				
	纳税检查调整的销售额	4				
	（二）按简易征收办法征税货物的销售额	5				
	其中：纳税检查调整的销售额	6				
	（三）免、抵、退办法出口货物的销售额	7			—	—
	（四）免税货物及劳务销售额	8			—	—
	其中：免税货物销售额	9			—	—
	免税劳务销售额	10			—	—
税额计算	销项税额	11				
	进项税额	12				
	上期留抵税额	13			—	—
	进项税额转出	14				
	免、抵、退货物应退税额	15			—	—

续表

项 目		栏 次	一般货物及劳务		即征即退货物及劳务	
			本月数	本年累计	本月数	本年累计
税额计算	按适用税率计算的纳税检查应补缴税额	16				
	应抵扣税额合计	17=12+13-14-15+16			—	—
	实际抵扣税额	18（如17<11，则为17，否则为11）				
	应纳税额	19=11-18				
	期末留抵税额	20=17-18			—	—
	按简易征收办法计算的应纳税额	21				
	按简易征收办法计算的纳税检查应补缴税额	22				
	应纳税额减征额	23				
	应纳税额合计	24=19+21-23				
税款缴纳	期初未缴税额（多缴为负数）	25				
	实收出口开具专用缴款书退税额	26			—	—
	本期已缴税项	27=28+29+30+31				
	① 分次预缴税额	28			—	—
	② 出口开具专用缴款书预缴税额	29			—	—
	③ 本期缴纳上期应纳税额	30				
	④ 本期缴纳欠缴税额	31				
	期末未缴税额（多缴为负数）	32=24+25+26-27				
	其中：欠税额（≥0）	33=25+26-27			—	—
	本期应补（退）税额	34=24-28-29				
	即征即退实际退税额	35	—	—		
	期初未缴查补税额	36			—	—
	本期入库查补税额	37			—	—
	期末未缴查补税额	38=16+22+36-37			—	—
授权声明	如果你已授权委托代理人申报，请填写下列资料： 为代理一切税务事宜，现授权 （地址）　　　　　　　为本纳税人的代理人，任何与本申报表有关的往来文件，都可寄予此人。 授权人签名：	申报人声明	此纳税申报表是根据《中华人民共和国增值税暂行条例》的规定填报，我相信它是真实的、可靠的、完整的。 声明人签字：			

以下由税务机关填写：

收到日期：　　　　　　接收人　　　　　　　　主管税务机关盖章：

　　本表"税款所属时间"是指纳税人申报的增值税应纳税额的所属时间，应填写具体的起止年、月、日。

　　本表"所属行业"栏，按照国民经济行业分类与代码中的最细项（小类）进行填写（国民经济行业分类与代码附后），仅填写行业代码。

　　本表"纳税人名称"栏，填写纳税人单位名称全称，不得填写简称。

　　表中"一般货物及劳务"是指享受即征即退的货物及劳务以外的其他货物及劳务。

　　表中"即征即退货物及劳务"是指纳税人按照税法规定享受即征即退税收优惠政策的货

物及劳务。

本表第 1 行"（一）按适用税率征税货物及劳务销售额"栏数据，填写纳税人本期按适用税率缴纳增值税的应税货物和应税劳务的销售额（销货退回的销售额用负数表示），包括在财务上不作销售但按税法规定应缴纳增值税的视同销售货物和价外费用销售额，外贸企业作价销售进料加工复出口的货物，税务、财政、审计部门检查按适用税率计算调整的销售额。

本表第 2 行"其中：应税货物销售额"栏数据，填写纳税人本期按适用税率缴纳增值税的应税货物的销售额（销货退回的销售额用负数表示），包括在财务上不作销售但按税法规定应缴纳增值税的视同销售货物和价外费用销售额，以及外贸企业作价销售进料加工复出口的货物。

本表第 3 行"应税劳务销售额"栏数据，填写纳税人本期按适用税率缴纳增值税的应税劳务的销售额。

本表第 4 行"纳税检查调整的销售额"栏数据，填写纳税人本期因税务、财政、审计部门检查，并按适用税率计算调整的应税货物和应税劳务的销售额。但享受即征即退税收优惠政策的货物及劳务经税务稽查发现偷税的，不得填入"即征即退货物及劳务"部分，而应将本部分销售额在"一般货物及劳务"栏中反映。

本表第 5 行"（二）按简易征收办法征税货物的销售额"栏数据，填写纳税人本期按简易征收办法征收增值税货物的销售额（销货退回的销售额用负数表示），包括税务、财政、审计部门检查、并按简易征收办法计算调整的销售额。

本表第 6 行"其中：纳税检查调整的销售额"栏数据，填写纳税人本期因税务、财政、审计部门检查，并按简易征收办法计算调整的销售额，但享受即征即退税收优惠政策的货物及劳务经税务稽查发现偷税的，不得填入"即征即退货物及劳务"部分，而应将本部分销售额在"一般货物及劳务"栏中反映。

本表第 7 行"（三）免、抵、退办法出口货物的销售额"栏数据，填写纳税人本期执行免、抵、退办法出口货物的销售额（销货退回的销售额用负数表示）。"本年累计"栏数据，应为年度内各月数之和。

本表第 8 行"（四）免税货物及劳务销售额"栏数据，填写纳税人本期按照税法规定直接免征增值税的货物及劳务的销售额、适用零税率的货物及劳务的销售额（销货退回的销售额用负数表示），但不包括适用免、抵、退办法出口货物的销售额。

本表第 9 行"其中：免税货物销售额"栏数据，填写纳税人本期按照税法规定直接免征增值税货物的销售额及适用零税率货物的销售额（销货退回的销售额用负数表示），但不包括适用免、抵、退办法出口货物的销售额。

本表第 10 行"免税劳务销售额"栏数据，填写纳税人本期按照税法规定直接免征增值税劳务的销售额及适用零税率劳务的销售额（销货退回的销售额用负数表示）。

本表第 11 行"销项税额"栏数据，填写纳税人本期按适用税率计征的销项税额。该数据应与"应交税金——应交增值税"明细科目贷方"销项税额"专栏本期发生数一致。

本表第 12 行"进项税额"栏数据，填写纳税人本期申报抵扣的进项税额。该数据应与"应交税金——应交增值税"明细科目借方"进项税额"专栏本期发生数一致。

本表第 13 行"上期留抵税额"栏数据，为纳税人前一申报期的"期末留抵税额"数，该数据应与"应交税金——应交增值税"明细科目借方月初余额一致。网上申报填写时，这部分数据直接从征管软件中读取，不允许企业修改。

本表第 14 行"进项税额转出"栏数据，填写纳税人已经抵扣但按税法规定应作进项税转出的进项税额总数，但不包括销售折扣、折让，进货退出等应负数冲减本期进项税额的数额。该数据应与"应交税金——应交增值税"明细科目贷方"进项税额转出"专栏本期发生数一致。

本表第 15 行"免、抵、退货物应退税额"栏数据，填写退税机关按照出口货物免、抵、退办法审批的应退税额。"本年累计"栏数据，应为年度内各月数之和。

本表第 16 行"按适用税率计算的纳税检查应补缴税额"栏数据，填写本期税务、财政、审计等部门检查后下达的处理决定文书上注明的纳税检查应补缴入库税额。"本年累计"栏数据，应为年度内各月数之和。

本表第 17 行"应抵扣税额合计"栏数据，填写纳税人本期应抵扣进项税额的合计数。

本表第 18 行"实际抵扣税额"栏数据，填写纳税人，本期实际抵扣的进项税额。"本年累计"栏数据，应为年度内各月数之和。

本表第 19 行"应纳税额"栏数据，填写纳税人本期按适用税率计算并应缴纳的增值税额。"本年累计"栏数据，应为年度内各月数之和。

本表第 20 行"期末留抵税额"栏数据，为纳税人在本期销项税额中尚未抵扣完，留待下期继续抵扣的进项税额。该数据应与"应交税金——应交增值税"明细科目借方月末余额一致。

本表第 21 行"按简易征收办法计算的应纳税额"栏数据，填写纳税人本期按简易征收办法计算并应缴纳的增值税额，但不包括按简易征收办法计算的纳税检查应补缴税额。

本表第 22 行"按简易征收办法计算的纳税检查应补缴税额"栏数据，填写纳税人本期因税务、财政、审计部门检查并按简易征收办法计算的纳税检查应补缴税额。

本表第 23 行"应纳税额减征额"栏数据，填写纳税人本期按照税法规定减征的增值税应纳税额。"本年累计"栏数据，应为年度内各月数之和。

本表第 24 行"应纳税额合计"栏数据，填写纳税人本期应缴增值税的合计数。"本年累计"栏数据，应为年度内各月数之和。

本表第 25 行"期初未缴税额（多缴为负数）"栏数据，为纳税人前一申报期的"期末未缴税额（多缴为负数）"。网上申报填写时，这部分数据直接从征管软件中读取，不允许企业修改。

本表第 26 行"实收出口开具专用缴款书退税额"栏数据，填写纳税人本期实际收到税务机关退回的，因开具《出口货物税收专用缴款书》而多缴的增值税款。该数据应根据"应交税金——未交增值税"明细科目贷方本期发生额中"收到税务机关退回的多缴增值税款"数据填列。"本年累计"栏数据，为年度内各月数之和。

本表第 27 行"本期已缴税额"栏数据，是指纳税人本期实际缴纳的增值税额，但不包括本期入库的查补税款。"本年累计"栏数据，为年度内各月数之和。

本表第 28 行"① 分次预缴税额"栏数据，填写纳税人本期分次预缴的增值税额。网上申报填写时，这部分数据直接从征管软件中读取，不允许企业修改。

本表第 29 行"② 出口开具专用缴款书预缴税额"栏数据，填写纳税人本期销售出口货物而开具专用缴款书向主管税务机关预缴的增值税额。网上申报填写时，这部分数据直接从征管软件中读取，不允许企业修改。

本表第 30 行"③ 本期缴纳上期应纳税额"栏数据，填写纳税人本期上缴上期应缴未缴的增值税款，包括缴纳上期按简易征收办法计提的应缴未缴的增值税额。"本年累计"栏数据，为年度内各月数之和。

本表第 31 行"④ 本期缴纳欠缴税额"栏数据，填写纳税人本期实际缴纳的增值税欠税额，但不包括缴纳入库的查补增值税额。"本年累计"栏数据，为年度内各月数之和。

本表第 32 行"期末未缴税额（多缴为负数）"栏数据，为纳税人本期期末应缴未缴的增值税额，但不包括纳税检查应缴未缴的税额。"本年累计"栏与"本月数"栏数据相同。

本表第 33 行"其中：欠缴税额（≥0）"栏数据，为纳税人按照税法规定已形成欠税的数额。

本表第 34 行"本期应补（退）税额"栏数据，为纳税人本期应纳税额中应补缴或应退回的数额。

本表第 35 行"即征即退实际退税额"栏数据，填写纳税人本期因符合增值税即征即退优惠政策规定，而实际收到的税务机关返还的增值税额。"本年累计"栏数据，为年度内各月数之和。

本表第 36 行"期初未缴查补税额"栏数据，为纳税人前一申报期的"期末未缴查补税额"。该数据与本表第 25 行"期初未缴税额（多缴为负数）"栏数据之和，应与"应交税金——未交增值税"明细科目期初余额一致。"本年累计"栏数据应填写纳税人上年度末的"期末未缴查补税额"数。

本表第 37 行"本期入库查补税额"栏数据，填写纳税人本期因税务、财政、审计部门检查而实际入库的增值税款，包括：① 按适用税率计算并实际缴纳的查补增值税款；② 按简易征收办法计算并实际缴纳的查补增值税款。"本年累计"栏数据，为年度内各月数之和。

本表第 38 行"期末未缴查补税额"栏数据，为纳税人纳税检查本期期末应缴未缴的增值税额。该数据与本表第 32 行"期末未缴税额（多缴为负数）"栏数据之和，应与"应交税金——未交增值税"明细科目期初余额一致。"本年累计"栏与"本月数"栏数据相同。

（3）增值税小规模纳税人的纳税申报

增值税小规模纳税人按简易征税管理办法计算纳税，按照规定的纳税期限预缴增值税税款，在次月 1 日至 10 日内计算填列增值税纳税申报表主表及附列资料，并结清上月税款，多退少补。填列纳税申报表和附列资料的同时附当期利润表和期末资产负债表。小规模纳税人增值税纳税申报表如表 7-3 所示。

表 7-3 增值税纳税申报表（适用小规模纳税人）

纳税人识别号：

纳税人名称（公章：金额单位：元（列至角分）

税款所属期： 年 月 日至 年 月 日 填表日期： 年 月 日

	项 目	栏次	本月数	本年累计
一、计税依据	（一）应征增值税货物及劳务不含税销售额	1		
	其中：税务机关代开的增值税专用发票不含税销售额	2		
	税控器具开具的普通发票不含税销售额	3		
	（二）销售使用过的应税固定资产不含税销售额	4		
	其中：税控器具开具的普通发票不含税销售额	5		
	（三）免税货物及劳务销售额	6		
	其中：税控器具开具的普通发票销售额	7		
	（四）出口免税货物销售额	8		
	其中：税控器具开具的普通发票销售额	9		

续表

项　目		栏次	本月数	本年累计
二、税款计算	本期应纳税额	10		
	本期应纳税额减征额	11		
	应纳税额合计	12=10-11		
	本期预缴税额	13		—
	本期应补（退）税额	14=12-13		—

纳税人或代理人声明：此纳税申报表是根据国家税收法律的规定填报的，我确定它是真实的、可靠的、完整的	如纳税人填报，由纳税人填写以下各栏：	
	办税人员（签章）：	财务负责人（签章）：
	法定代表人（签章）：	联系电话：
	如委托代理人填报，由代理人填写以下各栏：	
	代理人名称：　经办人（签章）：	联系电话：
	代理人（公章）：	

受理人：　　　受理日期：　　年　月　日　　　受理税务机关（签章）：

　　本表为 A3 竖式一式三份，一份纳税人留存，一份主管税务机关留存，一份征收部门留存。

　　本申报表适用于增值税小规模纳税人（以下简称纳税人）填报。纳税人销售使用过的固定资产、销售免税货物或提供免税劳务的，也使用本表。

　　本表"税款所属期"是指纳税人申报的增值税应纳税额的所属时间，应填写具体的起止年、月、日。

　　本表"纳税人识别号"栏，填写税务机关为纳税人确定的识别号，即税务登记证号码。

　　本表"纳税人名称"栏，填写纳税人单位名称全称，不得填写简称。

　　本表第 1 项"（一）应征增值税货物及劳务不含税销售额"栏数据，填写应征增值税货物及劳务的不含税销售额，不包含销售使用过的固定资产应征增值税的不含税销售额、免税货物及劳务销售额、出口免税货物销售额、稽查查补销售额。

　　本表第 2 项"其中：税务机关代开的增值税专用发票不含税销售额"栏数据，填写税务机关代开的增值税专用发票的销售额合计。

　　本表第 3 项"税控器具开具的普通发票不含税销售额"栏数据，填写税控器具开具的应征增值税货物及劳务的普通发票金额换算的不含税销售额。

　　本表第 4 项"（二）销售使用过的应税固定资产不含税销售额"栏数据，填写销售使用过的、固定资产目录中所列的、售价超过原值的应按照 4%征收率减半征收增值税的应税固定资产的不含税销售额。

本表第 5 项"其中：税控器具开具的普通发票不含税销售额"栏数据，填写税控器具开具的销售使用过的应税固定资产的普通发票金额换算的不含税销售额。

本表第 6 项"（三）免税货物及劳务销售额"栏数据，填写销售免征增值税货物及劳务的销售额，包括销售使用过的、固定资产目录中所列的、售价未超过原值的固定资产的销售额。

本表第 7 项"其中：税控器具开具的普通发票销售额"栏数据，填写税控器具开具的销售免征增值税货物及劳务的普通发票金额。

本表第 8 项"（四）出口免税货物销售额"栏数据，填写出口免税货物的销售额。

本表第 9 项"其中：税控器具开具的普通发票销售额"栏数据，填写税控器具开具的出口免税货物的普通发票金额。

本表第 10 项"本期应纳税额"栏数据，填写本期按征收率计算缴纳的应纳税额。

本表第 11 项"本期应纳税额减征额"栏数据，填写数据是根据相关的增值税优惠政策计算的应纳税额减征额。

本表第 13 项"本期预缴税额"栏数据，填写纳税人本期预缴的增值税额，但不包括稽查补缴的应纳增值税额。

2．增值税的会计处理

（1）会计账户设置

① 一般纳税人账户设置

应在"应交税费"账户下设置"应交增值税"明细账户。"应交税费——应交增值税"账户的借方发生额反映企业购进货物、接受应税劳务所支付的进项税额和实际已缴的增值税；贷方发生额反映企业销售货物、提供应税劳务应缴纳的增值税税额，转出已支付或应分摊的增值税税额。"应交税费——应交增值税"账户的期末借方余额反映尚未抵扣的增值税税额。

在"应交增值税"二级明细科目下，按"进项税额"、"已交税金"、"减免税款"、"转出未交增值税"设置借方栏目，按"销项税额"、"进项税额转出"、"转出多交增值税"设置贷方栏目。

② 小规模纳税人账户设置

小规模纳税人只需在"应交税费"账户下设置"应交增值税"二级账户，无须再设明细项目。贷方记录企业应缴的增值税，借方记录企业实际上缴的增值税；贷方余额反映企业尚未上缴或欠缴的增值税，借方余额反映多缴的增值税。

（2）一般纳税人的会计处理

① 进项税额的会计处理

企业购入原材料、低值易耗品等的会计处理。

借：在途物资、燃料、原材料、低值易耗品等科目

　　应交税费——应交增值税（进项税额）（运费按7%计算进项税额）

　贷：应付账款、应付票据、银行存款等科目

购入物资发生的退货做相反会计分录。

接受应税劳务进项税额的会计处理。

借：生产成本、委托加工物资、管理费用等科目

应交税费——应交增值税（进项税额）

贷：应付账款、银行存款等科目

进口原材料物资进项税额的会计处理。

借：材料采购、库存商品等科目（按进口物资应计入采购成本的金额）

应交税费——应交增值税（进项税额）（按海关提供的完税凭证上注明的增值税）

贷：应付账款、银行存款

购进免税农产品进项税额的会计处理。

借：应交税费——应交增值税（进项税额）

材料采购、在途物资、材料等科目。

贷：应付账款、应付票据、银行存款等账户

接受实物捐赠时的会计处理。

借：原材料（按确认的实际成本）

应交税费——应交增值税（进项税额）（运输发票按7%确认进项税额）

贷：营业外收入——接受捐赠

银行存款（实际支付的税费）

② 进项税额转出的会计处理

当企业购进的货物发生非正常损失、用于免税项目或改变用途时，其进项税额不得从销项税额中扣除。但这些货物的增值税税额在其购进时已作为进项税额从当期的销项税额中做了扣除，故应将其从进项税额中转出，借记有关成本、费用、损失等账户，贷记"应交税费——应交增值税（进项税额转出）"账户。

③ 销项税额的会计处理

货物销售所涉及的会计账户主要有"主营业务收入"、"应交税费——应交增值税（销项税额）"、"银行存款"、"应收账款"、"应收票据"等账户。

销售物资或提供应税劳务销项税额的会计处理。

借：应收账款、应收票据、银行存款、应付股利等科目

贷：主营业务收入（按实现的营业收入）

应交税费——应交增值税（销项税额）

发生的销售退回，做相反会计分录。

视同销售销项税额的会计处理。

借：在建工程、长期股权投资、应付职工薪酬等账户

贷：主营业务收入、其他业务收入等账户

应交税费——应交增值税（进项税额转出）

上缴增值税的会计处理。

借：应交税费——应交增值税（已交税金）

贷：银行存款

【例7-8】某公司购入钢材一批，增值税专用发票上注明价款100 000元，增值税税额17 000元，货款已付，材料已验收入库，则该公司的会计分录如下。

借：材料 100 000

应交税费——应交增值税（进项税额） 17 000

贷：银行存款 117 000

若 3 天后材料运抵入库时，发现部分材料有质量问题，卖方同意退货并开具红字增值税发票，注明价款 20 000 元，增值税税额 3 400 元，则会计分录如下。

借：应收账款 23 400

应交税费——应交增值税（进项税额） 3 400

贷：材料 20 000

（3）小规模纳税人的会计处理。

对于小规模纳税人，其购进货物或接受应税劳务所支付的增值税与所购货物或接受劳务支付的价款一起直接记入成本。销售货物或提供应税劳务时，借记"应收账款"等，贷记"主营业务收入"、"应交税费——应交增值税"等账户；上缴税金时，借记"应交税费——应交增值税"账户，贷记"银行存款"账户。

【例 7-9】某企业核定为小规模纳税人，本期购入原材料，增值税专用发票上记载的原材料价款为 1 000 000 元，支付的增值税税额为 170 000 元，企业开出承兑的商业汇票，材料尚未到达。该企业本期销售产品，销售价格总额为 900 000 元（含税），假定符合收入确认条件，货款尚未收到。该企业做会计分录如下。

① 购进货物时

借：材料采购 1 170 000

贷：应付票据 1 170 000

② 销售货物时

不含税价格=90÷（1+6%）=84.9057（万元）

应交增值税税额=84.9057×6%=5.0943（万元）

借：应收账款 900 000

贷：主营业务收入 849 057

应交税费——应交增值税 50 943

二、消费税的纳税核算

消费税是对我国境内从事生产、委托加工和进口应税消费品的单位和个人征收的一种税。

1. 消费税的纳税申报

（1）纳税申报

纳税人无论当期有无销售或是否赢利，均应在次月 1 日至 10 日内填制消费税纳税申报表，并向主管税务机关进行纳税申报。

（2）消费税纳税申报表的填列

消费税纳税申报表如表 7-4 所示。

表7-4 　　　　　　　　　　消费税纳税申报表

税款所属时间：　　　　　　　　　　　　　　　填表日期：

纳税人识别号：　　　　　　　　　　　　　　　　　　　　　　　　金额单位：元

纳税人名称		法定代表人姓名		营业地址	
开户银行及账号		企业登记注册类型		电话号码	

产品名称	适用税目	销售数量	销售额	视同销售数量	视同销售金额	计税金额	税率(%)	计税数量	单位税额	本期准予扣除税额	本期应缴税金	减征税额	本期应征入库税额	本期已缴税金	本期应补(退)税金
1	2	3	4	5	6	7=4+6	8	9=3+5	10	11	12=7×8+9×10-11	13	14=12-13	15	16=14-15

如纳税人填报，由纳税人填写以下各栏			如委托代理人填报，由代理人填写以下各栏			备注
会计主管(签章)	经办人(签章)	纳税人(签章)	代理人名称		代理人(签章)	
			地址			
			经办人	电话		

以下由税务机关填写

收到申报日期		接收人	

本表一式三份，一份纳税人留存，一份主管税务机关留存，一份征收部门留存。

"税款所属时间"是指纳税人申报的消费税应纳税款的所属期间，填写具体的起止年、月、日。本表所属期间以月度公历起讫日期为准。

"填表日期"指纳税人填写本表的具体日期。

"纳税人识别号"，填写税务机关为纳税人确定的税务登记码。

"纳税人名称"栏，填写纳税人单位全称，不得填写简称。

"法定代表人姓名"栏，填写纳税人法人代表的姓名。

"营业地址"栏，填写纳税人详细经营地址。

"开户银行及账号"栏，填写纳税人开户银行的名称和纳税人在该银行的结算账号。

第1项"产品名称"按具体的税目内容填写，根据应税消费品适用不同的税目、税率的，应分别填列。

第2项"适用税目"应按国家税务总局计会统计报表规定的消费税税目填写。

第3项"销售数量"是指纳税人申报期实现的销售数量。

第 4 项"销售额"是指纳税人申报期实现的销售收入。

第 5 项"视同销售数量"：是指纳税人用于生产非应税消费品和在建工程、管理部门、非生产机构、提供劳务以及用于馈赠、赞助、集资、广告、样品、职工福利、奖励、换取资料、投资入股、抵偿债务等方面的消费品数量。

第 6 项"视同销售金额"是指纳税人用于生产非应税消费品和在建工程、管理部门、非生产机构、提供劳务以及用于馈赠、赞助、集资、广告、样品、职工福利、奖励、换取资料、投资入股、抵偿债务等方面的消费品按规定计算的金额。

第 11 项"本期准予扣除税额"是指本期按规定准予扣除的消费税税额。

第 13 项"减征税额"是指按规定应减征的消费税税额。

第 15 项"本期已缴税金"是指纳税人本期入库的消费税税款。

2．消费税的会计处理

（1）账户设置

纳税人应在"应交税费"账户下设置"应交消费税"明细账户进行会计处理。该账户贷方核算企业按规定应缴纳的消费税，借方核算企业实际缴纳的消费税或待扣的消费税；期末，贷方余额表示尚未缴纳的消费税，借方余额表示企业多缴的消费税。

（2）会计处理

① 应税消费品销售的会计处理

借：营业税及附加

　　贷：应交税费——应交消费税

② 实际缴纳消费税的会计处理

借：应交税费——应交消费税

　　贷：银行存款

③ 应交消费品包装物的会计处理

包装物随产品销售而不单独计价的，因包装物收入已包含在产品销售收入中，其应纳消费税与产品销售一并进行会计处理；包装物随产品销售而单独计价的，因包装物收入记入其他业务收入，其应纳消费税记入其他业务成本。

④ 委托加工应税消费品的会计处理

借：委托加工物质

　　贷：应付账款、应付票据、银行存款等账户

⑤ 进口应税消费品的会计处理

借：固定资产、材料采购等账户

　　贷：银行存款

⑥ 出口应税消费品的会计处理

出口应税消费品若按规定不予免税或退税的，应视同国内销售，按国内销售规定进行账务处理；若是出口应税消费品，按规定实行"先征后退"办法的，应依据不同情况进行账务处理。

⑦ 金银首饰、钻石饰品零售业务的会计处理

借：营业税金及附加

　　贷：应交税费——应交消费税

【例 7-10】某厂将自制应税消费品 1 万元用于抵偿应付账款，消费税率为 10%，应纳消

费税额为 1 000 元，则会计分录如下。

借：产品销售税金及附加   1 000

  贷：应交税金——应交消费税   1 000

【例 7-11】某厂将自产的应税消费品投资到另一企业，并为后者开具专用发票，价款 4 万元，增值税 6 800 元，价税合计 46 800 元。消费税税率为 5%，应纳消费税额为 2 000 元。若成本为 3 万元，则会计分录如下。

借：长期投资——其他投资   38 800

  贷：产成品   30 000

    应交税金——应交增值税（销项税额）   6 800

    应交税金——应交消费税   2 000

三、营业税的纳税核算

营业税是以在我国境内提供应税劳务、转让无形资产和销售不动产的行为为课税对象所征收的一种税。

1. 营业税的纳税申报

纳税人无论当期有无营业额，均应按期填制营业税纳税申报表，并于次月 1 日起至 10 日内向主管税务机关申报纳税。营业税纳税申报表，如表 7-5 所示。

表 7-5   营业税纳税申报表

（适用于查账征收的营业税纳税人）

纳税人识别号：

纳税人名称（公章）

税款所属时间：自 年 月 日至 年 月 日 填表日期： 年 月 日 金额单位：元

税目	营业额					本期税款计算			税款缴纳							
										本期已缴税额				本期应缴税额计算		
	应税收入	应税减除项目金额	应税营业额	免税收入	税率(%)	小计	本期应纳税额	免(减)税额	期初欠缴税额	前期多缴税额	小计	已缴本期应纳税额	本期已被扣缴税额	本期已缴欠缴税额	小计	本期期末应缴税额	本期期末应缴欠缴税额
1	2	3	4=2+3	5	6	7=8+9	8=(4-5)×6	9=5×6	10	11	12=13+14+15	13	14	15	16=17+18	17=8-13-14	18=10-11-15
交通运输业																	
建筑业																	
邮电通信业																	
服务业																	
娱乐业																	

续表

税目	营业额					本期税款计算			税款缴纳								
	应税收入	应税减除项目金额	应税营业额	免税收入	税率(%)	小计	本期应纳税额	免(减)税额	期初欠缴税额	前期多缴税额	本期已缴税额				本期应缴税额计算		
											小计	已缴本期应纳税额	本期已被扣缴税额	本期已缴欠缴税额	小计	本期期末应缴税额	本期期末应缴欠缴税额
金融保险业																	
文化体育业																	
销售不动产																	
转让无形资产																	
合计																	
代扣代缴项目																	
总计																	

纳税人或代理人声明:	如纳税人填报,由纳税人填写以下各栏:				
此纳税申报表是根据国家税收法律的规定填报的,我确定它是真实的、可靠的、完整的。	办税人员(签章)		财务负责人(签章)	法定代表人(签章)	联系电话
	如委托代理人填报,由代理人填写以下各栏:				
	代理人名称		经办人"(签章)	联系电话	代理人(公章)

以下由税务机关填写:

受理人: 受理日期: 年 月 日 受理税务机关(签章):

　　本表为 A3 横式一式三份,一份纳税人留存,一份主管税务机关留存,一份征收部门留存。

　　本表"纳税人识别号"栏,填写税务机关为纳税人确定的识别号,即税务登记证号码。

　　本表"纳税人名称"栏,填写纳税单位名称全称,并加盖公章,不得填写简称。

　　本表"税款所属时间"填写纳税人申报的营业税应纳税额的所属时间,应填写具体的起止年、月、日。

　　本表"填表日期"填写纳税人填写本表的具体日期。

　　本表"娱乐业"行应区分不同的娱乐业税率填报申报事项。

　　本表"代扣代缴项目"行应填报纳税人本期按照现行规定发生代扣代缴行为所应申报的事项,分不同税率填报。

本表所有栏次数据均不包括本期纳税人经税务机关、财政、审计部门检查以及纳税人自查发生的相关数据。

第2栏"应税收入"填写纳税人本期因提供营业税应税劳务、转让无形资产或者销售不动产所取得的全部价款和价外费用（包括免税收），分营业税税目填报，该栏数据为各相应税目营业税纳税申报表中"应税收入"栏的"合计"数。纳税人提供营业税应税劳务、转让无形资产或者销售不动产发生退款或因财务会计核算办法改变冲减营业额时，不在本栏次调减，在第11栏"前期多缴税额"栏次内直接调减税额。

第3栏"应税减除项目金额"应填写纳税人本期提供营业税应税劳务、转让无形资产或者销售不动产所取得的应税收入中按规定可扣除的项目金额，分营业税税目填报，该栏数据为相应税目营业税纳税申报表中"应税减除项目金额"栏（或"应税减除项目金额"栏中"小计"项）的"合计"数。

第5栏"免税收入"应填写纳税人本期提供营业税应税劳务、转让无形资产或者销售不动产所取得的应税收入中不需税务机关审批可直接免缴税款的应税收入或已经税务机关批准的免税项目应税收入，分营业税税目填报，该栏数据为相应税目营业税申报表中"免税收入"栏的"合计"数。

第10栏"期初欠缴税额"填写截至本期（不含本期），纳税人经过纳税申报或报告、批准延期缴纳、税务机关核定等确定应纳税额后，超过法律、行政法规规定或者税务机关依照法律、行政法规规定确定的税款缴纳期限未缴纳的税款，分营业税税目填报，该栏数据为相应税目营业税纳税申报表中"期初欠缴税额"栏的"合计"数。

第11栏"前期多缴税额"填写纳税人截至本期（不含本期）多缴纳的营业税税额分营业税税目填报，该栏数据为相应税目营业税纳税申报表中"前期多缴税额"栏的"合计"数。

第13栏"已缴本期应纳税额"填写纳税人已缴的本期应纳营业税税额。该栏数据为相应税目营业税纳税申报表中"已缴本期应纳税额"栏的"合计"数。

第14栏"本期已被扣缴税额"填写纳税人本期发生纳税义务，按现行税法规定扣缴义务人扣缴的营业税税额。该栏数据为相应税目营业税纳税申报表中"本期已被扣缴税额"栏的"合计"数。

第15栏"本期已缴欠缴税额"填写纳税人本期缴纳的前期欠税，包括本期缴纳的前期经过纳税申报或报告、批准延期缴纳、税务机关核定等确定应纳税额后，超过法律、行政法规规定或者税务机关依照法律、行政法规规定确定的税款缴纳期限未缴纳的税款。该栏数据为相应税目营业税纳税申报表中"本期已缴欠缴税额"栏中"合计"数。

2. 营业税的会计处理

（1）账户设置

纳税人应在"应交税费"账户下设置"应交营业税"明细账户进行会计处理。该账户贷方核算企业按规定应缴纳的营业税，借方核算企业实际缴纳的营业税；期末，贷方余额表示尚未缴纳的营业税，借方余额表示企业多缴的营业税。该账户的对应账户主要有"营业税金及附加"、"其他业务成本"、"固定资产清理"等。

（2）会计处理

① 提供营业税应税的会计处理

借：营业税金及附加

　　贷：应交税费——应交营业税

② 租赁业务应交营业税的会计处理

借：其他业务成本
　　贷：应交税费——应交营业税

③ 转让无形资产的会计处理

借：银行存款
　　无形资产减值准备
　　营业外支出——出售无形资产损失
　　贷：无形资产
　　　　应交税费——应交营业税

借：银行存款
　　贷：其他业务收入等

借：其他业务成本
　　贷：应交税费——应交营业税

④ 销售不动产的会计处理

除房地产以外的企业，销售不动产是非主营业务，不是商品销售而是财产处置，应通过"固定资产清理"账户进行核算。

借：银行存款
　　贷：固定资产清理

借：固定资产清理
　　贷：应交税费——应交营业税

四、所得税的纳税核算与其他税的纳税核算

所得税是对所得额课税的税法，主要包括企业所得税、个人所得税。特点是可以直接调节纳税人收入，发挥其公平税负、调整分配关系的作用。

1. 企业所得税的纳税申报

企业在纳税年度内无论盈亏，都应当按规定的期限，向当地税务机关报送所得税申报表和会计决算报表；企业进行清算，应当在办理工商注销之前，向当地主管税务机关办理所得税申报；企业在年度内合并、分立、终止时，应当在停止生产、经营之日起 60 日内，向当地主管税务机关办理当期所得税汇算清缴手续。

（1）一般企业纳税申报

企业在纳税申报时，必须填报纳税申报表及其有关附表，还应附送同期财务会计报告等。企业所得税年度纳税申报表如表 7-6 所示。

表 7-6　　　　　　　　中华人民共和国企业所得税年度纳税申报表（A 类）

税款所属期间：　　　　年　　月　　日至　　　年　　月　　日

纳税人名称：

纳税人识别号：□□□□□□□□□□□□□□□　　　　金额单位：元（列至角分）

类别	行次	项目	金额
利润总额计算	1	一、营业收入（填附表一）	
	2	减：营业成本（填附表二）	
	3	营业税金及附加	
	4	销售费用（填附表二）	

类别	行次	项目	金额
利润总额计算	5	管理费用（填附表二）	
	6	财务费用（填附表二）	
	7	资产减值损失	
	8	加：公允价值变动收益	
	9	投资收益	
	10	二、营业利润	
	11	加：营业外收入（填附表一）	
	12	减：营业外支出（填附表二）	
	13	三、利润总额（10+11-12）	
应纳税所得额计算	14	加：纳税调整增加额（填附表三）	
	15	减：纳税调整减少额（填附表三）	
	16	其中：不征税收入	
	17	其中免税收入	
	18	其中减计收入	
	19	其中减、免税项目所得	
	20	其中加计扣除	
	21	其中抵扣应纳税所得额	
	22	加：境外应税所得弥补境内亏损	
	23	纳税调整后所得（13+14-15+22）	
	24	减：弥补以前年度亏损（填附表四）	
	25	应纳税所得额（23-24）	
应纳税额计算	26	税率（25%）	
	27	应纳所得税额（25×26）	
	28	减：减免所得税额（填附表五）	
	29	减：抵免所得税额（填附表五）	
	30	应纳税额（27-28-29）	
	31	加：境外所得应纳所得税额（填附表六）	
	32	减：境外所得抵免所得税额（填附表六）	
	33	实际应纳所得税额（30+31-32）	
	34	减：本年累计实际已预缴的所得税额	
	35	其中：汇总纳税的总机构分摊预缴的税额	
	36	其中汇总纳税的总机构财政调库预缴的税额	
	37	其中汇总纳税的总机构所属分支机构分摊的预缴税额	
	38	其中合并纳税（母子体制）成员企业就地预缴比例	
	39	其中合并纳税企业就地预缴的所得税额	
	40	本年应补（退）的所得税额（33-34）	
附列资料	41	以前年度多缴的所得税额在本年抵减额	
	42	以前年度应缴未缴在本年入库所得税额	

纳税人公章：	代理申报中介机构公章：	主管税务机关受理专用章：
经办人：	经办人及执业证件号码：	受理人：
申报日期：　年　月　日	代理申报日期：　年　月　日	受理日期：　年　月　日

企业所得税年度纳税申报表填报说明如下。

"税款所属期间"：正常经营的纳税人，填报公历当年1月1日至12月31日；纳税人年度中间开业的，填报实际生产经营之日的当月1日至同年12月31日；纳税人年度中间发生合并、分立、破产、停业等情况的，填报公历当年1月1日至实际停业或法院裁定并宣告破产之日的当月月末；纳税人年度中间开业且年度中间又发生合并、分立、破产、停业等情况的，填报实际生产经营之日的当月1日至实际停业或法院裁定并宣告破产之日的当月月末。

"纳税人识别号"：填报税务机关统一核发的税务登记证号码。

"纳税人名称"：填报税务登记证所载纳税人的全称。

第1行"一、营业收入（填附表一）"：填报纳税人主要经营业务和其他业务所确认的收入总额。本项目应根据"主营业务收入"和"其他业务收入"科目的发生额分析填列。

第2行"减：营业成本（填附表二）"项目，填报纳税人经营主要业务和其他业务发生的实际成本总额。本项目应根据"主营业务成本"和"其他业务成本"科目的发生额分析填列。

第3行"营业税金及附加"：填报纳税人经营业务应负担的营业税、消费税、城市维护建设税、资源税、土地增值税和教育费附加等。本项目应根据"营业税金及附加"科目的发生额分析填列。

第4行"销售费用（填附表二）"：填报纳税人在销售商品过程中发生的包装费、广告费等费用和为销售本企业商品而专设的销售机构的职工薪酬、业务费等经营费用。本项目应根据"销售费用"科目的发生额分析填列。

第5行"管理费用（填附表二）"：填报纳税人为组织和管理生产经营发生的管理费用。本项目应根据"管理费用"科目的发生额分析填列。

第6行"财务费用（填附表二）"：填报纳税人为筹集生产经营所需资金等而发生的筹资费用。本项目应根据"财务费用"科目的发生额分析填列。

第7行"资产减值损失"：填报纳税人各项资产发生的减值损失。本项目应根据"资产减值损失"科目的发生额分析填列。

第8行"加：公允价值变动收益"：填报纳税人按照相关会计准则规定应当记入当期损益的资产或负债公允价值变动收益，如交易性金融资产当期公允价值的变动额。本项目应根据"公允价值变动损益"科目的发生额分析填列，如为损失，本项目以"－"号填列。

第9行"投资收益"：填报纳税人以各种方式对外投资所取得的收益。本行应根据"投资收益"科目的发生额分析填列，如为损失，用"－"号填列。企业持有的交易性金融资产处置和出让时，处置收益部分应当自"公允价值变动损益"项目转出，列入本行，包括境外投资应纳税所得额。

第10行"二、营业利润"：填报纳税人当期的营业利润。根据上述行次计算填列。

第11行"加：营业外收入（填附表一）"：填报纳税人发生的与其经营活动无直接关系的各项收入。

第12行"减：营业外支出（填附表二）"：填报纳税人发生的与其经营活动无直接关系的各项支出。

第13行"三、利润总额（10+11－12）"：填报纳税人当期的利润总额。根据上述行次计算填列。金额等于第10+11－12行。

第14行"加：纳税调整增加额（填附表三）"：填报纳税人未记入利润总额的应税收入项目、税收不允许扣除的支出项目、超出税收规定扣除标准的支出金额，以及资产类应纳税调整的项目，包括房地产开发企业按本期预售收入计算的预计利润等。

第15行"减：纳税调整减少额（填附表三）"：填报纳税人已记入利润总额，但税收规定可以暂不确认为应税收入的项目，以及在以前年度进行了纳税调增，根据税收规定从以前年度结转过来在本期扣除的项目金额。包括不征税收入、免税收入、减计收入以及房地产开发企业已转销售收入的预售收入按规定计算的预计利润等。

第 16 行"其中：不征税收入"：填报纳税人记入营业收入或营业外收入中的属于税收规定的财政拨款、依法收取并纳入财政管理的行政事业性收费、政府性基金，以及国务院规定的其他不征税收入。

第 17 行"其中：免税收入"：填报纳税人已并入利润总额中核算的符合税收规定免税条件的收入或收益，包括：国债利息收入；符合条件的居民企业之间的股息、红利等权益性投资收益；在中国境内设立机构、场所的非居民企业从居民企业取得与该机构、场所有实际联系的股息、红利等权益性投资收益；符合条件的非赢利组织的收入。本行应根据"主营业务收入"、"其他业务收入"和"投资净收益"科目的发生额分析填列。

第 18 行"其中：减计收入"：填报纳税人以《资源综合利用企业所得税优惠目录》规定的资源作为主要原材料，生产销售国家非限制和禁止并符合国家和行业相关标准的产品按 10% 的规定比例减计的收入。

第 19 行"其中：减、免税项目所得"：填报纳税人按照税收规定应单独核算的减征、免征项目的所得额。

第 20 行"其中：加计扣除"：填报纳税人当年实际发生的开发新技术、新产品、新工艺发生的研究开发费用，以及安置残疾人员和国家鼓励安置的其他就业人员所支付的工资。符合税收规定条件的，计算应纳税所得额按一定比例的加计扣除金额。

第 21 行"其中：抵扣应纳税所得额"：填报创业投资企业采取股权投资方式投资于未上市的中小高新技术企业 2 年以上的，可以按照其投资额的 70% 在股权持有满 2 年的当年抵扣该创业投资企业的应纳税所得额；当年不足抵扣的，可以在以后纳税年度结转抵扣。

第 22 行"加：境外应税所得弥补境内亏损"：依据《境外所得计征企业所得税暂行管理办法》的规定，纳税人在计算缴纳企业所得税时，其境外营业机构的赢利可以弥补境内营业机构的亏损。即当"利润总额"加"纳税调整增加额"减"纳税调整减少额"为负数时，该行填报企业境外应税所得用于弥补境内亏损的部分，最大不得超过企业当年的全部境外应税所得；如为正数时，如以前年度无亏损额，本行填零；如以前年度有亏损额，取应弥补以前年度亏损额的最大值，最大不得超过企业当年的全部境外应税所得。

第 23 行"纳税调整后所得（13+14-15+22）"：填报纳税人当期经过调整后的应纳税所得额。金额等于本表第 13+14-15+22 行。当本行为负数时，即为可结转以后年度弥补的亏损额（当年可弥补的所得额）；如为正数时，应继续计算应纳税所得额。

第 24 行"减：弥补以前年度亏损（填附表四）"：填报纳税人按税收规定可在税前弥补的以前年度亏损额。金额等于附表四《企业所得税弥补亏损明细表》第 6 行第 10 列。但不得超过本表第 23 行"纳税调整后所得（13+14-15+22）"。

第 25 行"应纳税所得额（23-24）"：金额等于本表第 23-24 行。本行不得为负数，本表第 23 行或者依上述顺序计算结果为负数，本行金额填零。

第 26 行"税率（25%）"：填报税法规定的税率 25%。

第 27 行"应纳所得税额（25×26）"：金额等于本表第 25×26 行。

第 28 行"减：减免所得税额（填附表五）"：填列纳税人按税收规定实际减免的企业所得税额，包括小型微利企业、国家需要重点扶持的高新技术企业、享受减免税优惠过渡政策的企业，其实际执行税率与法定税率的差额，以及经税务机关审批或备案的其他减免税优惠。

第 29 行"减：抵免所得税额（填附表五）"：填列纳税人购置用于环境保护、节能节水、安全生产等专用设备的投资额，其设备投资额的 10% 可以从企业当年的应纳税额中抵免；当年不足抵免的，可以在以后 5 个纳税年度结转抵免。

第 30 行"应纳税额（27-28-29）"：填报纳税人当期的应纳所得税额，根据上述有关的行次计算填列。金额等于本表第 27-28-29 行。

第 31 行"加：境外所得应纳所得税额（填附表六）"：填报纳税人来源于中国境外的应纳税所得额（如分得的所得为税后利润应还原计算），按税法规定的税率（居民企业 25%）计算的应纳所得税额。

第 32 行"减：境外所得抵免所得税额（填附表六）"：填报纳税人来源于中国境外的所得，依照税法规定计算的应纳所得税额，即抵免限额。

企业已在境外缴纳的所得税额，小于抵免限额的，"境外所得抵免所得税额"按其在境外实际缴纳的所得税额填列；大于抵免限额的，按抵免限额填列，超过抵免限额的部分，可以在以后 5 个年度内，用每年度抵免限额抵免当年应抵税额后的余额进行抵补。

可用境外所得弥补境内亏损的纳税人，其境外所得应纳税额公式中"境外应纳税所得额"项目和境外所得税税款扣除限额公式中"来源于某外国的所得"项目，为境外所得，不含弥补境内亏损部分。

第 33 行"实际应纳所得税额（30+31-32）"：填报纳税人当期的实际应纳所得税额。金额等于本表第 30+31-32 行。

第 34 行"减：本年累计实际已预缴的所得税额"：填报纳税人按照税收规定本年已在月（季）累计预缴的所得税额。

第 35 行"其中：汇总纳税的总机构分摊预缴的税额"：填报汇总纳税的总机构 1~12 月份（或 1~4 季度）分摊的在当地入库预缴税额。附报《中华人民共和国汇总纳税分支机构分配表》。

第 36 行"其中：汇总纳税的总机构财政调库预缴的税额"：填报汇总纳税的总机构 1~12 月份（或 1~4 季度）分摊的缴入财政调节入库的预缴税额。附报《中华人民共和国汇总纳税分支机构分配表》。

第 37 行"其中：汇总纳税的总机构所属分支机构分摊的预缴税额"：填报分支机构就地分摊预缴的税额。附报《中华人民共和国汇总纳税分支机构分配表》。

第 38 行"其中：合并纳税（母子体制）成员企业就地预缴比例"：填报经国务院批准的实行合并纳税（母子体制）的成员企业按规定就地预缴的比例。

第 39 行"其中：合并纳税企业就地预缴的所得税额"：填报合并纳税的成员企业就地应预缴的所得税额"。根据"实际应纳税额"和"预缴比例"计算填列。金额等于本表第 33×38 行。

第 40 行"本年应补（退）的所得税额（33-34）"：填报纳税人当期应补（退）的所得税额。金额等于本表第 33-34 行。

第 41 行"以前年度多缴的所得税在本年抵减额"：填报纳税人以前年度汇算清缴多缴的税款尚未办理退税的金额，且在本年抵缴的金额。

第 42 行"以前年度应缴未缴在本年入库所得额"：填报纳税人以前年度损益调整税款、上一年度第 4 季度或第 12 月份预缴税款和汇算清缴的税款，在本年入库金额。

（2）特定企业的申报纳税

实行特定额征收方式的企业，应根据主管税务机关分别确定的月或季的应纳税额，填制企业所得税纳税申报表，在规定期限内进行纳税申报。只填写"应纳税额"一栏，在"备注"栏中注明实行的征收办法、核定的税额。

实行核定应纳所得税额方式的，平时按月或者按季预缴，年度终了后，在规定的时限内按照实际应纳税额向税务机关申报，申报额超过核定应纳税额的，按申报额缴纳税款；申报额低于核定应纳税额的，按核定应纳税额缴纳税款。而后者的"在规定的时限内"实际指的就是《企业所得税法》第五十四条规定的汇算清缴期。

无论采用哪种方式的纳税人，采用的纳税申报表的参考格式如表 7-7 所示。

表 7-7　　　　　　　　　企业所得税纳税申报表（适用于核定征收企业）

税款所属期间：　　年　月　日至　　年　月　日

纳税人识别号：□□□□□□□□□□□□□□□　　　　　　金额单位：元（列至角分）

纳税人名称

纳税申报栏			
项　目	行　次	本　期　数	累　计　数
收入总额	1		
成本费用	2		
应税所得率	3		
应纳税所得额	4		
适用税率	5		
应缴所得税额（4×5）	6		
减：实际已预缴的所得税额	7		
应补（退）的所得税额（8=6-7）	8		

纳税人公章：	主管税务机关受理专用章：
经办人（签章）：	受理人：
申报日期：　　　年　　月　　日	受理日期：　　　年　　月　　日

企业所得税纳税申报表填报说明如下。

本表为按照核定征收方法（包括核定应税所得率和核定定额征收方式）缴纳企业所得税的纳税人在季度（月）和年度申报缴纳企业所得税时使用。

第 1 行"收入总额"：填报当期取得的各项收入的合计金额。

第 2 行"成本费用"：填报记入当期的成本费用的合计金额（按照成本费用核定应税所得率的纳税人填报）。

第 3 行"应税所得率"：填报主管税务机关核定的应税所得率。

第 4 行"应纳税所得额"：按照收入总额核定应税所得率的纳税人，计算公式为应纳税所得额=收入总额×应税所得率；按照成本费用核定应税所得率的纳税人，计算公式为应纳税所得额=成本费用支出总额÷（1-应税所得率）×应税所得率。

第 5 行"适用税率"：根据第 4 行"应纳税所得额"金额确定的适用税率或者所得税政策规定的适用税率。

第 7 行"减：实际已预缴的所得税额"：填报当年累计已预缴的企业所得税额。

实行核定应纳税所得额的纳税人，可填第 6 行、第 7 行、第 8 行。其中，第 6 行填报主管税务机关核定的当期累计应纳所得税额。

本表一式三份，主管税务机关就表审核盖章后退还纳税人保存一份，由主管税务机关留存两份。

2．企业所得税的会计处理

（1）账户设置

根据《小企业会计制度》，小企业在应选择应付税款法核算所得税，应设备"所得税费用"和"应交税费——应交所得税"账户。

"所得税费用"账户核算企业确认的应从当期利润总额中扣除的所得税费用。期末，将本账户余额转入"本年利润"账户，结转后本账户无余额。

"应交税费——应交所得税"账户核算企业按照税法规定计算应缴纳的所得税，其贷方反映当期应缴的所得税，借方反映实际上缴的所得税；期末贷方或借方余额，反映尚未缴纳或多缴的所得税。

（2）会计处理

① 确定当期应交所得税时

借：所得税费用

　　贷：应交税费——应交所得税

② 缴纳当期应缴所得税时

借：应交税费——应交所得税

　　贷：银行存款

③ 企业年终补交企业所得税时

借：所得税费用

　　贷：应交税费——应交所得税

退税做相反会计分录。

④ 收到退税款时

借：银行存款

　　贷：应交税费——应交所得税

上缴税款做相反会计分录。

【例 7-12】A 企业某年核定的全年计税工资为 300 万元，当年实际发放的工资总额为 500 万元，企业当年支付的罚款为 20 万元。当年按会计核算原则计算的税前会计利润为 1 500 万元，所得税税率为 33%，假设该企业当年无其他纳税调整因素。有关的会计分录如下。

纳税调整数=实发工资－计税工资+罚款支出=500－300+20=220 万元

应纳税所得额=税前会计利润+纳税调整数=1 500+220=1 720 万元

应纳所得税额=1 720×33%=567.6 万元

借：所得税		5 676 000
贷：应交税金——应交所得税		5 676 000

实际上缴所得税时

借：应交税金——应交所得税		5 676 000
贷：银行存款		5 676 000

年末，将"所得税"科目余额结转"本年利润"科目

借：本年利润		5 676 000
贷：所得税		5 676 000

3．其他税的纳税核算

（1）印花税

印花税是对经济活动的经济交往中书立、领受凭证行为征收的一种行为税。

企业交纳的印花税，是由纳税人根据规定自行计算应纳税额购买并一次贴足印花税票的方法交纳的税款。企业交纳的印花税，不会形成税款债务，因此不需要通过"应交税费"科目核算。直接借记"管理费用"或"待摊费用"科目，贷记"银行存款"科目。

（2）车船税

凡在我国境内拥有并使用车船的单位和个人为车船税的纳税人。如果拥有人与使用人不一致时，则应由双方商定确认；为商定确认的，以使用人为纳税人。

企业按规定缴纳的车船税，应记入"管理费用"账户，会计分录如下。

借：管理费用

    贷：应交税费——应交车船税

缴纳税金时，做会计分录如下。

借：应交税费——应交车船税

    贷：银行存款

第三部分　小企业会计纳税实务

一、小企业费用和成本的核算

1．费用的核算

期间费用是企业当前发生的费用中重要组成部分，它是指本期发生的、不能直接或间接或系统而合理地分配归入某种产品成本的、应直接记入当期损益的费用，包括管理费用、销售费用和财务费用。

（1）管理费用

管理费用是指小企业为组织和管理企业生产、经营活动而发生的各项费用。因其发生额直接影响企业的当期损益，所以应尽量降低费用支出。企业管理费用的项目主要包括：行政管理部门在经营管理过程中发生的公司经费（修理费、物料消耗、职工工资等）、工会经费、待业保险费、车船税、无形资产摊销、排污费、计提坏账准备等。

小企业应设置"管理费用"账户对管理费用进行核算，借记发生的各项管理费用支出，贷记期末结转至"本年利润"账户的金额，结转后本账户应无余额。

【例7-13】某企业支付6月份业务招待费3 000元，购买办公用品1 000元，根据有关凭证，做会计分录如下。

借：管理费用——业务招待费　　　　　　　　　　　　　　　3 000

        ——办公用品　　　　　　　　　　　　　　　　1 000

    贷：银行存款　　　　　　　　　　　　　　　　　　　　　4 000

（2）销售费用

销售费用是指小企业在销售产品、提供劳务过程中发生的各项费用及销售本企业商品而专设销售机构的经营费用，包括在销售商品过程中发生的运输费、包装费、广告费等，以及销售人员的职工工资、业务费等经营费用。

小企业应设置"销售费用"账户对企业在销售过程以及商业企业进货过程中发生的各项费用进行核算,借记销售过程以及进货过程发生的各项费用,贷记期末转入"本年利润"账户的销售费用(库存现金、银行存款账户),结转后,该账户应无余额。

【例7-14】某企业开出转账支票支付甲产品的电视广告费 30 000 元,包装、展览及保险费 10 000 元。根据有关凭证,做会计分录如下。

借:销售费用   40 000
 贷:银行存款   40 000

(3)财务费用

财务费用是指企业为筹集生产经营所需资金而发生的费用,包括利息支出、汇兑损失以及相关手续费等。

小企业应设置"财务费用"账户对小企业发生的财务费用进行核算,借记发生的财务费用,贷记期末结转至"本年利润"账户的金额(银行存款、预提费用、长期借款等账户),结转后,该账户应无余额。

【例7-15】某小企业按月预提生产周转借款利息,每月预提 3 000 元,按季向银行支付利息费用。

每月预提银行借款利息时,做会计分录如下。

借:财务费用   3 000
 贷:预提费用   3 000

季度末支付利息时,做会计分录如下。

借:财务费用   3 000
  预提费用   6 000
 贷:银行存款   9 000

2.成本的核算

企业生产一定种类、数量的产品所支出的各种生产费用的总和,称为产品的生产成本,也称产品成本。

(1)成本的内容

记入产品成本的生产费用在产品生产过程中的用途不同,有直接用于产品生产的,有间接用于产品生产的。生产费用按经济用途划分为若干项目,称为产品成本项目,主要包括:原材料、燃料和动力、生产工资及福利、制造费用。

(2)成本核算的会计处理

为了正确计算产品成本,应设置"生产成本"、"制造费用"等账户。

"生产成本"账户核算企业进行生产经营活动所发生的各项成本,核算小企业生产各种产品、自制材料、自制工具等所发生的生产费用。

"生产成本"账户下应设置"基本生产成本"和"辅助生产成本"两个二级明细账户。属于直接材料、直接人工等直接费用,直接记入基本生产成本和辅助生产成本;属于辅助生产车间为生产产品提供的动力等间接费用,应当在"生产成本——辅助生产成本"账户核算后,再转入"生产成本——基本生产成本"账户。其他间接费用先在"制造费用"账户汇集,月度终了,再按照一定的分配标准,分别记入有关的产品成本。辅助生产车间为基本生产车间、企业管理部门和其他部门提供的劳务和产品,月终应按照一定的分配标准分配给各受益对象,借记"生产成本——基本生产成本"、"销售费用"、"管理费用"、"在建工程"等账户,贷记"生产成本——辅助生产成本"账户。已经生产完成并验收入库的产成品，应于月度终了，按实际成本，借记"库存商品"账户，贷记"生产成本——基本生产成本"账户。

"生产成本"账户的借方余额反映企业尚未加工完成的各项产品的成本。

"制造费用"账户核算小企业为生产产品和提供劳务而发生的各项间接费用，包括工资和福利费、折旧费、修理费等。借记"生产成本——基本生产成本"、"生产成本——辅助生产成本"账户，贷记"制造费用"账户及其所属明细账。除季节性生产外，"制造费用"账户应无余额。

二、小企业收入与利润的核算

1. 收入

收入有广义和狭义之分。广义的收入是指企业在一定会计期间内的全部所得，包括营业收入、投资收入和营业外收入等；狭义的收入一般仅指营业收入。本书小企业的收入是指广义的收入。收入是小企业财务报表的基本要素之一，是小企业生产经营活动的结果，也是小企业计算应纳税所得额时最重要的因素，具体表现为资产的增加或负债的减少。

（1）收入的账户设置

"主营业务收入"账户是为了核算小企业销售产品所发生的收入，"主营业务收入"账户贷方登记实现的销售收入，借方登记销售退回、销售折扣与折让抵减的销售收入以及月末结转记入本期损益净收入，结转后本账户无余额。

"其他业务收入"账户是为了核算小企业出产品销售以外的其他销售或其他业务的收入，"其他业务收入"账户贷方登记小企业实现的其他业务收入，借方登记月末结转记入本期损益的其他业务收入，结转后本账户无余额。

根据收入与费用相配比的原则，为了准确核算这些耗费与支出，企业应设置"主营业务成本"、"劳务成本"和"其他业务成本"等账户。

（2）销售商品收入的账务处理

在现销方式下，应借记"库存现金"、"银行存款"等账户，贷记"主营业务收入"账户，属于增值税一般纳税人的小企业，按专用发票上注明的增值税税额，贷记"应交税费——应交增值税（进项税额）"账户。

【例7-16】某小企业5月份销售产品一批，不含税价款为10 000元，该小企业属于增值税一般纳税人，增值税税率为17%，已收到购货方开出的转账支票，则该企业应缴纳的增值税税额为1 700元，做如下会计分录。

借：银行存款　　　　　　　　　　　　　　　　　　　11 700
　　贷：主营业务收入　　　　　　　　　　　　　　　　10 000
　　　　应交税费——应交增值税（销项税费）　　　　　　1 700

在预收货款销售方式下，小企业预收购货方的购货款时，应记入"应收账款"账户的贷方，待收入实现时，借记"应收账款"账户，贷记"主营业务收入"账户，属于增值税一般纳税人的小企业，应按专用发票上注明的增值税税额贷记"应交税费——应交增值税（销项税额）"账户。

【例7-17】W公司购买A企业生产的产品，预付货款12 000元，A公司按合同规定向W公司发货，不含税价款为10 000元，A公司属于增值税一般纳税人，增值税税率为17%，根据有关凭证，做如下会计分录。

① A 公司收到对方预付货款时

借：银行存款 12 000

　贷：应收账款——W 公司 12 000

② A 公司确认销售收入时

借：应收账款——W 公司 11 700

　贷：主营业务收入 10 000

　　应交税费——应交增值税（销项税额） 1 700

③ A 公司退回 W 公司余款时

借：应收账款——W 公司 300

　贷：银行存款 300

在委托代销方式下，应借记"库存现金"、"银行存款"、"应收账款"等账户，贷记"主营业务收入"账户，属于一般增值税纳税人的小企业，按专用发票上注明的增值税税额贷记"应交税费——应交增值税（销项税额）"账户。

【例 7-18】W 公司委托 A 公司代销一批产品，收到 A 公司送交的代销清单，列明销售500 件，单价 20 元/件，W 公司属于增值税一般纳税人，增值税税率为 17%，根据代销清单及有关凭证，W 公司做如下会计分录。

借：银行存款 11 700

　贷：主营业务收入 （500×20）=10 000

　　应交税费——应交增值税（销项税额） （10 000×17%）=1 700

（3）小企业对外提供劳务收入的核算

小企业提供的劳务服务种类很多，包括饮食、安装、施工、开发软件等业务。小企业从事的饮食、服务等时间较短的劳务，大多数属于不跨年度的劳务，应在劳务结束后进行结算并相应确认收入。对于从事建筑、装配工程等承担劳务项目金额较大，作业时间也较长的劳务，一般属于跨年度的劳务，其收入的确认应遵循以下原则：若合同规定了结算方法，应按照合同规定的结算方法确认劳务收入；若合同未规定结算方法，则可按照完工进度或完成的工作量，即完工百分比法确认收入。

完工百分比法是指按照劳务的完成程度确认收入并结转成本的方法。劳务交易结果可靠估计的条件是：第一，劳务总收入和劳务总成本能够可靠地计量；第二，与交易相关的经济利益能够流入企业；第三，劳务的完成程度能够可靠地确定。根据小企业的特点，可以用已完工的工程成本占估计总成本的比例来替代对完成程度的评估，即假设认为工程成本的发生于工程进度是基本同步的，由此确认本年度的工程收入，公式如下：

本年度的工程收入=全部工程价款×（本年已完成工程成本÷工程预计总成本）

同时，结转本年度已完成工程的成本，两者差额记入本年应纳税所得额。

小企业对外提供劳务不需缴纳增值税的，按实际价款，借记"库存现金"、"银行存款"、"应收账款"等账户，贷记"主营业务收入"账户，并根据取得的劳务收入和使用的营业税税率计算应缴纳的营业税，借记"营业税金及附加"账户，贷记"应交税费——应交营业税"账户。

【例 7-19】小企业 A 公司从事饮食业，本月收入为 50 000 元，全部为现金收入，使用的营业税税率为 5%，根据有关凭证，做会计分录如下。

借：库存现金 50 000

　　　贷：主营业务收入　　　　　　　　　　　　　　　　　　　　　50 000
　　应缴纳的营业税=50 000×5%=2 500（元）
　　　借：营业税金及附加　　　　　　　　　　　　　　　　　　　　2 500
　　　　贷：应交税费——应交营业税　　　　　　　　　　　　　　　　2 500
　　（4）小企业让渡资产使用权收入的核算

　　小企业让渡资产使用权而发生的使用费等收入，主要包括因他人使用本企业货币资金或欠企业款项而收取的利息，主要是指金融企业存、贷款形成的利息收入以及同业之间发生结算往来形成的利息收入，因他人使用本企业的无形资产，如专利权、著作权等而形成的使用费收入。

　　小企业让渡资产使用权收入的确认应满足下列条件：第一，与交易相关的经济利益能够流入本企业；第二，收入的金额能够可靠地计量。

　　让渡资产使用权的收入主要包括利息收入和使用费收入，这里主要介绍使用费收入的会计处理，企业应根据合同规定的时间和方法确认输入并进行会计处理，其中，有的一次性收费，有的分次收费，有的提供后期服务，有的不提供后期服务，应分别不同情况进行会计处理。

　　【例7-20】小企业A公司向B公司提供其开发的软件，一次性收费50 000元，不提供后续服务。该业务实质上是销售，应缴纳的是增值税，假设增值税税率为17%，做如下会计分录。
　　　借：银行存款　　　　　　　　　　　　　　　　　　　　　　58 500
　　　　贷：主营业务收入　　　　　　　　　　　　　　　　　　　　50 000
　　　　　应交税费——应交增值税（销项税额）　　　　　　　　　　8 500
　　【例7-21】A公司向B公司转让其商品的商标使用权，合同规定B公司每年年末按照年销售收入的10%支付A公司商标使用费，使用期为5年。假设第1年A公司销售收入为5万元，第2年销售收入为8万元，这两年的使用费按期支付。

　　A公司第1年年末确认收入，做如下会计分录。
　　　借：银行存款　　　　　　　　　　　　　　　　　5 000
　　　　贷：其他业务收入　　　　　　　　　　　　　　5 000
　　第2年年末确认收入，做如下会计分录。
　　　借：银行存款　　　　　　　　　　　　　　　　　8 000
　　　　贷：其他业务收入　　　　　　　　　　　　　　8 000
　　（5）小企业出租或转让财产收入的核算

　　小企业出租或转让财产，指小企业让渡资产的使用权或所有权，如出租、转让固定资产、无形资产等。

　　通过其他业务收支核算。其他业务收支是指其他业务收入和其他业务成本。其他业务是指主营业务以外的其他日常活动，如企业销售材料、出租无形资产、出租包装物等。

　　在会计处理上，小企业应设置"其他业务收入"和"其他业务成本"账户对其他业务进行核算，并需要按其他业务的种类设置明细账，进行明细核算。"其他业务收入"账户贷方核算应确认的收入额；借方核算期末转入"本年利润"账户的金额，结转后，该账户应无余额。"其他业务成本"账户借方核算与其他业务收入相关的支出，如销售材料、提供劳务等发生的相关成本、费用及相关的税金及附加；贷方核算期末转入"本年利润"账户的金额，结转后，该账户应无余额。

小企业销售材料时，应借记"库存现金"、"银行存款"等账户，贷记"其他业务收入"、"应交税费——应交增值税（销项税额）"账户，月度终了，借记"其他业务成本"账户，贷记"材料"账户。

小企业收到包装物收到租金，借记"库存现金"、"银行存款"等账户，贷记"其他业务收入"、"应交税费——应交增值税（销项税额）"账户。出租包装物，在第一次领用新包装物时，应当结转成本，借记"其他业务成本"账户，贷记"材料"账户。

小企业出租无形资产取得的租金，借记"银行存款"等账户，贷记"其他业务收入"账户，结转出租无形资产成本时，借记"其他业务成本"账户，贷记"无形资产"等账户。

【例7-22】某企业销售甲材料一批，价款3 000元，增值税税率17%，材料成本2 500元。根据有关凭证，做会计分录如下。

借：银行存款　　　　　　　　　　　　　　　　　　　　3 510
　　贷：其他业务收入　　　　　　　　　　　　　　　　　3 000
　　　　应交税费——应交增值税（销项税额）　　　　　　510

月末，结转上述销售材料成本2 500元，做会计分录如下。

借：其他业务成本　　　　　　　　　　　　　　　　　　2 500
　　贷：材料——甲材料　　　　　　　　　　　　　　　　2 500

通过营业外收支核算。营业外收支是指小企业发生的、与其生产经营活动无直接联系的各项收入和支出。

营业外收入包括固定资产盘盈、处置固定资产净收益、出售无形资产净收益以及罚款净收入等。营业外支出包括固定资产盘亏、处置固定资产净损失、出售无形资产净损失、罚款支出以及非常损失等。

2．利润

利润是小企业在一定时期内的经营成果，是小企业会计核算的重要组成部分。利润具有明显特征：利润是收入与费用相配比的结果，并最终可能导致所有者权益发生变动。任何企业在一个会计期间内所取得的收入与发生的费用相配比后，若收入大于费用，则企业可获取赢利，反之发生亏损。

利润是小企业生产经营成果的综合反映，主要可按主营业务利润、营业利润、利润总额和净利润4个层次核算。

主营业务利润是指小企业经营活动中主要经营业务所产生的利润。可用如下公式表示：

主营业务利润=主营业务收入-主营业务成本-营业税金及附加

营业利润是小企业生产经营活动的主要经营成果，是企业利润总额的主要组成部分。可用如下公式表示：

营业利润=主营业务利润+其他业务利润-销售费用-管理费用-财务费用

其他业务利润是指小企业主营业务以外的其他业务活动所产生的利润，用公式表示如下：

其他业务利润=其他业务收入-其他业务成本

利润总额可用如下公式表示：

利润总额=营业利润+投资收益+营业外收入-营业外支出

净利润能客观地反映企业最终的收益，可用如下公式表示：

$$净利润=利润总额-所得税费用$$

在实际工作中，小企业利润的会计处理方法有账结法和表结法两种。

小企业采用账结法时，应于每月终了将所有损益类账户的余额转入"本年利润"账户，通过"本年利润"账户结出当月利润和截至各月的本年累计利润。期末将各收入类账户的余额转入"本年利润"账户贷方，将成本、费用、支出类账户的余额转入"本年利润"账户借方，结平各损益类账户。结转后，"本年利润"账户若为贷方余额，则表示企业本年度自年初开始累积实现的净利润，若为借方余额，则表示企业本年度自年初开始累计发生的净亏损。

采用表结法，每月结账时，将各损益类账户的余额逐项抄录到当月要编制的利润表中，有关项目的"本年累计数"栏目内，对"其他业务利润"等项目则应以有关损益类伤害余额的净差额填入。通过利润表计算出从年初至本月末止的本年累计净利润，减去上月末利润表中相同项目的"本年累计数"栏金额，求出本月各项目金额，填入本月利润表中"本月数"各对应项目中去，即可求得本月利润总额、净利润等。采用表结法，每月末不需要将各损益类账户的余额转入"本年利润"账户，年末最后一个月应采用账结法将全部损益类账户全年累计余额结转至"本年利润"账户。

三、小企业会计操作实例

【例7-23】现金充裕的电力行业上市公司申能股份完成国有股定向回购。

申能股份（600642）是上海证券交易所上市公司，在上海、浙江地区投资经营电厂和天然气管网等能源类项目，拥有稳定和充沛的现金流量。从公司1998年中期报告中我们看到现金和短期投资占总资产的比重为24%，这个数字在1998年增加到了34%，1999年中期突破了35%而达到了36%，总量有38亿之多。大量的资产以货币的形式存在，为企业进行资本运作奠定了良好的基础。

1999年12月，申能股份向申能集团定向协议回购10亿股国有法人股，回购股数占申能股份总股本的37.98%，回购单价为每股净资产2.51元，共计25亿的回购资金来源全部为公司自有资金。

通过对回购前后的股本对比和收益变化，我们发现回购给企业带来许多好处，货币资金占比得到了大幅下降，提高了资金利用率，更重要的是，通过运用货币资金进行的股份回购降低了国有股权的比重，为改善公司治理提供了逻辑。1998~1999回购前后申能股份存量现金状况，如表7-8所示。

表7-8　　　　　　　　　　1998~1999年回购前后申能股份存量现金状况

百万	1998年中报	占总资产比	1998年报	占总资产比	1999年中报	占总资产比	1999年报	占总资产比
流动资产								
货币资金	596	6%	1 478	14%	1 404	13%	924	7%
短期投资	1 829	18%	2 106	20%	2 416	22%	887	7%
合　计	2 425	24%	2 253	34%	3 820	36%	1 811	14%

申能股份回购前后股本变动比照表如表7-9所示。

表 7-9   申能股份回购前后股本变动比照表

	总股本（亿元）	国有法人股（%）	社会法人股（%）	社会公众股（%）	99 年每股收益（元）
回购前	26.33	80.25	10.22	9.53	0.31
回购后	16.33	68.16	16.47	15.37	0.51

【例 7-24】短期投资风险无常。

短期投资的风险往往是由管理层的资金使用权限决定的。比如短期投向的资金是否应该由董事会批准，股东大会是否应该有权利管辖，中小投资者是否有表决权等。对于短期投资是否应该透明、公开，尚无定论，而现实中，因为上市公司故意隐瞒等诸多问题，使短期投资缺乏透明度，导致了各种各样的问题发生。

由于短期投资一般是在一个会计年度或经营周期内投入并收回的投资，上市公司往往并没有经股东大会审议，而由董事会直接予以通过，在信息披露上也经常采用"先斩后奏"。由于草率决策导致短期投资所暴露的问题可谓层出不穷。

由于短期投资一般是采取的委托的形式，因此，受托人的信用风险便成为短期投资风险的直接来源。如铜峰电子 2001 年 8 月 1 日将 5 000 万元资金存入在安徽国际信托投资公司上海中山北路证券营业部用于购买国债。该营业部向铜峰电子出具了先后购入 200 000 手和 297 870 手 99 国债（5）的成交报告单，合计使用金额 49 999 266.44 元。国债投资成为公司近两年利润的主要来源，2001 年公司投资国债共创投资理财收益 1 491 万元，占全部税前利润的 30%。从公司原拟购买的 99 国债的走势来看，从去年 8 月底到今年 4 月中，该国债的价格由 100 元附近上升到 106 元之上，涨幅可达 6%，预计将使本年投资收益增加近 300 万元。2002 年 4 月中旬，经查询公司账户从未进行过国债购买交易，账户上的资金已被该营业部挪用。如今此项资金被非法挪用，不仅 300 万元投资收益打了水漂，而且 5 000 万元本金能否立即收回都还是个未知数，由此给公司带来较大的财务风险。

另外，正所谓"投资有风险"，证券市场的风云变幻更使得短期投资面临巨大的价值损失压力。最近的例子来自于 2001 年的中国证券市场最大的财务欺诈案件银广夏事件使得上海金陵蒙受了 16 963 万元的直接损失，银鸽投资的 1.2 亿元的委托理财金中 9 974 万元付之东流，等等。

【例 7-25】白云山资产重组产生合并价差。

广州白云山制药股份有限公司主营各种中西成药，包括针剂、片剂、冲剂、口服液等的各类药品的生产制造、批零、销售。

2001 年 11 月底，白云山进行重组，由广药集团置入广州天心药业股份有限公司、广州光华药业股份有限公司、广州侨光制药厂、广州明兴制药厂、广州卫生材料厂、广州何济公制药厂 6 家药厂，改善了公司的资产状况。被置入的 6 家药厂的审计值为 29 026 万元，评估后的价值为 65 987 万元，评估增值 36 961 万元，其中土地评估增值 19 131 万元。重组双方交易价格的确认依据是评估价值，这样，从 2001 年起在报表上产生 36 961 万元的合并价差。这笔合并价差将分 10 年摊销，作为对投资收益的抵减。该部分摊销将会在未来期间相应减少公司的投资收益。当投资收益大于等于当期摊销的合并价差的时候，该购并项目的总体投资收益会大于或等于 0；当投资收益小于当期摊销的合并价差的时候，该购并项目的投资收益就会小于 0，体现为投资损失。

【例 7-26】折旧决定利润。

上海航空股份有限公司主要从事国内、国际和地区航空客、货、邮运输及代理，目前共拥有 25 架飞机，已开通 136 条营运航线，通达国内 48 个大中城市和 5 个国际城市。该公司 2002 年 9 月公开招股上市，在《招股说明书》中的特别风险提示栏揭示了从折旧政策改变中生出的利润。

"本公司 1999 年、2000 年、2001 年及 2002 年 1~6 月份利润总额分别为 4 927 万元、7 501 万元、16 628 万元和 6 657 万元，2000 年利润总额比 1999 年增加 2 574 万元，2001 年利润总额比 2000 年增加 9 127 万元，主要原因在于：本公司融资租赁的飞机及发动机，原按 15 年计提折旧。根据财政部批准文件，从 2000 年 10 月份起改按 18 年计提，因折旧年限的变更而调增 2000 年度利润总额 1 531 万元，调增 2001 年度利润总额 6 341 万元，调增 2002 年 1~6 月利润总额 4 267 万元；本公司高价周转件原按 5 年平均摊销，从 2001 年起改按 6 年平均摊销，因摊销年限的变更而调增 2001 年度利润总额 1 025 万元，调增 2002 年 1~6 月利润总额为人民币 574 万元。因此，2000 年和 2001 年因飞机和发动机折旧或摊销政策变化增加的利润占两年利润增加额的比例分别达到 59.48% 和 80.71%；2002 年 1~6 月因飞机和发动机折旧或摊销政策变化增加的利润占 2002 年 1~6 月利润总额的比例为 72.72%。"

【例 7-27】一字万金——隆平高科的无形资产。

袁隆平农业高科技股份有限公司（隆平高科）是由湖南省农业科学院作为主要发起人，联合湖南杂交水稻研究中心、湖南东方农业产业公司、袁隆平先生等共同发起设立的，主要从事以杂交水稻、杂交辣椒、西甜瓜为主的高科技农作物种子、种苗的培育、繁殖和推广销售。

该公司的特别之处就在于其的一项无形资产，是我国著名科学家袁隆平先生的名字。根据公司和袁隆平先生签订的协议，袁隆平先生同意在股份公司存续期间将其姓名用于股份公司的名称和公司股票上市时的股票简称，公司则向袁隆平先生支付姓名权使用费 580 万元。袁隆平是中国工程院院士、"世界杂交水稻之父"，以他几十年在杂交水稻方面的研究成果，为解决我们这个泱泱大国 12 亿人口的吃饭问题，起了举足轻重的作用。而"袁隆平"这 3 个字的品牌价值，据有关资产评估事务所的评估，达 1 008.9 亿元。

自我练习

一、填空题

1. 纳税筹划的原则有（　　　）、（　　　）、（　　　）、（　　　）、（　　　）、（　　　）。

2. 纳税筹划的特点有（　　　）、（　　　）、（　　　）、（　　　）、（　　　）、（　　　）。

3. 一般纳税人采用购进扣税法，按（　　　）、（　　　）的税率计税。

4. 《中华人民共和国公司法》规定，企业按净利润的（　　　）提取法定盈余公积，但此项公积已达到注册资本的（　　　）时，可以不再提取。

5. 本年度的工程收入计算公式为（　　　）。

6. 让渡资产使用权的收入主要包括（　　　）和（　　　）。

7. 其他业务收支是指其（　　　）和（　　　）。

8. 利润是小企业生产经营成果的综合反映，主要可按（　　　）、（　　　）、（　　　）和（　　　）4 个层次核算。

9. 主营业务利润的计算公式为（　　　）。

10. 利润总额的计算公式为（　　　）。

二、实训题

1. 某大型百货商场为增值税一般纳税人，2011 年 3 月购进货物一批，取得增值税专用发票，购进价为 1 500 万元，当月将其中的一部分货物分别销售给宾馆和个体零售商，取得含税销售收入分别为 1 989 万元和 351 万元。个体零售商将购进的货物销售给消费者，取得含税销售收入 411 万元。试分别计算百货商场和个体零售商当月应缴纳的增值税税额。

2. 某企业将自产的乘用车留厂自用，该车销售价 80 000 元，规定税率 9%；同时该企业还将自产的汽车轮胎 20 个用于企业更新工程，轮胎每个售价 1 800 元，适用税率 10%，两次应纳消费税分别为 7 200 元和 3 600 元。编制会计分录。

3. 2011 年 8 月，A 管理咨询公司本月的营业收入为 500 万元，适用的营业税税率为 5%，城市维护建设税率为 7%，教育费附加率为 3%。9 月 7 日，A 公司通过银行转账的方式缴纳了 8 月份的营业税、城市维护建设税、教育费附加，不考虑其他税费。计算各项税费并编制会计分录。

4. 某市汽车制造厂（增值税一般纳税人）2011 年 6 月购进原材料等，取得的增值税专用发票上注明税款共 600 万元，销售汽车取得销售收入（含税）8 000 万元，款现已收到；兼营汽车租赁业务取得收入 20 万元；兼营汽车运输业务取得收入 50 万元。该厂分别核算汽车销售额、租赁业务和运输业务营业额。

要求：

（1）请分别计算该厂当期应纳增值税、消费税和营业税（该厂汽车适用的消费税税率为 8%）；

（2）编制取得汽车销售收入、交纳增值税、计算和交纳营业税、消费税的会计分录。

5. 某企业（小规模纳税人）采用托收承付结算方式购进商品一批，商品价款为 30 000 元（含增值税），购进过程中发生运杂费等 600 元。5 天后商品到达并验收入库。该批商品的售价为 40 000 元，编制会计分录。

6. 根据"商品进销存报告单"和"内部交款单"回单等凭证可知，2011 年 5 月 1 日某零售商店各营业组销售收入分别为：百货组 5 430 元，五金组 4 510 元，食品组 6 820 元，服装组 9 500 元。

7. 某企业由于产品转型，有一批多余的原材料出售，原材料成本为 12 000 元，出售的价款 10 000 元，增值税额为 1 700 元，取得的全部价税款已送存银行，编制会计分录。

三、思考题

1. 什么是节税技术，节税技术具体为哪些技术？

2. 小规模纳税人与一般纳税人的认定条件是什么？

3. 小规模纳税人与一般纳税人的发票差异在哪儿？

4. 一般纳税人采用购进扣税法基本计算公式是什么？

5. 增值税的概念是什么？

6. 消费税的概念是什么？

7. 营业税的概念是什么？

8. 所得税的概念及特点是什么？

9. 什么是印花税？

10. 所有者权益的含义是什么？

自我练习参考答案

项目一

一、填空题

1. 成本类　所有者权益类
2. 有借必有贷、借贷必相等
3. 资产　负债和所有者权益
4. 资产账户　负债账户　所有者权益
5. 贷方　经济内容
6. 标明记账方向
7. 营业额
8. 负债类
9. 负债类　所有者权益类　成本类　损益类
10. 经营活动

二、实训题

1.（1）借：现金　　　　　　　　　　　　　　　　2 000
　　　　贷：银行存款　　　　　　　　　　　　　　　　2 000
（2）借：原材料　　　　　　　　　　　　　　　　10 000
　　　　贷：银行存款　　　　　　　　　　　　　　　　10 000
（3）借：营业费用——客房部——洗涤费　　　　　500
　　　　贷：现金　　　　　　　　　　　　　　　　　　500
（4）借：原材料　　　　　　　　　　　　　　　　20 000
　　　　贷：应付账款　　　　　　　　　　　　　　　　20 000
（5）借：银行存款　　　　　　　　　　　　　　　15 000
　　　　贷：营业收入　　　　　　　　　　　　　　　　15 000
（6）借：营业成本　　　　　　　　　　　　　　　5 000
　　　　贷：原材料　　　　　　　　　　　　　　　　　5 000
（7）借：应付账款　　　　　　　　　　　　　　　15 000
　　　　贷：银行存款　　　　　　　　　　　　　　　　15 000
（8）借：营业费用　　　　　　　　　　　　　　　300
　　　　管理费用　　　　　　　　　　　　　　　200
　　　　贷：物料用品　　　　　　　　　　　　　　　　500
（9）借：应收账款　　　　　　　　　　　　　　　4 000

贷：营业收入	4 000		
（10）借：银行存款	3 000		
贷：应收账款	3 000		
2.（1）借：销售费用	300		
贷：银行存款	300		
（2）借：销售费用	200		
贷：银行存款	200		
（3）借：现金	12 000		
贷：银行存款	12 000		
（4）借：应付职工薪酬	12 000		
贷：现金	12 000		
（5）借：财务费用	400		
贷：应付利息	400		
（6）借：管理费用	210		
贷：其他应付款	210		

3. 编制旅行社 9 月份的"银行存款"余额调节表

2006 年 9 月 30 日

项　　　目	金　　额	项　　　目	金　　额
旅行社银行存款日记账余额	28 000	银行对账单余额	30 800
加：银行已收旅行社未收	3 500	加：旅行社已收银行未收	5 620
减：银行已付旅行社未付	1 600	减：旅行社已付银行未付	6 520
调节后的存款余额	29 900	调节后的存款余额	29 900

4.（1）收取旅行团费时

借：现金（银行存款）	70 000
贷：应收账款——旋行团	70 000

旅行团返回原地，确认营业收入时

借：应收账款——旋行团	70 000
贷：主营业务收入——外联组团收入	70 000
（2）借：主营业务成本——陪同费	2 000
贷：现金	2 000
（3）借：主营业务成本——邮电费	1 000
贷：银行存款	1 000
（4）借：营业税金及附加	2 100
贷：应交税费——应交营业税	2 100

5. 应纳税所得额=500 000+5 000－20 000+30 000+50 000－35 000=530 000 元

应纳所得税=530 000×33%=174 900 元

6.（1）借：其他应收款	500
贷：库存现金	500
（2）借：银行存款	10 000

	短期借款	25 000
	贷：应收账款	35 000
（3）借：生产成本		1 500
	贷：原材料	1 500
（4）借：应付职工薪酬		21 000
	贷：银行存款	21 000
（5）借：库存商品		26 000
	贷：生产成本	26 000
（6）借：银行存款		18 000
	贷：短期借款	18 000
（7）借：原材料		8 000
	贷：银行存款	5 600
	应付账款	2 400
（8）借：应付账款		2 400
	贷：银行存款	2 400
（9）借：银行存款		12 000
	贷：实收资本	12 000
（10）借：管理费用		580
	贷：其他应收款	500
	库存现金	80
7.（1）借：银行存款		100 000
	贷：短期借款	100 000
（2）借：库存商品		5 000
	贷：生产成本	5 000
（3）借：营业外支出		1 000
	贷：银行存款	1 000
（4）借：财务费用		200
	贷：银行存款	200
（5）借：财务费用		1 500
	其他应付款	5 000
	贷：银行存款	6 500
（6）借：生产成本		50 000
	制造费用	4 000
	管理费用	30 000
	营业费用	2 000
	贷：应付职工薪酬	86 000
（7）借：现金		2 000
	应付职工薪酬	86 000
	贷：银行存款	88 000
（8）借：固定资产		20 000

	贷：累计折旧	8 000
	待处理财产损益	12 000
（9）借：利润分配——未分配利润		30 000
	贷：本年利润	30 000
（10）借：制造费用		4 000
	管理费用	1 000
	贷：累计折旧	5 000
（11）借：应交税费		15 000
	贷：银行存款	15 000
（12）借：管理费用		200
	贷：其他应付款	200
（13）借：管理费用		500
	贷：库存现金	500
（14）借：固定资产		80 200
	贷：银行存款	80 000
	库存现金	200
（15）借：银行存款		45 000
	贷：应收账款	45 000
（16）借：银行存款		25 000
	贷：主营业务收入	25 000
（17）借：物资采购		18 700
	贷：银行存款	18 700
（18）借：其他应收款		2 000
	贷：库存现金	2 000
（19）借：营业外支出		50 000
	贷：银行存款	50 000
（20）借：管理费用		1 500
	库存现金	500
	贷：其他应收款	2 000

三、思考题

1. 旅游企业会计，是把会计学的基本原理同旅游业务实践相结合所形成的一门新兴的部门会计学科。它是以货币为主要计量单位，运用记账、算账、报账的手段，对旅游企业的经济关系进行反映和监督的管理活动。

2. 旅游企业会计与其他企业会计的共性特征为：① 旅游会计以货币为主要计量单位；② 旅游会计以记账、算账为手段；③ 对旅游企业的经营管理活动进行反映和监督是旅游会计工作的目的。还具有一些独自的特点：① 核算方法多样性；② 核算内容综合性；③ 核算具有涉外性。

3. 会计要素是指对会计对象具体内容所做的最基本分类，是会计对象基本的、主要的组成部分。

根据我国《企业会计准则》的要求，将会计要素划分为6项，即资产、负债、所有者权益、收入、费用和利润。

4. 会计等式，是指表明各会计要素之间基本关系的恒等式。会计等式的表示方法如下：

（1）资产＝权益

（2）资产＝负债＋所有者权益

（3）资产－负债＝所有者权益

（4）收入－费用＝利润

（5）资产＝负债＋所有者权益＋收入－费用

5. 会计科目是指对会计要素的具体内容进行分类核算的项目，是对会计要素具体内容所做的进一步分类。

原则一，应结合会计对象的特点，全面反映会计对象的内容。

原则二，既要满足对外报告的要求又要符合内部经营管理的需要。

原则三，既要适应经济业务发展的需要，又要保持相对稳定。

原则四，应做到统一性与灵活性相结合。

6. 按照复式记账的原理，以资产与权益的平衡关系为基础，以"借"、"贷"二字作为记账符号，以"有借必有贷，借贷必相等"为记账规则的一种复式记账方法。

7. 借贷记账法的要点：在借贷记账法下，每个账户的基本结构都是"借方"、"贷方"，左方为借，右方为贷。"借"、"贷"只是纯粹的记账符号，没有任何含义。这两方用来反映相反的资金变化，如果账户的借方用于记录资产的增加额，则该账户的贷方就用于记录资产的减少额。但究竟哪一方记录增加额，哪一方记录减少额，则根据账户本身的经济内容而定。资产和费用成本类账户的增加数记"借"方，减少数则记"贷"方；负债、所有者权益和收入类账户的增加数记"贷"方，减少数则记"借"方。

根据复式记账的要求，借贷记账法的记账规则可概括为"有借必有贷，借贷必相等"，即对每一项业务都要按借贷相反的方向，在两个或两个以上相互联系的账户中进行记录，记入各账户的借方总额与贷方总额必须相等。

对发生的每一项经济业务，在编制会计分录时，首先应分析涉及哪些项目的变动，再看这些项目是增加还是减少，再根据账户的性质来判定应登记在账户借方还是账户贷方。

8. 旅行社期间费用包括销售费用、管理费用和财务费用。营业部门在经营中发生的费用，记入销售费用，包括企业营业、服务、管理人员的工资，按规定提取的职工福利费、工会经费和职工教育经费，在经营业务过程中支付给国民经济其他部门的劳务报酬，如运杂费、水电费、广告费、公共事业费，以及在经营业务过程中发生的物质资料消耗，如燃料、物料用品的消耗、固定资产的折旧、低值易耗品摊销等；管理费用是企业管理部门组织、管理企业发生的费用，包括咨询费、诉讼费、办公费、董事会费、劳动保险费等。发生的利息支出、汇兑损益、支付金融机构手续费等记入财务费用，包括土地使用税、车船使用税、房产税、印花税等。

9. 为旅游者提供旅游服务所支付的各项直接费用。其内容包括：综合服务成本、组团外联成本、零星服务成本、票务成本、地游及加项成本、其他服务成本。

10. 记账本位币：用于日常登记账簿和编制财务会计报告时用以表示计量的货币。一个会计主体在发生涉及多种货币计价核算时，它必然要选取一个统一的作为会计计量基本尺度的记账货币，并以该货币来表示和处理各项经济业务。

项目二

一、填空题

1. 财务采供一体式　财会一体式
2. 营业费用　管理费用　财务费用
3. 管理费用
4. 营业收入–原料成本–营业费用–税金 ＝ 餐饮利润
5. 5%~20%
6. 12%房产税
7. 营业利润　利润总额　净利润
8. 营业利润=营业收入–营业成本–营业税金及附加–期间费用–资产减值损失+公允价值变动收益（或–公允价值变动损失）+投资收益（或–投资损失）
9. 主营业务收入　其他业务收入
10. 主营业务成本　其他业务成本
11. 利润总额=营业利润+营业外收入–营业外支出
12. 净利润=利润总额–所得税费用
13. 入账时间的确认　入账金额的确认
14. 客人账户的开立　记账核对　结账
15. 成本毛利率　销售毛利率

二、实训题

1.（1）预收定金时

借：银行存款　　　　　　　　　　　　　　　　　　28 000
　　贷：应收账款（预收账款）　　　　　　　　　　　　　　28 000

（2）结算时

借：库存现金　　　　　　　　　　　　　　　　　　8 000
　　应收账款　　　　　　　　　　　　　　　　　　28 000
　　贷：主营业务收入　　　　　　　　　　　　　　　　　36 000

2. 借：营业费用——客房——物料用品　　　　　　　　2 456
　　　贷：物料用品——清洁用品　　　　　　　　　　　　　75
　　　　　物料用品——玻璃器皿　　　　　　　　　　　　　150
　　　　　物料用品——餐具　　　　　　　　　　　　　　1 800
　　　　　物料用品——桶　　　　　　　　　　　　　　　224
　　　　　物料用品——坛　　　　　　　　　　　　　　　132
　　　　　物料用品——打印纸　　　　　　　　　　　　　75

3.（1）领用原材料时

借：主营业务成本——冷菜——卤菜　　　　　　　　28 320
　　贷：原材料——调料类——酱油　　　　　　　　　　　1 500

原材料——调料类——黄酒	2 000
原材料——调料类——冰糖	15 000
原材料——调料类——盐	2 400
原材料——调料类——大葱	2 000
原材料——调料类——生姜	300
原材料——调料类——花椒	400
原材料——干货类——甘草	800
原材料——干货类——丁香	500
原材料——干货类——桂皮	400
原材料——干货类——大茴	360
原材料——干货类——小茴	360
原材料——干货类——香叶	180
原材料——鲜活类——香果	120
原材料——鲜活类——肉寇	1 000
原材料——粮食类——大米	1 000

（2）结转卤菜成本时

借：库存商品——冷菜　　　　　　　　　　　　28 320

　　贷：主营业务成本——冷菜——卤菜　　　　　　　28 320

（3）销售卤菜时

借：库存现金　　　　　　　　　　　　　　　　28 320

　　贷：主营业务收入——冷菜　　　　　　　　　　　28 320

同时结转其成本时

借：主营业务成本——冷菜——卤菜　　　　　　28 320

　　贷：库存商品——冷菜　　　　　　　　　　　　　28 320

（4）月末结转到"本年利润"时

借：本年利润　　　　　　　　　　　　　　　　28 320

　　贷：库存商品——冷菜　　　　　　　　　　　　　28 320

4. 成本毛利率=（57 400 − 37 210）÷ 37 210 × 100%=54.26%

宫保鸡丁的销售价格=6.7 ×（1+54.26%）=10.34（元）

5. 本月折旧额=5 328 × 100 × 1.5833%=8 435.82（元）

借：管理费用——客房——折旧费　　　　　　　8 435.82

　　贷：累计折旧　　　　　　　　　　　　　　　　　8 435.82

6. 本月折旧额=120 000 ×（1−5%）÷ 600 000 × 5 000=950（元）

7.（1）9月末集体营业部工资时

借：管理费用——工资　　　　　　　　　　　　2 550

　　营业费用——客户部——工资　　　　　　　8 670

　　贷：应付职工薪酬　　　　　　　　　　　　　　　11 220

（2）从银行提取现金预备发放工资时

借：库存现金　　　　　　　　　　　　　　　　10 670

　　贷：银行存款　　　　　　　　　　　　　　　　　10 670

（3）实际发放工资时

借：应付职工薪酬　　　　　　　　　　　　　　　　11 220

　　贷：其他应付款——房租费　　　　　　　　　　　　　340

　　　　其他应付款——水电费　　　　　　　　　　　　　210

　　　　库存现金　　　　　　　　　　　　　　　　　10 670

三、思考题

1. ① 提供多种服务，经营多种项目。

② 既有商品的销售，也有劳务的服务。

③ 以人力操作、服务为主。

④ 经营过程与消费过程相统一。

2. ① 根据经营业务的内容，分别考核经营成果。

② 需要根据经营业务的特点，采用不同的核算方法。

③ 需要对自制商品和外购商品分别进行核算。

④ 现金结算方式多，需要采用相应的核算方法和管理制度。

⑤ 酒店会计核算具有涉外性。

3. 利润是指企业在一定会计期间的经营成果。利润包括收入减去费用后的净额、直接记入当期利润的利得和损失等。

4. 客房属特殊商品，该项业务只出售客房的使用权，而不出售其所有权。若客房在规定时间内不出售，其价值就无法收回；同时客房的使用价值又具有时限性，过了限定的时间，旅客还需重复消费，则需要重新交纳房租。客房的所有权是相对稳定的，其价值补偿是通过重复出租其使用权，在较长时间内逐步出租来完成的，而每次出租只能获得其价值补偿的一部分。客房业务的特点决定了在客房业务经营中，必须充分提高客房的利用效率，尽可能地减少闲置客房的数量，增加业务收入。

5. ① 接管和检查前台收银工作。

② 核对客房部当日各种账单、票据。

③ 稽核未离店客人的应收账款。

④ 对当天客房收益进行试算，并终结当天收益。

6. 第一，餐饮业的产品成本只核算耗用的原材料成本，其他成本项目，如工资、折旧费、物料消耗和其他费用等均列入有关费用中核算；第二，餐饮业的产品成本是以全部产品为核算对象，核算综合成本。

7. ① 满足客人体育锻炼的需求。

② 满足客人健美运动的需求。

③ 满足客人的娱乐需要。

④ 为客人提供高雅、洁净、卫生、安全的康乐场所。

⑤ 做好娱乐设施、运动器械及其场所的安全保养。

⑥ 为客人提供康乐、运动技能和技巧指导性服务。

项目三

一、填空题

1. 订本式 活页式 卡片式
2. 划线更正法 红字更正法 补充登记法
3. 序时账簿 分类账簿 备查账簿
4. 三栏式 数量金额式 多栏式
5. 总分类账 明细分类账
6. 固定资产 低值易耗品
7. 账证核对 账实核对 账账核对
8. 食品材料 燃料 物料用品
9. 库存材料的账户设置 在途材料的账户设置
10. 个别计价法 加权平均法 移动加权平均法 先进先出法

二、实训题

1. 采用红字冲销法

（1）编制一张红字凭证，注销错误凭证，并据以登记账簿。

借：预提费用   600
　　贷：库存现金   600

（2）编制一张蓝字正确凭证，并据以登账。

借：待摊费用   600
　　贷：库存现金   600

2. 采用红字冲销法

编制一张红字凭证，注销错误凭证，并据以登记账簿。

借：管理费用   2 700
　　贷：银行存款   2 700

3. 采用补充登记法

编制一张蓝字凭证，金额是正确与错误的差额，并据以登账。

借：银行存款   450 000
　　贷：应收账款   450 000

4. 采用划线更正法进行更正。

更正方法：在分类账"销售费用"中，用红笔划去错记金额 429.00，并在错记金额上方用蓝字写上正确金额 924.00，并在更正处加盖私章。

5. 采用划线更正法进行更正。

更正方法：（1）在"原材料"分类账所登记的该笔经济业务行，用红笔整行划线注销，并在更正行加盖私章。

（2）在"固定资产"分类账借方登记 20 000.00。

6. 采用划线更正法进行更正。

更正方法：在分类账"应付账款"和日记账"银行存款"中，用红笔划去错记金额 25 620.00，并在错记金额上方用蓝字写上正确金额 26 520.00，并在更正处加盖私章。

7. 借：材料——食品材料（清选户）　　　　　　　　1 100
　　贷：银行存款　　　　　　　　　　　　　　　　　　　1 100

三、思考题

1.（1）真实性原则
（2）实质重于形式原则
（3）可比性原则
（4）有用性原则
（5）一贯性原则
（6）相关性原则
（7）及时性原则
（8）明晰性原则
（9）权责发生制原则
（10）配比原则
（11）实际成本原则（历史成本原则）
（12）划分收益性支出与资本性支出的原则
（13）谨慎性原则
（14）重要性原则

2.（1）通过填制和审核凭证，可以正确、及时地提供经济活动的信息。
（2）通过会计凭证的填制与审核，可以有效地监督、控制经济活动。
（3）通过会计凭证的填制与审核，有利于明确和加强经济责任制。
（4）通过会计凭证的填制与审核，可以为记账提供依据。

3. 会计凭证的种类繁多，按其填制程序和用途进行分类，可分为原始凭证和记账凭证。

4. 可按不同的标志对其进行分类，原始凭证按其取得的来源可以分为外来原始凭证和自制原始凭证。

5. 复式记账凭证是指一项经济业务所涉及的会计科目都集中填列在一张记账凭证上的记账凭证。记账凭证能够反映账户之间的对应关系，便于了解有关经济业务的全貌，但不便于会计分工记账。

6.（1）填制人员不同。原始凭证大多是由经办人员填制的；记账凭证则一律是由会计人员填制的。
（2）填制依据不同。原始凭证是根据已经发生或者完成的经济业务事项填制的；记账凭证则是根据经审核无误的原始凭证填制的。
（3）填制方式不同。原始凭证只是记录、证明经济业务已经发生或者完成；记账凭证则是一些会计科目对已经发生或者完成的经济业务进行归类、整理。
（4）作用不同。原始凭证是填制记账凭证和登记明细账的依据；记账凭证则是登记会计账簿的依据。

7. 三栏式账簿是设有借方、贷方和余额 3 个基本栏目的账簿。总分类账、日记账等一般采用这种格式。三栏式账簿又分为设对方科目和不设对方科目两种，区别是在摘要栏和借方科目栏之间是否有一栏"对方科目"。有"对方科目"栏的，称为设对方科目的三栏式账簿；不设"对方科目"栏的，称为不设对方科目的三栏式账簿。

8. 财务会计报告的作用主要有以下 3 个方面。

（1）财务会计报告能提供企业经济活动、经营成果和现金流量等一系列经济指标，是企业领导、各职能部门和职工可以了解企业的财务状况、经营情况和现金流量，便于进行分析对比、总结经验、找出差距和提出改进的措施，为企业制定下一期的预算和决策提供重要的信息和依据。

（2）企业的投资者、债权人通过财务会计报告可以分析企业的财务状况和经营情况，从而判断企业的偿债能力和赢利能力，有助于投资者进行投资决策以及债权人进行信贷决策。

（3）国家财政、税务机关和审计部门可以根据企业财务会计报告检查企业资金的运用情况，经营成果的形成情况，现金流量状况和营业税、所得税等各种税款以及教育费附加的交纳情况，检查企业是否严格遵守财经纪律、信贷制度和结算纪律，以更好地发挥财政、税务、银行和审计的监督作用，促使企业合理地使用资金，并为制订信贷计划提供依据。

9.（1）结账前查明本期发生的经济业务是否已经全部登记入账。

（2）按照权责发生制原则编制调整收入、费用分录并查账。

（3）编制结账分录，结转各种收入、费用类账户的余额。

（4）结算出资产、负债和所有者权益科目的本期发生额和余额，并结转下期。

10. 加权平均单价=（期初结存材料实际成本+本期收入材料实际成本）÷（期初结存材料数量+本期收入材料数量）

本期发出材料成本=本期发出材料数量×加权平均单价

期末结存材料成本=期末结存材料数量×加权平均单价

本期发出材料成本=期初结存材料成本+本期收入材料成本−期末结存材料成本

项目四

一、填空题

1. 自动售货机　邮购商店　网络商店

2. 自营商品销售　代销商品销售　联营商品销售　其他销售　柜台（场地）出租

3. 商品进销差价　库存商品

4. 预付货款　银行存款

5. 适时原则　适价原则　适质原则　适量原则　适时交货原则

6. 临时采购　适量采购　长期合约采购

7. 以需订购，以销定进　勤进快销，以进促销　注重质量，加强核算　适应商品供求规律

8. 直接收款销售方式　集中收款销售方式

9. 综合差价率=结转前商品进销差价科目余额÷（期末库存商品科目余额+期末受托代销商品科目余额+本期商品销售收入）×100%

10. 已销商品进销差价 = 结账前商品进销差价账户余额−期末商品进销差价

二、实训题

1. 商品购进预算

（1）借：在途物资　　　　　　　　　　　　　　　　　64 000

　　　　应交税费——应交增值税（进项税）　　　　　10 880

　　　　　贷：银行存款　　　　　　　　　　　　　　　　　74 880

（2）借：库存商品　　　　　　　　　　　　　　　　　64 000

　　　　　贷：在途物资　　　　　　　　　　　　　　　　　64 000

（3）借：在途物资　　　　　　　　　　　　　　　　　3 200

　　　　　贷：库存商品　　　　　　　　　　　　　　　　　3 200

　　借：在途物资　　　　　　　　　　　　　　　　　　3 200

　　　　应交税费——应交增值税（进项税）　　　　　544

　　　　贷：应收账款　　　　　　　　　　　　　　　　　3 744

（4）借：在途物资　　　　　　　　　　　　　　　　　3 200

　　　　　贷：库存商品　　　　　　　　　　　　　　　　　3 200

　　借：银行存款　　　　　　　　　　　　　　　　　　3 744

　　　　贷：应收账款　　　　　　　　　　　　　　　　　3 744

（5）借：库存商品　　　　　　　　　　　　　　　　　50 823.2

　　　　待处理财产损益——待处理流动资产损益　　　176.8

　　　　　贷：在途物资　　　　　　　　　　　　　　　　　51 000

（6）借：发出商品　　　　　　　　　　　　　　　　　88 000

　　　　　贷：库存商品　　　　　　　　　　　　　　　　　88 000

2. 售价金额核算

　　借：在途物资　　　　　　　　　　　　　　　　　　11 100

　　　　应交税费——应交增值税（进项税）　　　　　1 887

　　　　贷：银行存款　　　　　　　　　　　　　　　　　12 987

三、思考题

1.（1）小型零售企业的销售对象是直接消费者，而不是进行转卖或生产加工的使用者。

（2）小型零售企业的交易次数频繁，平均每次交易额较小。

（3）小型零售企业是商品流通的最终环节。小型零售企业的交易活动一旦成功，便意味着商品脱离了流通领域而进入消费领域，从而实现了商品价值和使用价值。

2.（1）以资金运动为中心进行核算和管理。

（2）存货的会计核算是日常最繁重的工作。

（3）零售企业在采购商品过程中发生的运输费、装卸费、保险费以及其他可归属于存货采购成本的费用等进货费用，可以记入存货采购成本，也可以先进行归集，期末根据所购商品的存销情况进行分摊。

（4）为了便于销售，小型零售企业的商品存货一般在购进时就要确定销售价格，所以商品存货的日常核算可以采用"售价金额核算法"，即在"库存商品"账户核算商品的售价，商品售价与进价之间的差额通过"进销差价"账户核算，期末再将进销差价在已销商品与期末结存商品之间进行分配，以确定本期销售商品成本与期末结存商品的成本。

3.（1）整理和收集相关原始凭证，并对其进行审核。

（2）根据原始凭证编制记账凭证。

（3）根据记账凭证编制科目汇总表。

（4）根据记账凭证和科目汇总表登记会计账簿（包括总账和明细账）。

（5）根据会计账簿（主要是总账）编制会计报表。

（6）根据会计报表编制纳税申报表。

（7）年终结转损益（也可以逐月结转损益）。

（8）编制年对会计报表（包括资产负债表、利润表、现金流量表）。

（9）根据年度会计报表编制所得税年报和其他各税种的汇算清缴自查表。

4. "不对外筹集资金、经营规模较小的企业"为"小企业"。所以，小型零售企业是指经营规模较小、不公开发行股票和债券，以向消费者直接销售各类商品来获取价差收入为其主要业务的企业。

5. 第1点，企业采购机构的设计要与企业的性质、产品及规模息息相关。

第2点，企业采购机构的设计要与企业整体目标、采购方针、采购目标和采购部门的职权范围适应。

第3点，企业采购机构的设计要与企业的管理水平相适应。

第4点，企业采购机构的设计要把"因人设事"和"因事设人"的原则结合起来。

6. 所谓按零售价记账，是指采购的库存商品，首先要确定零售价，然后按确定的零售价登入库存商品账页内，而零售价和采购成本价之间的差额，还要开设一个"商品进销差价"账页来进行登记。

7. 按成本价记账，也就是按采购进价来记录库存商品账，将商品销售后，按售价金额记收入账。这种方法与按售价记账法相比，核算过程相对简单。因为采购价就是成本，成本就是收入的扣减，收入减去成本的差就是毛利。这是一种很直观的核算方式。

8. 直接收款销售是指由营业员直接付货收款的销售方式，即一手交钱、一手交货。这种销售方式，消费者可在同一地点选购商品、付款和取货，手续简便，交易时间短，服务效率高。但由于营业员既发货又收款，容易发生差错。一般适用于品种简单、价格划一，成包成件的，如大量的日用商品销售。

9. 适用于经营商品的差价率较为均衡的企业；或企业规模较小，分柜组计算差价率确有困难的企业。

10. 适用于经营商品品种较少的企业，或在企业需要反映其期末库存商品实际价值时采用。

项目五

一、填空题

1. 提货制　送货制　发货制

2. 出厂价　调拨价　批发价

3. 收购价　收购价加收购税金

4. 批发价

5. 零售价扣除增值税

6. 进价金额核算　数量进价金额核算　售价金额核算　数量售价金额核算

7. 支付进货款和收到商品同时完成　先支付货款或开出、承兑商业汇票，后收到商品收到商品，后支付货款或开出、承兑商业汇票

8. 银行存款　预收账款

9. 将代销商品视同自销的核算　以收取手续费方式委托代销商品的核算

10. 数量　金额

二、实训题

1. 借：商品采购——新海厂　　　　　　　　　　　　　　　86 000

　　　应交税金——应交增值税（进项税额）　　　　　　　14 620

　　　贷：银行存款　　　　　　　　　　　　　　　　　　　　100 620

同时，做如下会计分录。

借：库存商品——42 支男棉毛衫　　　　　　　　　　　　86 000

　贷：商品采购——新海厂　　　　　　　　　　　　　　　　　86 000

（1）借：商品采购——新海厂　　　　　　　　　　　　　　86 000

　　　　应交税金——应交增值税（进项税额）　　　　　　14 620

　　　贷：银行存款　　　　　　　　　　　　　　　　　　　　100 620

商品到达后，验收入库，再做会计分录如下：

借：库存商品——42 支男棉毛衫　　　　　　　　　　　　86 000

　贷：商品采购——新海厂　　　　　　　　　　　　　　　　　86 000

（2）借：商品采购——新海厂　　　　　　　　　　　　　　86 000

　　　　应交税金——应交增值税（进项税额）　　　　　　14 620

　　　　贷：应付票据——商业汇票　　　　　　　　　　　　　100 620

同时，做会计分录如下：

借：库存商品——42 支男棉毛衫　　　　　　　　　　　　86 000

　贷：商品采购——新海厂　　　　　　　　　　　　　　　　　86 000

（3）借：应付票据　　　　　　　　　　　　　　　　　　100 620

　　　贷：银行存款　　　　　　　　　　　　　　　　　　　　100 620

2.（1）借：商品采购——天津百货　　　　　　　　　　　　44 000

　　　　　应交税金——应交增值税（进项税额）　　　　　7 580

　　　　　经营费用——进货运费　　　　　　　　　　　　900

　　　　　贷：银行存款　　　　　　　　　　　　　　　　　　52 480

（2）借：库存商品——香皂　　　　　　　　　　　　　　　44 000

　　　贷：商品采购——天津百货　　　　　　　　　　　　　　44 000

3. 以银行存款支付 B 农产品价款时

借：商品采购——B 农产品　　　　　　　　　　　　　　　80 000

　　应交税金——应交增值税（进项税额）　　　　　　　13 600

　　贷：银行存款　　　　　　　　　　　　　　　　　　　　　93 600

B 农产品验收入库时

借：库存商品——B 农产品   80 000

  贷：商品采购——B 农产品   80 000

4.（1）借：商品采购——进口商品采购   939 600

            应交税金——应交增值税（进项税额）   159 732

            贷：银行存款   1 099 332

   （2）借：经营费用——检验费   500

            财务费用——银行手续费   200

            贷：银行存款   700

   （3）借：库存商品——进口商品   939 600

            贷：商品采购——进口商品采购   939 600

5. 借：无形资产——专利权   10 736

        无形资产——专有技术   39 264

      贷：实收资本   （50 000×8.5）=425 000

6. 借：无形资产   150 000

      贷：实收资本   120 000

         资本公积（资本溢价）   30 000

7. 借：原材料（D 材料）   650 000

      应交税费——应交增值税（进项税）   110 500

      贷：实收资本   500 000

         资本公积（资本溢价）   260 500

三、思考题

1. 商品流通企业是以商品的购进、调拨、存储和销售等经济活动为主营业务，实现商品从流通领域向消费领域转移的经济组织。商品流通企业，一方面从生产单位或其他企业购进商品，另一方面向消费者提供商品。同时，要调剂市场供求，满足社会生产、人民生活的需要。

2. 一是购进商品是为了销售；二是通过货币结算取得商品所有权。

3. 向国内各种所有制的生产企业和其他商品流通企业购进的商品以及从国外进口的商品。

4. 一是销售的是本企业所经营的商品。二是通过货币结算转移商品所有权。

5. 库存商品总分类账户和明细分类账户都只能反映商品的售价金额，不反映实物数量的一种核算方法。由于"库存商品"账户按售价反映，而商品购进支付的货款是按进价计算的；因此，设置"商品进销差价"账户，以反映商品进价与售价之间的差价，正确计算销售商品的进价成本。优点：控制商品的售价。缺点：不易发现商品滥缺。适用范围是综合性零售企业和部分专业性零售企业。

6.（1）企业已将商品所有权上的风险和报酬转移给买方。

（2）企业既没有保留通常与所有权相联系的继续管理权，也没有对已售出的商品实施控制。

（3）收入的金额能够可靠地计量。

（4）相关的经济利益能够流入企业。

（5）相关的已发生或将发生的成本能够可靠的计量。

7. 投资者直接以现金、银行存款向企业出资。如国家直接向企业拨款，国家、其他法人或个人以货币资金认购企业股份等进行投资，以及外商以某种外币投入资本。

8. 资本公积是指由投资者投入但不能构成实收资本，或从其他来源取得，由所有者享有的资金，它属于所有者权益的范畴。资本公积由全体股东享有，其形成有其特定的来源，与企业的净利润无关。

9. 按投资双方所确认的价值入账。2006 年 1 月 1 日施行的《中华人民共和国公司法》规定：无形资产进行投资（不包括土地使用权），不得超过企业注册资本的 20%，特殊情况下需要超过 20% 的，应经有关部门审查，但最高不得超过注册资本的 35%。

10. 以实际收到或者存入企业开户银行的金额，借记"银行存款"科目，按投资者应享有企业注册资本的份额计算的金额，贷记"实收资本"科目，按其差额，贷记"资本公积——资本溢价"科目。

项目六

一、填空题

1. 商业承兑汇票　银行承兑汇票
2. 总价法　净价法
3. 余额百分比法　账龄分析法　销货百分比法　个别认定法
4. 库存现金　银行存款　其他货币资金
5. 经营租赁　融资租赁
6. 固定资产原值　固定资产净残值　固定资产使用年限
7. 年限平均法　工作量法　双倍余额递减法　年数总和法
8. 银行承兑汇票　商业承兑汇票
9. 确定债务重组日　取得债务重组的法定依据　以公允价值衡量债务重组损益　单独计量债务重组损益
10. 土地征用及拆迁补偿费或批租地价　前期工程费　基础设施费　建筑安装工程费配套设施费　开发间接费

二、实训题

1.（1）借：应收账款　　　　　　　　　　　　　　　　23 060
　　　　贷：主营业务收入　　　　　　　　　　　　　18 000
　　　　　　应交税费——应交增值税（销项税额）　　 3 060
　　　　　　银行存款　　　　　　　　　　　　　　　 2 000
（2）借：应收票据　　　　　　　　　　　　　　　　23 400
　　　　贷：主营业务收入　　　　　　　　　　　　　20 000
　　　　　　应交税费——应交增值税（销项税额）　　34 000
　　借：主营业务成本　　　　　　　　　　　　　　　16 000
　　　　贷：库存商品　　　　　　　　　　　　　　　16 000
（3）借：银行存款　　　　　　　　　　　　　　　　22 660
　　　　　　财务费用　　　　　　　　　　　　　　　　 400

贷：应收账款	23 060
（4）借：预付账款	8 000
贷：银行存款	8 000

（5）贴现息=23400×10%×44/360=286（元）

借：银行存款	23 114
财务费用	286
贷：应收票据	23 400
（6）借：原材料	20 000
应交税费——应交增值税（进项税额）	3 400
贷：预付账款	23 400
借：预付账款	15 400
贷：银行存款	15 400
2.（1）借：银行存款	14 000
财务费用	2 000
贷：短期借款	16 000

（2）出售应收账款时

借：银行存款	198 000
其他应收款	23 400
财务费用	11 700
营业外支出	900
贷：应收账款	234 000

给予 A 公司销售折让并收到银行退回的多余扣留款时

借：主营业务收入	10 000
应交税费——应交增值税（销项税额）	1 700
银行存款	11 700
贷：其他应收款	23 400

3. 无形资产的可收回金额，应按公允价值减去处置费用后的净额与资产预计未来现金流量的现值两者之间较高者确定。所以，2008 年专利权的可收回金额应是 5 400 万元。

发生减值损失为： 9000－3 375－5 400=225（万元）

无形资产计提减值准备的分录如下。

借：资产减值损失 225

　　贷：无形资产减值准备 225

2009 年 4 月 1 日出售时，该专利权累计摊销额=3 375+5 400÷5×3/12=3 645（万元）

2009 年出售该专利权的分录如下。

借：银行存款	5 800
无形资产减值准备	225
累计摊销	3 645
贷：无形资产——专利权	9 000
应交税费——应交营业税	290
营业外收入——处置非流动资产利得	380

4.（1）借：银行存款 150 000
   贷：短期借款 150 000
（2）借：财务费用 750
   贷：预提费用 750
（3）借：预提费用 1 500
    财务费用 750
   贷：银行存款 2 250
（4）借：库存商品 200 000
    应交税金——应交增值税（进项税额） 34 000
   贷：应付票据 234 000
（5）借：财务费用 4 680
   贷：应付票据 4 680
（6）借：应付票据 238 680
    财务费用 4 680
   贷：银行存款 243 360
（7）借：银行存款 50 000
   贷：预收账款 50 000
（8）借：预收账款 140 400
   贷：主营业务收入 120 000
    应交税金——应交增值税（销项税额） 20 400
（9）借：银行存款 90 400
   贷：预收账款 90 400
5. 甲公司会计分录如下。
借：应付账款 350
 贷：主营业务收入 180
  应交税费——应交增值税（销项税额） 30.60
  可供出售金融资产（成本） 15
  可供出售金融资产（公允价值变动） 10
  投资收益 5
  营业外收入——债务重组收益 109.40
借：主营业务成本 185
  存货跌价准备 15
 贷：存货 200
借：资本公积——其他资本公积 10
 贷：投资收益 10
乙公司会计分录如下。
借：坏账准备 105
  交易性金融资产 30
  存货 180
  应交税费——应交增值税（进项税额） 30.60

　　营业外支出——债务重组损失　　　　　　　　　　　　　　　　4.4

　　　　贷：应收账款　　　　　　　　　　　　　　　　　　　　　　　350

6.（1）A地块

借：预付账款　　　　　　　　　　　　　　　　　400 000 000

　　贷：银行存款　　　　　　　　　　　　　　　　　400 000 000

（2）B地块

借：生产成本　　　　　　　　　　　　　　　　　500 000 000

　　贷：银行存款　　　　　　　　　　　　　　　　　300 000 000

　　　　应付账款　　　　　　　　　　　　　　　　　200 000 000

7.（1）土地价款的归集

借：生产成本——待分摊成本——土地征用及拆迁补偿费　500 000 000

　　贷：银行存款　　　　　　　　　　　　　　　　　500 000 000

（2）土地价款的分摊

　　根据该项目实际情况，中联房地产公司确定成本对象分别为：裙房、写字楼、住宅和别墅。各成本对象分摊的土地成本如下。

①裙房和写字楼的土地成本：商业区的土地成本，按占地面积法进行分摊。

商业区的土地成本=50 000×2+10=10 000（万元）

裙房和写字楼的土地成本按建筑面积法进行分摊。

裙房的土地成本=10 000×5÷15=3 333（万元）

写字楼的土地成本=10 000×10÷15=6 667（万元）

②住宅的土地成本：按占地面积进行分摊。

住宅的土地成本=50 000×3÷10=15 000（万元）

③别墅的土地成本：按占地面积进行分摊。

别墅的土地成本=50 000×5÷10=25 000（万元）

会计分录如下。

借：生产成本——裙房——土地征用及拆迁补偿费　　　33 330 000

　　　　　　——写字楼——土地征用及拆迁补偿费　　66 670 000

　　　　　　——住宅——土地征用及拆迁补偿费　　　150 000 000

　　　　　　——别墅——土地征用及拆迁补偿费　　　250 000 000

　　贷：生产成本——待分摊成本——土地征用及拆迁补偿费 500 000 000

三、思考题

1. 一是向管理者和投资者提供企业开发经营活动和开发经营成果的会计信息，满足国家宏观经济管理的要求和企业投资者进行决策的需要。二是核算和监督财产物资保管、使用情况，不断降低开发成本，节约使用资金。三是核算和监督企业对财经政策、法令、制度的执行情况，维护财经纪律，保护企业财产安全、完整。

2. 应收票据是企业持有的、尚未到期兑现的票据。我国的应收票据主要是指商业汇票。

3. 应收票据利息=本金×利率×期限

4. 应收账款是指企业因销售商品、产品或提供劳务而形成的债权。应收账款是由于房地产开发企业转让、销售和结转开放产品，提供出租房屋及提供劳务等业务，而向购买、接受和租用的客户收取的账款。

5. 根据会计期末应收账款的余额乘以估计坏账率，得出当期应估计的坏账损失，据此提取坏账准备的方法。若企业应提取的坏账准备大于其账面余额，应按其差额补提坏账准备；如果应提取的坏账准备小于其账面余额，则按其差额冲减坏账准备。

6. 货币资金是指房地产开发企业在经营过程中停留在货币形态上的那部分资产，是企业资产中流动性最强的资产，也是房地产开发企业现金流量的主体。货币资金按其存放地点和用途分为库存现金、银行存款和其他货币资金。

7. 固定资产，是指为生产商品、提供劳务、出租或经营管理而持有的，使用寿命超过一个会计年度的有形资产，包括房屋及建筑物、机器设备、运输设备等。房地产开发企业的固定资产是从事房地产开发经营的重要物质条件。作为房地产开发企业主要劳动资料的固定资产应具有如下3个基本特征。

（1）使用年限超过1年或超过1个经营周期。

（2）能多次参加开发经营过程，保持原来的实物形态。

（3）用于生产经营活动或用于出租及企业行政管理，而不是为了出售。

8. 无形资产是指企业拥有或控制的没有实物形态的可辨认非货币性长期资产，常以某种特殊权利、技术、知识等价值形态存在于企业，并对企业长期发挥作用。《企业会计准则第 6 号——无形资产》界定的无形资产主要包括专利权、非专利技术、商标权、著作权、土地使用权、特许权等。无形资产有3个主要特征：无实物形态、可辨认性、长期性和非货币性。

9. 负债是指企业过去的交易或者事项形成的、预期会导致经济利益流出企业的现时义务。流动负债是指将在1年或者超过1年的经营周期内偿还的债务，包括短期借款、应付票据、应付账款、预收账款、应付职工薪酬、应交税费、应付股利、其他应付款等。

10. （1）人工费，指直接从事工程施工人员的工资、奖金及福利费。

（2）材料费，指施工过程中构成工程实体或有助于工程完工的各种原材料、辅助材料、外购件等。

（3）机械使用费，指在施工过程中使用自有施工机械的机械使用费和使用租入外单位施工机械的租赁费。

（4）其他直接费用，指施工过程中所发生的材料二次搬运费，生产工具器具使用费、场地清理费等。

（5）间接费用，指施工单位组织和管理生产活动所发生的各种费用，包括水电费、差旅费、管理人员的工资奖金等。

项目七

一、填空题

1. 合法原则　保护性原则　时效性原则　目的性原则　整体性原则　风险收益均衡原则

2. 合法性　超前性　目的性　符合政府的政策导向　专业性　普遍性

3. 17%　13%

4. 10%　50%

5. 本年度的工程收入=全部工程价款×（本年已完成工程成本÷工程预计总成本）

6. 利息收入　使用费收入

7. 其他业务收入　其他业务成本

8. 主营业务利润　营业利润　利润总额　净利润

9. 主营业务利润=主营业务收入 – 主营业务成本 – 营业税金及附加

10. 利润总额=营业利润+投资收益+营业外收入 – 营业外支出

二、实训题

1. 百货商场为增值税一般纳税人：

进项税额=1 500×17%=255（万元）

销项税额=（1 989+351）÷（1+17%）×17%=340（万元）

应交增值税=340 – 255=85（万元）

个体零售商为小规模纳税人：

应交增值税=411÷（1+4%）×4%=15.81（万元）

2. 借：固定资产　　　　　　　　　　　　　　　　　　7 200

　　　在建工程　　　　　　　　　　　　　　　　　　3 600

　　　贷：应交税费——应交消费税　　　　　　　　　　　10 800

3. （1）8月31日，计算应交营业税、城市维护建设税、教育费附加时

借：营业税金及附加　　　　　　　　　　　　　　　275 000

　　贷：应交税费——应交营业税　　　　　　　　　　　　250 000

　　　　——应交城市维护建设税　　　　　　　　　　　17 500

　　　　——应交教育费附加　　　　　　　　　　　　　7 500

（2）9月7日，缴纳税费时

借：应交税费——应交营业税　　　　　　　　　　　250 000

　　　　——应交城市维护建设税　　　　　　　　　　　17 500

　　　　——应交教育费附加　　　　　　　　　　　　　7 500

　　贷：银行存款　　　　　　　　　　　　　　　　　　275 000

4. （1）应纳增值税=8 000÷（1+17%）×17% – 600=1 162.39 – 600=562.39（万元）

（2）应纳消费税=8 000÷（1+17%）×8%=6 837.61×8%=547.01（万元）

（3）汽车租赁业务应纳营业税=20×5%=1（万元）

（4）运输业务应纳营业税=50×3%=1.5（万元）

会计分录如下。

① 销售汽车取得收入时

借：银行存款　　　　　　　　　　　　　　　　　80 000 000

　　贷：主营业务收入　　　　　　　　　　　　　　　68 376 100

　　　　应交税费——应缴增值税（销项税额）　　　　11 623 900

② 计算应交消费税时

借：营业税金及附加　　　　　　　　　　　　　　　5 470 100

　　贷：应交税费——应缴消费税　　　　　　　　　　　5 470 100

③ 交纳消费税时

借：应交税费——应缴消费税　　　　　　　　　　　5 470 100

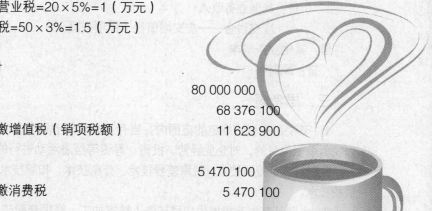

贷：银行存款	5 470 100

④ 兼营汽车租赁、运输业务应缴的营业税

借：营业税金及附加	10 000
贷：应交税费——应交营业税	10 000

⑤ 上缴营业税时

借：应交税费——应交营业税	10 000
贷：银行存款	10 000

5. 支付款项时

借：材料采购	30 000
营业费用	600
贷：银行存款	30 600

商品入库时

借：库存商品	40 000
贷：材料采购	30 000
商品进销差价	10 000

6. 反映主营业务收入时

借：银行存款	26 260
贷：主营业务收入——百货组	5 430
——五金组	4 510
——食品组	6 820
——服装组	9 500

按售价结转销售成本

借：主营业务成本	26 260
贷：库存商品——百货组	5 430
——五金组	4 510
——食品组	6 820
——服装组	9 500

7.

借：银行存款	11 700
贷：其他业务收入	10 000
应交税金——应交增值税（销项税额）	1 700
借：其他业务成本	12 000
贷：原材料	12 000

三、思考题

1. 节税是在税法规定的范围内，当存在多种税收政策、计税方法可供选择时，纳税人以税负最低为目的，对企业经营、投资、筹资等经济活动进行的涉税选择行为。

免税技术、减税技术、税率差异技术、分割技术、扣除技术、抵免技术、延期纳税技术、退税技术。

2. 主要从事生产或提供应税劳务（特指加工、修理修配劳务）的：年销售额在50万元以上的，可以认定为一般纳税人，50万以下的为小规模纳税人；主要从事货物批发零售的：

年销售额 80 万以上的可以认定为一般纳税人，80 万以下为小规模纳税人。

3. 小规模纳税人销售只能使用普通发票，到税务局代开 3% 的增值税专用发票，不能自己开具增值税专用发票，购买货物与一般纳税人相同，可以收普通发票也能收增值税专用发票。

4. 当期应纳税额=当期销项税额 − 当期进项税额=销售额 × 税率 − 购进额 × 税率=（销售额 − 购进额）× 税率=增值额 × 税率=销售额 × 增值率 × 税率增值率=（销售额 − 购进额）÷ 销售额

5. 增值税是对在我国境内销售货物、进口货物以及提供加工、修理修配劳务的的单位和个人，就其取得的货物的销售额、进口货物金额、应税劳务销售额计算税款，并实行税款抵扣制的一种流转税。

6. 消费税是对我国境内从事生产、委托加工和进口应税消费品的单位和个人征收的一种税。

7. 营业税是以在我国境内提供应税劳务、转让无形资产和销售不动产的行为为课税对象所征收的一种税。

8. 所得税是对所得额课税的税法，主要包括企业所得税、个人所得税。特点是可以直接调节纳税人收入，发挥其公平税负、调整分配关系的作用。

9. 印花税是对经济活动的经济交往中书立、领受凭证行为征收的一种行为税。

10. 所有者权益也称股东权益，是指资产扣除负债后由所有者享有的剩余权益。它在数值上等于企业全部资产减去全部负债后的余额。所有者权益包括实收资本（在股份有限公司成为股本）、资本公积、盈余公积和未分配利润 4 个部分。实收资本、资本公积见项目五，在此不再赘述。

参考文献

[1] 国瑞会计研究中心. 小型零售企业会计、税务、审计一本通. 北京：中华工商联合出版社，2008

[2] 索晓辉. 会计实务技能一本通. 北京：中华工商联合出版社，2007

[3] 陈玉菁，李艳. 酒店会计实务. 上海：立信会计出版社，2009

[4] 陈世文，董功成. 中小企业会计实训. 广州：华南理工大学出版社，2010

[5] 席君. 跟我学酒店会计. 广州：广东经济出版社，2010

[6] 杜庆凡. 零售企业会计上岗必读书. 北京：现代出版社，2010

[7] 刘国宁. 看图学餐饮旅游会计. 合肥：安徽人民出版社，2010

[8] 徐文锋，徐源. 旅游餐饮服务企业会计实务. 广州：广东经济出版社，2009

[9] 卢德湖，王美玉. 旅游企业会计实务. 大连：东北财经大学出版社，2010

[10] 盖地. 小企业会计与纳税筹划. 大连：东北财经大学出版社，2008

[11] 郭鹏. 房地产开发企业会计上岗必读书. 北京：现代出版社，2010

[12] 刘晓峰. 中小企业会计实务. 北京：金盾出版社，2009

[13] 王国生. 商品流通企业会计. 北京：首都经济贸易大学出版社，2009

[14] 杨雄. 中小企业会计实务. 北京：北京理工大学出版社，2011

[15] 沈彤. 旅游企业会计. 北京：清华大学出版社，2010

[16] 代义国. 餐饮会计实战步步通. 广州：广东经济出版社，2009

高等职业教育课改系列规划教材目录

书　名	书　号	定　价
高等职业教育课改系列规划教材（公共课类）		
大学生心理健康案例教程	978-7-115-20721-0	25.00 元
应用写作创意教程	978-7-115-23445-2	31.00 元
演讲与口才实训教材	978-7-115-24873-2	30.00 元
高等职业教育课改系列规划教材（经管类）		
电子商务基础与应用	978-7-115-20898-9	35.00 元
电子商务基础（第 3 版）	978-7-115-23224-3	36.00 元
网页设计与制作	978-7-115-21122-4	26.00 元
物流管理案例引导教程	978-7-115-20039-6	32.00 元
基础会计	978-7-115-20035-8	23.00 元
基础会计技能实训	978-7-115-20036-5	20.00 元
会计实务	978-7-115-21721-9	33.00 元
会计岗位综合实训	978-7-115-25845-8	32.00 元
小企业会计实务	978-7-115-26720-7	28.00 元
人力资源管理案例引导教程	978-7-115-20040-2	28.00 元
市场营销实践教程	978-7-115-20033-4	29.00 元
市场营销与策划	978-7-115-22174-2	31.00 元
商务谈判技巧	978-7-115-22333-3	23.00 元
现代推销实务	978-7-115-22406-4	23.00 元
公共关系实务	978-7-115-22312-8	20.00 元
市场调研	978-7-115-23471-1	20.00 元
推销实务	978-7-115-23898-6	20.00 元
物流设备使用与管理	978-7-115-23842-9	25.00 元
电子商务实践教程	978-7-115-23917-4	24.00 元
国际贸易实务	978-7-115-24801-5	24.00 元
网络营销实务	978-7-115-24917-3	29.00 元
经济法	978-7-115-24145-0	36.00 元
银行柜员基本技能实训	978-7-115-24267-9	34.00 元
商品学知识与实践教程	978-7-115-24838-1	31.00 元
电子商务网站设计与建设	978-7-115-25186-2	33.00 元
货物储存与配送	978-7-115-26780-1	28.00 元
物流英语	978-7-115-26946-1	29.00 元

书　名	书　号	定　价
高等职业教育课改系列规划教材（计算机类）		
网络应用工程师实训教程	978-7-115-20034-1	32.00 元
计算机应用基础	978-7-115-20037-2	26.00 元
计算机应用基础上机指导与习题集	978-7-115-20038-9	16.00 元
C 语言程序设计项目教程	978-7-115-22386-9	29.00 元
C 语言程序设计上机指导与习题集	978-7-115-22385-2	19.00 元
计算机网络项目教程	978-7-115-25274-6	28.00 元
项目引领式 SQL Server 数据库教程	978-7-115-25711-6	28.00 元
网页设计综合应用技术	978-7-115-26107-6	32.00 元
Linux 系统及网络管理	978-7-115-26665-1	32.00 元
高等职业教育课改系列规划教材（电子信息类）		
电路分析基础	978-7-115-22994-6	27.00 元
电子电路分析与调试	978-7-115-22412-5	32.00 元
电子电路分析与调试实践指导	978-7-115-22524-5	19.00 元
电子技术基本技能	978-7-115-20031-0	28.00 元
电子线路板设计与制作	978-7-115-21763-9	22.00 元
单片机应用系统设计与制作	978-7-115-21614-4	19.00 元
PLC 控制系统设计与调试	978-7-115-21730-1	29.00 元
微控制器及其应用	978-7-115-22505-4	31.00 元
电子电路分析与实践	978-7-115-22570-2	22.00 元
电子电路分析与实践指导	978-7-115-22662-4	16.00 元
电工电子专业英语（第 2 版）	978-7-115-22357-9	27.00 元
实用科技英语教程（第 2 版）	978-7-115-23754-5	25.00 元
电子元器件的识别和检测	978-7-115-23827-6	27.00 元
电子产品生产工艺与生产管理	978-7-115-23826-9	31.00 元
电子 CAD 综合实训	978-7-115-23910-5	21.00 元
电工技术实训	978-7-115-24081-1	27.00 元
手机通信系统与维修	978-7-115-24869-5	17.00 元
高等职业教育课改系列规划教材（动漫数字艺术类）		
游戏动画设计与制作	978-7-115-20778-4	38.00 元
游戏角色设计与制作	978-7-115-21982-4	46.00 元
游戏场景设计与制作	978-7-115-21887-2	39.00 元
影视动画后期特效制作	978-7-115-22198-8	37.00 元

书　　名	书　号	定　价
高等职业教育课改系列规划教材（通信类）		
交换机（华为）安装、调试与维护	978-7-115-22223-7	38.00 元
交换机（华为）安装、调试与维护实践指导	978-7-115-22161-2	14.00 元
交换机（中兴）安装、调试与维护	978-7-115-22131-5	44.00 元
交换机（中兴）安装、调试与维护实践指导	978-7-115-22172-8	14.00 元
综合布线实训教程	978-7-115-22440-8	33.00 元
TD-SCDMA 系统组建、维护及管理	978-7-115-23760-8	33.00 元
光传输系统（中兴）组建、维护与管理	978-7-115-24043-9	44.00 元
光传输系统（中兴）组建、维护与管理实践指导	978-7-115-23976-1	18.00 元
光传输系统（华为）组建、维护与管理	978-7-115-24080-4	39.00 元
光传输系统（华为）组建、维护与管理实践指导	978-7-115-24653-0	14.00 元
网络系统集成实训	978-7-115-23926-6	29.00 元
高等职业教育课改系列规划教材（汽车类）		
汽车空调原理与检修	978-7-115-24457-4	18.00 元
汽车传动系统原理与检修	978-7-115-24607-3	28.00 元
汽车电气设备原理与检修	978-7-115-24606-6	27.00 元
汽车动力系统原理与检修（上册）	978-7-115-24613-4	21.00 元
汽车动力系统原理与检修（下册）	978-7-115-24620-2	20.00 元
高等职业教育课改系列规划教材（机电类）		
电工电子应用技术	978-7-115-25846-5	33.00 元
钳工技能实训（第 2 版）	978-7-115-22700-3	18.00 元
机电一体化与数控专业英语（第 2 版）	978-7-115-25679-9	25.00 元
模具制造工艺与制作	978-7-115-25659-1	29.00 元

如果您对"世纪英才"系列教材有什么好的意见和建议，可以在"世纪英才图书网"（http://www.ycbook.com.cn）上"资源下载"栏目中下载"读者信息反馈表"，发邮件至 wuhan@ptpress.com.cn。谢谢您对"世纪英才"品牌职业教育教材的关注与支持！